열녀 춘향 수절가

열녀 춘향 수절가

옛사람 씀 ― 조령출(조명암) 고쳐 씀

보리

겨레고전문학선집을 펴내며

우리 겨레가 갈라진 지 반백 년이 넘어서고 있습니다. 그러나 함께 산 세월은 수천, 수만 년입니다. 겨레가 다시 함께 살 그날을 위해, 우리가 함께 한 세월을 기억해야 합니다.

예부터 우리 겨레가 즐겨 온 노래와 시, 일기, 문집 들은 지난 삶의 알맹이들이 잘 갈무리된 보물단지입니다.

그동안 남과 북 양쪽에서 고전 문학을 되살리려고 줄곧 애써 왔으나, 이제껏 북녘 성과들은 남녘에서 좀처럼 보기 어려웠습니다.

북녘에서는 오래 전부터 우리 고전에 깊은 관심과 사랑을 보여 왔고 연구와 출판도 활발히 해 오고 있습니다. 그 가운데 〈조선고전문학선집〉은 북녘이 이루어 놓은 학문 연구와 출판의 큰 성과입니다. 〈조선고전문학선집〉은 가요, 가사, 한시, 패설, 소설, 기행문, 민간극, 개인 문집 들을 100권으로 묶어 내어, 고전을 연구하는 사람들과 일반 대중 모두 보게 한 뜻 깊은 책들입니다. 한문으로 된 원문을 현대문으로 옮기거나 옛글을 오늘의 것으로 바꾼 성과도 놀랍고 작품을 고른 눈도 참 좋습니다. 〈조선고전문학선집〉은 남녘에도 잘 알려진 홍기문, 리상호, 김하명, 김찬순, 오희복, 김상훈, 권택무 같은 뛰어난 학자분들이 머리를 맞대고 연구한 성과를 1983년부터 펴내기 시작하여 지금도 이어 가고 있습니다.

보리 출판사는, 조선민주주의인민공화국 문예 출판사가 펴낸 〈조선고전문학선집〉을 〈겨레고전문학선집〉이란 이름으로 다시 펴내면서, 북녘 학자와 편집진의 뜻을 존중하여 크게 고치지 않고 그대로 내는 것을 원칙으로 삼았습니다. 다만, 남과 북의 표기법이 얼마쯤 차이가 있어 남녘 사람들이 읽기 쉽게 조금씩 손질했습니다.

이 선집이, 겨레가 하나 되는 밑거름이 되고, 우리 후손들이 민족 문화 유산의 알맹이인 고전 문학이 지니고 있는 아름다움을 제대로 맛보고 이어받는 징검다리가 되기 바랍니다. 아울러 남과 북의 학자들이 자유롭게 오고 가면서 남북 학문 공동체가 이루어지는 날이 하루라도 앞당겨지기 바랍니다. 그리고 이 자리를 빌려 어려운 처지에서도 이 선집을 펴내 왔고 지금도 그 작업에 몰두하고 있는 북녘의 학자와 출판 관계자들에게 고마운 마음을 전합니다.

2004년 11월 15일
보리 출판사 대표 정낙묵

차례

- 겨레고전문학선집을 펴내며   4

춘향이 봄 냄새에 취한다   11
사또 자제 나귀 타고 납시네   17
버들 사이로 붉은 치맛자락 펄렁펄렁   27
책방 도령 상사병 났구나   39
꽃 그리는 나비 마음 참을 길 없네   48
꽃에도 귀천이 있다던가   58
하늘땅으로 맹세하나니   65
사랑 사랑 내 사랑이야   75
참으로 나를 두고 가시려오   88
앉으나 누우나 님도 잠도 아니 오고   109
고집불통 욕심통 신관 사또   115
삼천 리 귀양 간들 우리 낭군 못 잊겠소   133

한 지아비 섬기는 죄로 옥에 갇혀   148
용이 푸른 구름에 높이 올랐구나   163
춘향이 울음소리 귓전에 사무치고   169
피눈물로 쓴 편지   180
거렁뱅이 사위 웬 말이냐   188
어데 갔다 인제 왔소   196
노랫소리 높으니 원망 소리 더욱 높구나   204
어사또 둡시오!   212
잘 있어라, 광한루야   221

- 열녀춘향수절가 원문   225
- 〈열녀춘향수절가〉에 관하여—김하명   313

• 일러두기

1. 《열녀춘향수절가》는 북의 문예출판사에서 1985년에 펴낸 《춘향전》을 보리 출판사가 다시 펴내는 것이다.

2. 고쳐 쓴 이와 북 문예출판사 편집진의 뜻을 존중하는 것을 큰 원칙으로 했으나, 맞춤법과 띄어쓰기는 '한글 맞춤법'을 따랐다.
    ㄱ. 한자어들은 두음법칙을 적용했고, 모음과 ㄴ 받침 뒤에 오는 한자 '렬'은 '열'로 '률'은 '율'로 고쳤다. 단모음으로 적은 '계'나 '폐' 자를 '한글 맞춤법' 대로 했다.
       예 : 란간→난간, 련련히→연연히, 게집→계집, 작페→작폐

    ㄴ. 'ㅣ' 모음동화, 사이시옷, 된소리 따위의 표기도 '한글 맞춤법' 대로 했다.
       예 : 피여→피어, 화김→홧김, 글시→글씨, 장군→장꾼

3. 남에서는 흔히 쓰지 않는 표현이지만, 북에서 쓰는 입말들은 다 살려 두어 우리 말의 풍부한 모습을 살필 수 있게 했다.
    예 : 꼭두, 벼루상, 붙어먹다, 쓰겁다, 아침날, 안해, 왁살스럽다, 왈랑거리다, 웃령, 잘새, 한생, 호물때기

4. 북의 문예출판사가 펴낸 책에 실려 있던 원문을 그대로 실었다. 다만, 오자를 바로잡고, 표기를 지금 독자들이 알기 쉽도록 고쳤으며, 몇몇 낱말은 한자를 병기하였다.

열녀춘향수절가

옛사람 씀
조령출 고쳐 씀

춘향이 봄 냄새에 취한다

때는 천중가절이라. 일 년 사시절 중 가장 좋은 봄철, 봄철 중에도 가장 좋은 오월 단오로세. 남산에 꽃이 피니 북산이 붉는구나. 천사만사 푸른 버들 속에 꾀꼬리는 벗을 부르고 나무 나무 숲을 이뤄 온갖 새 노래하니 참으로 좋은 철이로다.
곱디고운 춘향이도 향단이와 함께 오늘은 봄을 찾아 나왔다. 복숭아꽃, 살구꽃, 배꽃, 나리꽃, 창포꽃 눈에 보이나니 모두 아름다운 봄이다.

아아,
봄이 와서 꽃인가.
꽃이 피어 봄인가.

춘향이 쓴 푸른 장옷은 바람에 살살 날리고 비단 같은 푸른 잔디를 밟는 고운 걸음새는 사람들의 눈을 끈다. 춘향이는 동네 부인들을 만나면 어머니가 가르친 대로 얌전히 허리 굽혀 인사하였다.

"그동안 안녕하셨나이까?"

"오냐. 에그, 곱기도 해라."

부인네들은 춘향의 꽃다운 모습과 현숙한 태도에 감탄하며 월매가 딸 하나는 잘 두었다고 부러워하였다.

월매는 전라도 남원 땅 유명한 기생이었다. 용모가 아름답고 가무에 재주 있어 한창 이름을 날리던 젊은 시절에, 서울 자하골 사는 성 참판이 남원 부사로 내려왔다. 성 참판은 월매를 가까이하여 집도 착실한 것으로 장만해 주고 뒤뜰에 삼간초당을 지어 부용당이란 이름도 달았다. 월매는 그 양반에게 일생을 의탁하고 정성껏 섬기었다.

월매 나이 마흔이 되도록 일점혈육이 없어 섭섭하던 중, 하루는 성 참판을 모시고 공손히 말하였다.

"한 가지 소원이 있으니 들어주시오. 전생에 무슨 은혜가 있었던지 이승에 부부 되어, 첩이 관가의 기생 구실도 다 버리고 오직 낭군을 모시며 몸가짐을 바르게 하고 집안일에 힘쓰며 한번도 악한 일을 한 적이 없건만 무슨 죄가 중하여 자식 하나 없는지. 이 몸이 죽은 뒤 초상은 뉘라서 치러 주며 조상 산소에 향인들 뉘라서 사르오리까. 명산대찰에 치성이나 드려 아들이건 딸이건 하나 낳으면 평생 한을 풀겠으니, 낭군 뜻은 어떠하신지요?"

성 참판이 허허 웃다가 대답하였다.

"자네 말이 그럴 법하나 빌어서 자식을 낳을진대 자식 없는 사람이 어디 있으리오."

"지성이면 감천이란 말이 있지 않사옵니까."

성 참판은 월매의 간절한 뜻을 굳이 막지 아니하였다.

월매는 그날부터 몸을 깨끗이 하고 삼남의 명산인 지리산을 찾아 들어갔다. 물은 요천수 푸른 장강이요 산은 첩첩한 심산이라, 절간의 은은한 종소리 들으며 험준한 숲길을 헤쳐 반야봉에 올라 사방을 둘러보니 과연 천하 명산이 분명하였다. 반야봉 가장 높은 봉우리에 단을 무어 정화수 놓고 향불 피우고 엎드려 치성을 드렸다.

월매의 지성에 지리산 신령님이 감동하셨는지 치성을 마치고 집에 돌아온 지 사흘 만에 부용당에서 꿈을 하나 얻었다. 하늘에 서기 어려 오색이 찬연한 가운데 선녀가 청학을 타고 꽃 한 송이 들고 날아 당 앞에 내리는데, 머리에는 꽃관이요 몸에는 날개옷이라 눈이 부시고 허리에 찬 패물의 옥구슬 소리 맑게 울리었다.

선녀는 부용당에 올라 손을 들어 절을 하더니,

"저는 낙포 선녀의 딸로 옥황상제께 복숭아를 바치러 가다가 광한전에서 적송자를 만나 잠깐 지체하다 늦게 당도하였는데 상제 크게 노하시어 진토에 내치시매 갈 곳 모르더니, 두류산 신령께서 부인 댁으로 가라 하기에 왔사옵나이다. 어여삐 여기소서."

하며 품으로 와락 달려드는 것이 아닌가. 학의 높은 울음소리에 놀라 깨니 꿈이었다.

황홀한 마음을 가라앉히고 참판에게 꿈 이야기를 하니,

"꿈을 어찌 믿으리오."

하였다.

월매는 그달부터 태기 있어 열 달 만에 옥같이 고운 딸을 낳았다. 아들만은 못하나 천만다행으로 딸이라도 하나 얻고 보니 어찌 귀엽고 귀중하지 않으리오. 이름을 춘향이라 부르면서 만지면 꺼질세라 불면 날세라 보배 구슬같이 아끼며 길렀다.

춘향이 난 지 얼마 안 되어 성 참판은 벼슬이 높아져 서울로 올라갔다. 기다리고 있으면 춘향이 모녀를 함께 다 데려가마 굳게 언약했건만 그 뒤로 소식이 없고 또 이내 성 참판이 세상을 뜨고 보니, 월매에게 남은 것은 허무한 맹세와 아비 없는 딸자식뿐이었다.

월매는 딸만이라도 양반집 자식 부럽지 않게 키우리라 마음먹었다. 어려서부터 예의범절 가르치고 글공부를 시키면서 가야금에 그림 공부도 시키고 바느질과 길쌈 낳이, 베 짜기며 음식 솜씨에 이르기까지 두루 가르치니, 그 인물과 재주에 예절 바른 행실을 어느 누가 탐내지 않으리오.

어느덧 세월은 흘러 춘향은 이팔 꽃나이가 되었다.

월매는 오늘도 춘향을 내보내면서 일렀다.

"어데 가나 여염 처자의 행실을 잃지 마라."

"예, 난초는 어데 가나 그 향기를 잃지 않는다 하옵니다."

춘향은 이렇듯 공손히 대답하고 오월 단오 봄을 찾아 나갔다.

춘향은 숲 속 그네터 쪽으로 길게 뻗은 물길을 따라 걸었다. 탐스러운 머리를 참빗으로 곱게 빗어 귀 뒤로 땋아 늘이니 난초같이 고운 갑사댕기가 노랑 저고리 다홍치마 위에서 굼실거린다. 풀빛 장옷을 머리 위부터 엷은 안개 두르듯 단정하게 드리워 쓰니 막 피어

난 꽃송이같이 아름답다. 옥결같이 맑은 살결이며 반달 같은 눈썹이며 그 아래 맑고 그윽한 눈빛이며 때때로 방싯 웃는 웃음은 봄빛 속에 더욱 어여쁘다.

  춘향은 맑은 시냇물에 손을 담그며 수정 같은 조약돌을 집어 푸른 버들가지에 던져도 보고, 물 위에 떠 흘러오는 붉은 꽃잎을 건져 입술에 대어도 본다. 모든 게 새롭고 또 얼마나 기쁜지. 봄 냄새에 취하니 시가 떠오른다.

    봄이 와서 꽃인가 꽃이 피어 봄인가.
    봄이라 봄이라 하여 그 어데서 온 봄인가.
    꽃보고 물어를 보니 소리 없이 웃기만.

    실버들 푸른 가지 봄빛은 푸른가.
    홍도화 붉은 송이 봄빛은 붉은가.
    붉거나 푸르거나 봄이 오니 좋아라.

  처녀들은 벌써 그네터에 모여 그네를 뛴다.

    그네 뛰세 그네 뛰세.
    오월이라 단옷날에
    우리도 선녀 되어
    저 하늘로 날아 보세.

분홍 치마 갑사댕기
구름 위에 날리면서
하늘에도 봄이 있나
그네 타고 날아 보세.

  단오 명절은 참으로 흥겹다. 씨름터에서는 황소 타기 샅바 씨름을 하고, 활터에서는 한량들이 누가 저 멀리 있는 과녁을 세 번 뚫을지 활쏘기를 한다. 농사철 바쁜 때라 땀 흘리던 농사꾼들도 오늘만은 정자나무 아래에 모여 탁배기 술상을 놓고 육자배기를 부른다.

사또 자제 나귀 타고 납시네

　이때 남원 고을에는 서울 삼청동에 사는 이 한림이라는 양반이 부사로 내려와 있었다. 그 아들 이몽룡 또한 나이 이팔인데 인물은 호동이요, 문장은 정송강이요, 글씨는 한석봉이라. 사또는 은근히 아들을 귀애하며 어서 과거 급제하여 나라의 큰 재목이 되라고 엄하게 공부를 시켰다.
　이 도령은 밤낮으로 글을 읽고 글을 쓰는 것이 일이다. 허나 오늘은 봄 아침이 하도 좋아 읽던 책을 밀어 놓고 마당으로 내려와서 나무와 꽃밭에 날아드는 나비도 보고 담장 너머 화창한 하늘로 훨훨 날아가는 새들도 본다. 대문, 중문에 화초담으로 겹겹이 둘러막힌 책방 안이 갑갑해 견딜 수가 없다. 방자 용쇠를 찾으나 보이지 않았다.
　"도대체 이놈은 어디를 간 게야?"

마음 터놓고 이야기할 친구 하나 없으니 가슴에서 불이 인다. 하늘땅 먼 데로 날아가고 싶다. 허나 아버지는 그저 책방에서 공부에 전념하라고만 하신다.
　사또는 아들을 가르치되 예절과 도덕을 거듭거듭 가르쳐 한 치라도 어긋나는 일에는 조금도 용서가 없었다. 항상 삼강오륜을 굳게 따라, 사람이 짐승과 다른 점은 임금과 신하 사이에 의리가 있고, 아비와 자식 사이에 정이 있고, 남편과 안해 사이에 분별이 있고, 어른과 아이 사이에 차례가 있고, 친구 사이에 신의를 지키는 데 있는 것이라 하였다. 한림이 책을 많이 읽었으되 자식에게 가르치는 것은 크게 이 다섯 가지 윤리에서 벗어나지 않았다. 이 도령은 하루 세끼 밥 먹듯이 귀가 아프게 들으니 이제는 아무리 엄하게 말씀하셔도 잔소리만 같았다.
　이 도령은 아침이면 세수하고 머리도 단정히 빗고 옷도 바로 하고 책을 끼고 아버지가 계시는 상방으로 올라가는 것으로 하루를 시작한다. 아버지가 아랫목 공단 보료에 앉아 계시니 정숙히 서서 두 손을 모아 쥐고 이마 위에까지 높이 쳐들었다가 무릎을 꿇고 엎드리며 이마가 방바닥에 닿도록 절을 한다. 이럴 때면 아버지는 기침을 한 번 한다. 다음은 책을 덮고 전날 공부한 대목을 외워서 바친다. 그러면 아버지는 잘했다고 칭찬도 해 주고, 공부를 그렇게 해서 언제 사람 구실 하겠느냐며 엄하게 꾸지람도 한다. 허나 아버지는 엄한 눈빛으로 꾸짖는 적이 훨씬 많았다. 이 같은 아버지를 섬기는 것은 힘든 일이다.
　도령이 울적한 마음을 참지 못하여 화초밭 앞을 오락가락하고 있을 제, 방자가 헤벌쭉거리며 중문 안으로 들어섰다. 도령은 아버지 본새로 엄한 목소리로 꾸짖었다.

"이놈아, 어데 갔다 이제야 머리를 내미는 게냐?"

"도련님, 오늘이 단오 아니오? 옷을 좀 갈아입고 오느라고……."

방자는 새로 깨끗이 빨아 입은 갑사쾌자의 남빛 앞자락을 슬슬 만지며 웃는다.

도령은 새삼스럽게 미끈해진 방자를 보며, 향교 뒷마을에 늙은 외할머니가 살고 있어 방자 용쇠의 뒷바라지를 해 준다는 말을 들었는지라 대견스러운 생각이 들었다.

육날 메투리에 새하얀 버선을 신었고, 길게 땋은 머리태를 둘둘 말아 올린 위에 흰 수건을 질끈 동여매고 그 위에 벙거지를 엇비슷이 눌러썼는데 붉은 상모가 건들거린다.

'아니, 이놈이 어쩌자고 이렇듯 멋을 부렸나?'

도령은 터져 나오는 웃음을 참을 수가 없다.

"하하하."

"아니, 갑자기 왜 이러시오?"

"네가 바람이 나도 단단히 난 것 같아 그런다. 하하하."

능청맞은 방자는 웃지도 않고 푼념하듯 말한다.

"지금이 어느 때요? 잎이 피어 푸를 청 자, 꽃이 피어 붉을 홍 자, 황금 같은 꾀꼬리가 벗을 찾아 날아들고 봄을 만난 나비들이 꽃을 찾아 춤을 추고 여염집 처녀들도 산천경개 좋은 곳을 울긋불긋 찾아드니 돌부처 아닌 담에야 바람나지 않을 도리가 있으리까?"

"좋다, 좋아. 오늘은 나도 구경을 나가려고 하니 남원 경치 좋은 곳이 어디 어디냐? 아는 대로 일러 보아라."

"글공부하시는 도련님이 경치를 찾으심은 부질없는 일인 줄 아오."

"네 모르는 소릴 하는구나. 예부터 문장가나 재주 높은 선비들이란 경치 좋은 강산을 찾나니, 원래 좋은 시는 좋은 경치를 보아야 나오는 법이니라.

정송강이 금강산을 보지 않았다면 어찌 그 유명한 '관동별곡'을 쓸 수 있었으며, 정지상이 대동강을 보지 않았으면 어찌 그 훌륭한 '남포 비가'를 쓸 수 있었겠느냐? 백두산에 남이 장군의 시가 있고 남해 한산도에 이순신 공의 시가 있다. 《동국여지승람》이란 책을 보면 우리 나라 경치 빼어난 곳치고 좋은 시 없는 곳이 없느니라."

방자가 도련님 뜻을 받아 남원 경치 꿰는구나.

"서울이라 자하문 밖 내달아 칠성암, 청련암, 세검정이 얼마나 잘난지 모르겠고, 평양 가면 연광정, 대동루, 모란봉이 있다지만, 영양 낙선대, 보은 속리산 문장대, 안의 수승대, 진주 촉석루, 밀양 영남루가 어떠한지 몰라도, 전라도라 하면 태인 피향정, 무주 한풍루, 전주 한벽루 좋사오나, 남원이야말로 좋은 곳 한둘이 아니오니, 자 이제부터 들으시오.

우리 남원에도 시가 절로 나올 만한 명승지가 많소이다. 동문 밖 나가오면 지리산 정기 뻗은 백공산 줄기에 선원사 좋고, 해 지는 서문 밖 나가오면 관왕묘가 천고 영웅 엄한 위풍 어제오늘 같고, 남문 밖 나가오면 요천강 언덕 위에 합각지붕 나래 펼친 광한루, 오작교, 영주각 좋고, 북문 밖 나가오면 푸른 하늘에 금빛 연꽃을 깎아 세운 듯 기암절벽 높이 솟은 교룡산성이 좋사오니, 도련님 처분대로 하십시다. 자, 어디로 가시겠소?"

"광한루? 이름 한번 좋다. 광한루라. 아, 이제 생각난다. 《동국여지승람》에도 광한루를 적은 글이 분명 있느니라."

이 도령은 방 안으로 올라가 서가에 쌓인 책들 가운데서 책 한 권을 꺼내 놓고 책장을 넘긴다.

"여기 있구나. 광한루라, 황수신이란 분이 이렇게 썼구나. '남원 고을 남쪽에 지세가 높고 평평한 곳에 자그마한 누각이 있으니 광통루라 하였더라. 오랜 세월에 누각이 퇴락하여 못쓰게 되었더니 그 뒤에 다시 누각을 일으켜 정인지가 이름을 고치니 광한루라 하였더라.' 여기 시 한 수가 있구나."

이 도령은 시를 읊는다.

아, 호남에 좋은 경치 많다지만
우리 고장의 경치 으뜸이로다.
우리 고장 많고 많은 명승지 중
광한루보다 더 좋은 곳은 없노라.

방자도 시의 속내를 좀 아는 듯 무릎을 친다.

"그 시가 우리 남원 사람들 마음을 바로 맞히었소."

하며, 또 다른 시가 없는가 하고 방문턱 앞에 다가앉으며 이 도령이 보는 책을 넘겨다본다.

"강희맹이요, 이석형이요, 성임이요, 이름 있는 문장가들의 시가 많구나. 백번 듣는 것이 한 번 보는 것만 못하다 하였으니, 방자야, 나귀 대령하여라."

방자는 펄쩍 뛴다.

"아니, 사또님 승낙도 없이요?"

"상방 손님들도 이제는 가셨을 게다. 내 잠시 들어가 아침 문안 드리고 승낙을 받아 나올 터이니 너는 여기서 채비하여라. 가만 있자, 금강산도 식후경이란 말이 있지 않느냐?"

"그렇습지요. 뱃속에서 쪼르륵 소리가 나고서야 경치고 뭐고 눈에 뵈는 것이 없습지요. 도련님은 그런 걱정 마시고 사또님 승낙이나 받도록 하시오."

이 도령은 책을 끼고 상방으로 올라갔다.

'과연 아버님이 승낙을 하실는지……. 섣불리 말씀을 드렸다가 외려 꾸지람만 들으면 모든 게 헛일인데. 꾸지람을 들을 바에는 차라리 슬그머니 나갔다 오는 것이 상책 아닐까?'

상방 앞에서 이렇듯 망설이다가 도령은 숨을 크게 한번 몰아쉬고 조심히 댓돌에 신 벗어 놓고 방으로 들어간다.

방 안에서는 마침 어머니도 와서 무언가 좋은 기색으로 이야기하는 중이었다. 도령은 아침 문안을 드리고 전날 공부한 글 한 대목을 외워 바쳤더니, 아버지는 몸을 좌우로 흔들며,

"그렇게 열심히 사서삼경을 외워 통달하면 과거에 급제할 수 있느니라."

하고 오래간만에 칭찬하였다. 어머니도 기쁜 낯으로 소리 없이 빙 긋 웃었다.

도령은 이때를 놓치지 않고 선뜻 말을 꺼냈다.

"오늘 단오 명절을 맞아 잠깐 광한루에 나가 경치도 구경하고, 누각에 걸려 있다는 강희맹의 글도 보고, 저도 글 한 수 지어 볼까 하옵니다."

"네가 《동국여지승람》을 읽었구나."

"예."

"그런 책을 읽는 게 나쁘지는 않다마는 과거도 보기 전에 좋은 경치 찾아 돌아다니는 건 좋지 않으니라."

아버지가 엄히 훈계하자, 어머니가 조심스럽게 한마디 하였다.

"오늘은 다른 날도 아니고 단옷날이니 한번 나가 글도 짓고 바람 쐬는 것도 좋을 것 같소이다."

이 한림은, 구경이나 하자는 게 아니라 글을 짓겠다는 아들의 말에 마음이 움직인 듯 승낙하면서 또 한바탕 훈계를 하였다.

"그럼 오늘 하루만 광한루에 나가 시제를 생각하되, 상사람들이나 기웃거리는 번잡스러운 장마당이나 씨름판에 가까이 가지 말며, 낯선 사람을 만나 쓸데없이 이야기 장단을 벌이지도 말며, 광한루에서 더 멀리 가지 말도록 하여라."

"예, 말씀대로 하겠나이다."

도령은 다시 절을 하고 물러 나왔다. 상방 댓돌에 내려서니 날아갈 것 같다.

안방으로 가서 어머니가 내주는 명절옷을 차려입고 나서니 눈이 부시다. 삼단 같은 긴 머리를 곱게 빗어 밀기름에 잠재우고, 궁초 자주 댕기에 석황 물려 맵시 있게 땋아 늘이고, 가는 모시 상침 바지를 받쳐 입고, 가는 무명 겹버선에 남빛 대님을 곱게 치고 새파란 중치막에 옥색 도포 받쳐 검은 띠를 가슴에 지그시 눌러 띠니 고운 모습 늠름한 풍채가 돋보인다.

이 도령은 새 갖신을 신고 급히 책방으로 나왔다. 그 옷차림을 보고 방자가 놀란다.

"아니 도련님, 장가들러 가시오? 호호호."

"승낙을 하셨다. 나귀는 어찌 되었느냐?"

"오늘은 서쪽에서 해가 뜨는 게 아니오? 호호호."

"이놈아, 어서 가자."

방자는 나귀 있는 데로 도령을 데리고 갔다. 나귀 안장은 훌륭히 지어져 있다. 붉은 질빵, 자주 고삐, 산호 채찍에다, 안장은 옥으로 치레하고 재갈은 황금이요, 청실홍실의 고운 굴레, 주락상모*를 달고, 안장 좌우엔 은입 등자, 안장 위에는 호랑이 가죽 돋움에 앞뒤로는 줄방울이다.

"도련님, 어서 오르시오."

이 도령이 방자가 시키는 대로 등자에 한 발을 올려놓고 섭적 안장 위에 올라앉으니, 앞뒤 걸이 줄방울이 절그렁 울린다. 당나귀는 용마라도 된 듯이 앞발을 들어 두어 번 구르더니 투레질을 한다.

방자는 나귀를 이끌고 삼문 밖으로 나서 한동안 가다가 남문 밖

* 임금이나 벼슬아치가 타는 말의 갈기를 붉은 줄과 붉은 털로 꾸민 치레.

으로 내달았다. 나귀 위에 두렷이 올라앉은 이 도령이 금물 뿌린 다홍 부채를 들어 햇빛을 가리며 고을 앞 삼남 대로를 호기롭게 나아가니 길 가던 사람들이 감탄하며 바라본다.

나무 그늘이나 강기슭에서는 처녀들이 장옷 자락으로 얼굴을 가리며, 사또 자제 도련님이 제법 인물이 훤하다느니, 말 탄 모습이 의젓하다느니, 용쇠 놈 노는 꼴이 우습다느니 수군거리기도 하고 웃기도 한다.

시내 기슭 꽃나무 그늘에서 이 도령과 용쇠를 바라보는 향단이는 얼굴이 붉어졌다. 향단이는 향교 뒷마을로 길쌈할 명주 실꾸리를 구하러 갈 때면 언제나 살갑게 대해 주는 뽕나무 집엘 가곤 하는데, 그 집이 바로 용쇠 외할머니 집이어서 자주 용쇠와 부딪치곤 하였다. 방자 나용쇠는 향단이만 보면 언제나 우스갯소리를 잘 하였다. 향단이는 오늘도 저 방자가 무슨 또 실없는 소리를 할지 몰라 지레 얼굴이 붉어진 것이다.

"아가씨, 저기 방자 놈 용쇠가 도련님을 모시고 와요."

"호사가 대단하구나."

"인물이 잘나면 옷도 빛이 나는가 봐요."

"누구라도 옷만 잘 입으면 좋게 보인단다."

"아니와요. 도련님은 정말 인물도 잘나고 글도 뛰어나고 글씨도 명필이라 하던걸요."

"네가 그런 걸 어찌 다 아느냐?"

"방자한테서 들었사와요."

춘향은 나무 그늘에서 흘깃 도련을 바라본다. 어느새 나귀 방울

소리가 가까이 들려왔다. 춘향은 깜짝 놀라 향단이를 재촉하여 꽃나무 뒤로 몸을 숨겼다.

버들 사이로 붉은 치맛자락 펄렁펄렁

  이 도령은 오작교 어귀에 이르러 나귀에서 내렸다. 다리 위를 천천히 걸으며 맑은 강물을 굽어보니, 방자가 자랑을 한다.
  "이게 오작교라 하는 다리옵고, 이 강물은 요천이라고 하온데 옛날엔 선녀들이 놀던 은하수라고 합지요."
  "은하수에 오작교라! 이름이 좋구나!"
  "어찌 이름뿐이리까. 경치가 아주 그럴듯합지요?"
  방자가 웃으며 자랑을 한다. 이 도령이 천천히 걸어 광한루에 올라 사방을 돌아보니 과연 경치가 좋다. 가슴이 활씬 열린다. 참으로 천지는 넓고 봄빛은 다정쿠나.

    하늘땅 언제부터 이렇듯 넓었더냐.
    산과 들 그 어디나 봄이로다 꽃이로다.

이 봄을 안아 보리, 장부의 이 가슴에.
내 오늘 찾은 봄을 그 누가 알아주랴.

이 도령이 시정을 못 이겨 다락 안을 살펴보니 문장 재사들의 훌륭한 시들이 붙어 있다. 그중 강희맹의 글이 눈에 띈다.

남원의 이름 높은 광한루에 오르니
유월에도 찬 바람이 뼛속에 스며드네.
계수나무 그늘 비낀 하늘의 집이런가.
붉은 난간 다락 아래 견우가 지나가네.

이 도령은 다른 쪽에 붙어 있는 이석형의 글을 또 읊어 본다.

맑은 물가에 다다르니 하늘에 오른 것 같구나
시원한 바람을 따라 오르니 달 가운데 노니는 듯.
끝없이 맑고 그윽한 곳이 여기 있거니
어이타 세상 밖에서 선경을 찾으려 했던고.

모두 천상계나 선경에 비겨 나무랄 데 없는 강산이라 하였다. 이 도령은 누각을 거닐며 다시 사방을 둘러본다.
요천수 아침이면 안개 개어 있고 푸른 숲에 저문 봄은 꽃버들 봄바람에 둘러싸여 있다. 한 곳을 바라보니 꽃들이 흐드러지고 새들이 날아든다. 예굽은 푸른 솔과 떡갈잎이 봄바람을 못 이겨 우줄우

줄 춤을 추고, 폭포 떨어지는 데 꽃이 피어 빵끗빵끗한다. 봄에 취해 울긋불긋한 산 빛이 풍덩실 요천수 물에 잠겨 있다.

또 한 곳 은근한 숲 사이를 바라보니 어떤 미인이 춘정을 못 이겨 진달래 한 송이를 질끈 꺾어 머리에 꽂아도 보고, 함박꽃도 질끈 꺾어 입에 함쑥 물어도 보고, 비단 소매 반만 걷고 흐르는 맑은 물에 손도 씻고 발도 씻고, 조약돌 덥석 집어 버들가지 꾀꼬리도 희롱한다. 버들잎 주르르 훑어 물에 훨훨 띄워도 보고, 눈처럼 흰 나비가 꽃송이에 날아들어 꽃술 물고 춤을 추니 그를 보며 호호 웃는데 그 모습이 참으로 아름답구나.

"저 여인은 누구인가? 사람인가 선녀인가?"

이 도령의 가슴엔 시정이 넘치는데 여인의 모습이 문득 사라져 간곳없다.

이럴 때 방자가 옆으로 다가와서 여전히 히벌쭉거린다.

"어떤갑쇼? 호남에서야 광한루가 제일입지요?"

"좋구나. 광한이라 선경이 분명하니 선녀 어이 없을쏘냐."

    이름 높은 오작의 신선이요
    광한은 옥경의 누각이라.
    묻노니 하늘의 직녀 그 누구인고.
    흥겨운 오늘 내가 견우 되리로다.

이때 관아 안채에서 후배사령이 술상을 차려 내왔다.

"도련님, 술상 대령하였소."

"좋다. 오늘같이 좋은 봄날에 술이 어찌 없을쏘냐."

도령은 방자가 따라 주는 술을 한두 잔 마시고는 술상을 방자와 후배사령에게 물려주었다. 광한루를 이리저리 거니노라니 시흥이 도도해진다.

"진주 촉석루, 밀양 영남루 어떠한지 몰라도 이곳 경치를 당할쏘냐. 붉은 단, 푸를 청, 흰 백, 붉을 홍 고물고물히 단장을 하였는데 신선이 산다는 영주산, 방장산, 봉래산이 눈앞에 다가온 듯, 물은 그대로 은하수며 경치는 바로 하늘의 옥경이라. 옥경이 분명하면 선녀도 있으렷다."

바로 이때 춘향이가 향단이를 데리고 그네터로 들어섰다. 백 척이나 높은 버들가지에 드리운 그네를 뛰려 할 제, 푸른 그늘에 향기로운 풀 우거지고 비단 잔디 좌르르 깔린 위에 장옷 훨훨 벗어 걸어 놓고, 자주 갖신도 석석 벗어 던져두고, 다홍치마는 턱 밑까지 훨씬 추켜 입고, 연숙마˚ 그넷줄을 고운 두 손에 갈라 잡고, 흰 버선 두 발길로 섭적 올라 발을 구른다. 가는 허리, 고운 몸을 단정히 놀리는데, 뒷모습을 보면 검은 머리끝에 금박 무늬 갑사댕기가 춤을 추고, 앞치레를 보면 밀화장도, 옥장도가 잘그랑거리고, 색 좋은 자주 고름이 훨훨 나부낀다.

"향단아, 밀어라."

한 번 굴러 힘을 주고 두 번 굴러 힘을 주니 발밑의 티끌이 바람 따라 펄펄 날고, 앞뒤로 점점 멀어 가니 머리 위 나뭇잎이 그네 따

˚ 삶아서 부드럽게 누인 삼 껍질.

라 흔들흔들. 녹음 속에 붉은 치맛자락이 펄펄 날리니 구만리 하늘 흰 구름 사이로 번갯불이 비치는 듯, 앞으로 언뜻 보이는 모습은 가벼운 제비가 흩날리는 붉은 꽃잎을 좇는 듯하고, 뒤로 반듯 보이는 모습은 드센 바람에 놀란 호랑나비가 짝을 잃고 날다가 돌아서는 듯도 하고, 금강 선녀가 팔담八潭으로 내리는 듯도 하다.

광한루에서 구름 사이로 언뜻언뜻 날리는 붉은 치맛자락을 본 이 도령은 마음이 설레고 정신이 아찔해져 어쩔 줄 모른다.

"얘, 방자야."

"예이."

"저 건너 버들 숲과 구름 사이 오락가락 희뜩희뜩 얼른거리는 저것이 무엇이냐?"

다락 한옆에서 술상을 차지하고, "너 한 잔 먹어라.", "나 한 잔 먹자." 하며 후배사령과 술을 마시던 방자가 이 도령 옆으로 온다.

"무엇 말입니까?"

"저것 좀 보아라."

"소인 눈엔 아무것도 안 보이는뎁쇼?"

"이놈아, 이 부채 끝을 바로 보아라."

"부채 끝 아니라 부처님 끝을 보아도 모르겠는뎁쇼?"

"이놈아, 저 붉은 것이 얼른번쩍하는 것 말이다."

"저 그네 뛰는 것 말이오?"

"그래. 사람이냐, 귀신이냐?"

"도련님, 딱도 하시오. 하늘땅이 맑은 날에 귀신이 어이 있으리까? 저건 이 고을 기생 월매 딸 춘향이란 계집아이요."

"보기 참말 좋구나."

"정말 그렇게 좋소이까? 호호호."

"기생의 딸이라니 가까이 불러다 볼 수 없느냐?"

방자는 펄쩍 뛴다.

"아니 될 말씀이오. 어미는 기생이나 춘향이는 기생 구실 마다하고 꽃이며 달을 봐도 글귀를 생각하고, 바느질이며 길쌈 낳이며 못 하는 재주 없으며, 문장 또한 뛰어나 재상집 딸들도 따르지 못할 도도한 여염 처자이오니 불러오기 어렵소이다."

"좋구나, 좋아. 글을 또한 잘한다니 시 한 수씩 화답해 보자."

방자는 고개를 내젓는다.

"안 되오이다. 춘향이는 남원에서 빼어난 미인이라 그 아름다움이 남쪽 고을에 널리 이름나 있습죠. 하여 감사, 부사, 군수, 현감, 관장님네 하여간 세도가 엄지발가락 두 뼘가웃이나 되는 양반들이 춘향이를 한번 보자 하였으나, 예절과 덕행이 높아 눈서리에도 굽히지 않는 송죽의 절개를 품었을 뿐 아니라, 어질고 높은 기상이 여인 중의 군자라, 어느 누구도 어쩌지 못했나이다. 황송하오나 불러오기 어렵소이다."

이 도령은 크게 웃고,

"네가 세상 이치를 모르는구나. 깊은 산속에 묻혀 있는 백옥이나 물속에 잠겨 있는 황금이라도 다 임자가 따로 있느니라. 잔말 말고 어서 가 불러오되, 광한루에 견우가 있어 직녀를 부른다 하여라."

분부하니, 방자 더는 어쩌지 못하여 춘향을 부르러 간다. 연잎 벙거지를 엇비슷이 눌러쓰고 버들가지 한 가지를 뚝 꺾어 헛채질도 하며 신세타령도 하면서 충충충 숲 속으로 걸어간다.

그네터에서는 춘향이 몸이 하늘로 날아올라 버드나무 가지 끝에 달린 방울을 쩔렁 툭 찬다. 방울 소리는 숲 속에 은은히 사무친다. 공중을 날던 그네는 점점 낮아지고 앞뒤가 가까워진다. 춘향은 잠시 눈을 감고 가쁜 숨을 쉬다가 향단이를 부른다.

"얘 향단아, 그네 바람이 독하구나. 정신이 어찔해진다. 그넷줄 붙들어라."

향단이는 그넷줄을 따라 앞으로 뛰고 뒤로 뛰며 실랑이질을 하는데, 그 꼴이 제 생각에도 우스운지 깔깔거린다. 한참 만에야 그넷줄을 잡으니, 춘향은 풀밭 위에 내렸다.

이때 방자가 숲 속으로 들어오며,

"여봐라, 얘 춘향아!"

하며 소리를 치니,

"무슨 소릴 그리 질러 사람을 놀래느냐?"

춘향이가 한마디 쏘아붙인다.

"얘, 말 마라. 큰일 났다."

"큰일이라니 무슨 일이냐?"

"사또 자제 도련님이 광한루에서 네가 그네 뛰는 모양을 보시고 불러오란 영이 났다."

춘향이 방자를 꾸짖어 말한다.

"네가 당치 않은 소릴 하는구나. 도련님이 어찌 나를 알며, 나를 안다 한들 어찌 사또 댁 도련님이 여염집 처녀를 함부로 부른단 말이냐? 방자야, 네가 내 말을 종다리 삼씨 까듯 했나 보구나."
"아니다, 내가 네 말을 할 리가 없지. 그건 다 네 잘못이지 내 탓이 아니다."
"뭐, 내 잘못이라고?"
"네 그른 내력을 들어 보아라. 여염집 처녀가 그네를 탈 양이면 네 집 뒤뜰 담장 안에 줄을 매고 남이 알까 모를까 은근히 타는 게 도리지, 광한루 멀지 않은 곳에 때는 좋아 앞내 버들은 초록빛 장막을 두르고 뒷내 버들은 연둣빛 장막을 둘러, 한 가지 늘어지고 또 한 가지는 평퍼져서 바람을 못 이겨 흐늘흐늘 춤추는 여기서 그네를 뛰니 될 말이냐? 네 외씨 같은 두 발로 푸른 가지를 툭툭 차며 흰 구름 사이를 넘나들 제 붉은 치맛자락이 펄렁펄렁하니, 도련님이 그걸 보시고 너를 부르신 것이지, 내가 무슨 말을 했단 말이냐? 잔말 말고 어서 가자."

춘향이 어이없어 대꾸도 하지 않으려다가 그래도 인사가 그렇지 않아 대답을 하였다.

"네 말이 옳기는 하다마는 오늘이 단옷날이라 나뿐 아니라 다른 집 처녀들도 모두 나와 그네를 뛰는데 어찌 나만 그르단 말이냐? 그리고 도련님이 설사 내 말을 하더라도 내가 지금 관가에 이름 올린 기생의 몸도 아니어든, 여염집 처녀를 오라 가라 부르실 리도 없고 부르신다고 갈 리도 없다. 애당초 네가 말을 잘못 들은 게다."

"아니, 무슨 사설이 그리 많으냐? 양반 댁 도련님이 부르면 가는 게지. 아직도 네가 양반님네 세도를 모르는구나. 도련님으로 말하면 외삼촌이 우의정이시고 할아버님은 이조 판서를 지내시고 아버님은 이 고을 사또님이시다. 도련님의 영을 거역하였다가 내일 아침 동헌 마당으로 네 어머니를 잡아들여 매를 치면 네 마음이 어떠하며 내 마음은 좋겠느냐? 그러니 맘대로 해라."

방자는 마지막으로 한번 으름장을 놓고 돌아서 가는 체한다. 향단이는 방자를 그대로 보내서는 안 될 것 같아 곰살궂게 말하였다.

"방자야, 네가 그러고 가면 우리 아가씨가 고분고분 가실 줄 아느냐? 난 네가 그런 사람인 줄 몰랐구나. 그래도 네가 도련님한테 눈치 있게 말씀을 잘 드려야지, 그럴 수 있느냐?"

향단이가 밉지 않은 눈길로 흘겨보니 방자는 금세 스르르 봄눈 녹듯 하면서 도련님이 한 말이 생각났다.

"가만있자, 내가 깜박 잊었구나. 도련님은 네가 글 잘한다는 말을 들으시고 시 한 수 화답하자 하시며 광한루의 견우가 직녀를 부른다 하시었다. 어서 가자."

춘향은 잠시 생각다가 대답한다.

"방자야, 도련님 말씀 아니 듣기 어려우나 이렇게 여쭈어라. 안수해雁隨海 접수화蝶隨花라, 기러기는 바다를 따르고 나비는 꽃을 따르노라고."

"뭐? 기러기는 바다? 나비는 꽃?"

방자가 어리벙벙해 있는데, 춘향은 향단이를 재촉하여 장옷을 쓰고 숲을 나서 오작교 쪽으로 걸어간다.

광한루에서 방자 돌아오기를 기다리던 이 도령은 답답하여 견딜 수 없었다.

'불러오란 춘향이를 오히려 쫓아 보낼지 모를 놈이니 내 좀 가까이 가서 그 거동을 보리라.'

이렇듯 생각하고 광한루에서 내려와 오작교 어귀로 발길을 옮겼다. 과연 오작교 저쪽에서 춘향이 장옷을 쓰고 종종걸음으로 다리를 건너온다. 이 도령은 나무숲 그늘에 비켜섰다가 춘향이 다 건너오자 그 앞에 섰다. 춘향은 뜻하지 않은 곳에서 도령을 대하여 놀라 허리를 굽혔다.

"그대는 뉘신가?"

춘향은 맑은 눈길을 들어 도령을 한번 보고는 얌전히 고개를 숙일 뿐이다.

"하늘에 머물던 흰 구름 꽃이 땅 위에 내렸는가, 물 위에 자던 꽃이 아침 이슬에 피었는가?"

춘향이 이에 화답한다.

"꽃은 꽃이로되, 구름 꽃도 자던 꽃도 아니오이다."

"세상에 다시없을 꽃다운 그대, 달빛 속의 선녀인가, 은하 강변의 직녀인가?"

"달빛 없는 환한 낮에 선녀 어이 있으며, 칠월 칠석 아니어든 직녀 어이 있으리까."

"선녀도 아니요 직녀도 아니라면 광한루 봄바람이 내게 보낸 봄냄새인가?"

"광한루 봄바람은 나그네 봄바람, 부용당 깊은 곳의 봄 냄새를 어이 알리오."

춘향은 장옷 깃으로 얼굴을 가리며 허리를 굽힌다.

"이만 물러가오이다."

 도령이 한 걸음 다가서며 못다 한 말을 하려는데, 춘향은 벌써 종종걸음으로 남녘 마을로 뻗은 꽃나무 숲길 사이로 사라져 간다.

 '세상에 저렇듯 아름답고 맑은 목소리에 총명과 문장 재질이 빛나는 여인이 있었던가.'

 이렇듯 춘향이 간 쪽만 보고 서 있는데, 방자가 돌아와 도령 옆에서 비위 좋게 웃는다.

 "흐흐흐, 도련님 재주 참으로 귀신이 울고 가겠소. 이 방자도 불러오지 못한 춘향이를 몸소 만나 유식한 말로 문답까지 하시다니."

 "이놈아, 너만 믿었다간 춘향이 얼굴도 못 볼 뻔했구나. 그래, 춘향이가 네게는 무엇이라 하더냐?"

 "뭐, 안수해 접수화라, 기러기는 바다를 따르고 나비는 꽃을 따른다고 여쭈어라 합디다."

 "나비는 꽃을 따른다. 옳다, 옳아. 접수화로다. 뜻이 깊은 말이로구나."

 "허 참, 나비가 꽃을 따르는 거야 뻔한 일인데 무슨 쥐뿔같은 뜻이 있소이까?"

 "네 이제 알게 될 것이니 춘향이 집이나 알면 어서 일러라."

 "춘향이 집이야 잘 압지요."

 방자는 손을 들어 가리킨다.

 "도련님 보시오. 저기 동산은 울울하고 연못이 청청한데 물고기 뛰어놀고 온갖 화초가 만발하며, 나무에 앉은 새들은 제철을 자랑하여 우짖고, 바위 위에 굽은 솔은 바람이 건듯 불면 늙은 용이 굼니는 듯, 문 앞의 버들가지는 실실이 늘어져 춤을 추고, 대나무, 잣나무, 전나무, 그 가운데 은행나무는 음양을 따라 정다이 마주 섰고, 초당 문 앞에는 오동나무, 대추나무, 깊은 산중의 물푸레나무, 포도, 다래, 으름덩굴이 휘휘친친 감겨 담장 밖으로 뻗었으니, 저 푸른 솔숲과 대숲 사이로 은근히 보이는 곳이 춘향이 집이오이다."

"동산이 정결하고 송죽이 울창하니 곧고 바른 행실을 능히 알겠구나. 방자야, 오늘 밤 퇴령 후에 춘향이 집을 찾아가자."

"도련님, 어쩌자고 그런 생각을……. 아니 될 말씀이오."

"춘향이 말에 접수화란 나비가 꽃을 찾아오라는 뜻이니 날개를 펴 날아가야지."

"그런 말씀 마오. 춘향이가 그리 쉽게 도련님을 오시라 할 그런 여자가 아닌 줄 아오."

"그런 춘향일수록 더욱 좋다."

도령은 분홍 부채를 펼쳐 활활 부치며 춘향이 집을 연연히 바라본다.

책방 도령 상사병 났구나

　책방으로 돌아온 이 도령은 모든 일에 마음이 없고 춘향이 생각 뿐이다.
　이 도령 책방을 볼 것 같으면, 옻칠 자개박이 책상이며 문갑이며 사방탁자가 놓여 있고, 문갑 위에는 용강 옥돌로 만든 붓꽂이에 크고 작은 붓들이 꽂혀 있고, 자주 향나무로 만든 종이 꽂이에는 질 좋은 두루마리들이 담겨 있다. 오동나무 벼룻집에는 평안도 위원 고장에서 나는 자석벼루며 먹 만들기로 유명한 해초의 솜씨가 깃든 송연 먹들과 거북 모양의 청사기 연적이 들어 있다.
　허나 지금은 어느 것 하나도 손에 잡히지 않는다. 벽에는 안견과 이상좌의 그림이 붙어 있고 명필 한석봉의 글씨도 걸려 있으나, 도령의 눈에는 꽃나무 그늘에 서 있는 춘향의 고운 모습이 삼삼히 떠오르고 맑은 목소리가 쟁쟁히 들릴 뿐이다.

밤이 되면 춘향이 집엘 가리라 생각하니 해는 어이 더디 지며 목은 어이 마르는가. 안에서 어머니가 보내온 꿀물 화채를 마셔도 가슴이 탄다. 도령이 한숨을 쉬고 책상 앞에 앉아 손에 잡히는 대로 책 한 권을 집어 펼치고 글을 읽자 하니 글자마다 춘향이 얼굴이다.

도령은 방자를 불러 물었다.

"해가 어느 때쯤 되었느냐?"

"동쪽에서 아귀 트오이다."

"괘씸한 놈, 서쪽으로 지던 해가 어느새 동쪽으로 갔단 말이냐? 다시 살펴보아라."

"살펴보나 마나 해는 져서 어스름 저녁이 되고 동산 위에 달이 솟아 옵니다요. 도련님, 저녁 진지 잡수시오."

통인 아이가 저녁상을 내왔다.

가리찜, 생선찜에 보글보글 끓는 신선로도 놓여 있고 산나물, 들나물, 싱싱한 풋김치며 한쪽에는 흰 눈 같은 꿀 설기며 솔잎 냄새 풍기는 송편이 갖추 놓여 있건만, 도령은 어느 것 하나도 맛이 없어 한두 술 뜨고는 상을 물렸다.

잠시 자리에 누워 이리 뒤척 저리 뒤척 뒹굴다가, 책방에서 글 읽는 소리 들리지 않으면 상방에서 꾸지람하실까 걱정되어 마음을 다잡고 글을 읽기 시작하였다. 사서삼경을 내놓고 이것도 좀 읽어 보고 저것도 좀 읽어 본다.

"《시경》이라, 물새는 암컷 수컷 서로 불러 화답하며 물가에서 노닐고, 요조숙녀는 군자의 좋은 짝이로다. 아서라, 이 글 못 읽것다."

《대학》을 읽는데,
"《대학》의 도는 밝은 덕을 밝히는 데 있으며 백성들을 새롭게 하는 데 있으며 춘향에게 있다. 이 글도 못 읽겠다. 아무것도 못 읽겠구나. 《주역》이나 읽어 보자. 하늘 건, 하늘에는 네 가지 덕이 있나니 원元코, 형亨코, 이利코, 정貞코, 춘향이 코, 딱 댄 코, 좋고. 옳거니, 춘향이 코는 참으로 어여쁜 코로다."
방자가 책방 마루 끝에 앉아 듣다가 웃음을 터뜨린다.
"도련님 글 읽는데 코가 너무 많으오. 으하하하."
"이놈아, 사람 사는 세상일은 좋고 궂고 싫고 언짢고라. 코 자가 아니 붙은 것이 없느니라."
"정말 도련님 콧속이 넓으시오."
《맹자》를 읽는데,
"맹자가 양혜왕을 뵈니, 왕이 말하기를 선생이 천 리를 멀다 않고 오시니, 춘향이 보시러 오시나이까?"
《사략》을 읽는데,
"태고라 천황씨는 쑥떡으로 왕이 되어 해와 계절의 시작을 인寅방과 인시에서 시작하니 굳이 힘을 쓰지 않아도 백성이 평안하였고 형제 열둘이 모두 일만 팔천 살씩 살았다."
방자가 여쭈었다.
"여보 도련님, 천황씨가 목덕木德으로 왕 하였단 말은 들었으되 쑥떡으로 왕이 되었다는 말은 처음 듣소."
"이놈아, 네가 모르는구나. 천황씨 일만 팔천 살 산 양반이라 이가 단단해 목떡을 잘 자셨거니와 시속 선비들이 목떡을 어찌 먹겠느냐? 공자님께옵서 후대 사람들을 생각하시어 명륜당에 현몽하고 시속 선비들은 이가 부족하여 목떡을 못 먹기로 물씬물씬한 쑥떡으로 하라 하여 삼백육십 주 향교에 문서 돌려 쑥떡으로 고쳤느니라."

방자 듣다가,

"하늘님이 들으시면 깜짝 놀라실 거짓말을 다 듣겠소."

하는데, 이 도령은 또 《적벽부》를 들여놓고,

"임술년 가을 칠월 십육일에 소자蘇子˙는 객과 더불어 배를 띄워 적벽 아래 노니는데 맑은 바람 서서히 불어오고 물결 잔잔하구나. 아서라, 이 글도 못 읽것다."

도령은 모든 책이 마음에 들지 아니하여 마지막에 《천자문》을 내놓고 읽기 시작하였다.

"하늘 천, 따 지……."

방자 듣고 어이없어,

"점잖으신 도련님이 천자문이 웬일이오? 허허 참."

"천자문은 글 중의 근본이라. 옛날 주흥사라 하는 이가 하룻밤에 이 글을 짓고 머리가 백발이 되었다 하여 '백수문白首文'이라고도 하는데, 글자마다 새겨 보면 감탄할 일이 참 많다."

"저도 천자 속은 좀 압지요."

"네가 정말 안단 말이냐?"

"알다 뿐인갑쇼?"

˙ 적벽부를 쓴 소식蘇軾이 자기 자신을 가리키는 말.

"안다고 하니 그럼 읽어 보아라."
"예, 들어 보시오. 높고 높은 하늘 천, 깊고 깊은 따 지, 해해친친 감을 현, 불에 탔다 누르 황, 혼인 날짜 날 일, 꿀맛일세 달 월."
"에라 이놈, 상놈이 분명하다. 어데서 장타령 하는 놈의 말을 들었구나. 내 읽을 테니 들어 보아라.

 어느 태고에 생긴 것인가 사철 푸른 하늘 천, 오행으로 만물을 기르는 따 지, 그윽하고 미묘할사 북방 현무 검을 현, 동서남북 색깔 중에 중앙 흙색 누를 황……."
"도련님 천자풀이는 너무 유식해서 재미가 없소."
"그럼 또 들어 보아라. 하늘 중천 높이 떠서 비춰 주는 날 일日, 밤길 찾아가는 님의 길 밝혀라 달 월月, 그리워라 가슴속에 님 생각이 찰 영盈, 보고 지고 병이 들면 청춘 시절도 기울 측仄, 춘향의 두 눈빛은 맑고 맑은 별 진辰, 꿈에라도 보고 지고 팔을 베고 잘 숙宿, 삼경이 멀었느냐 북두칠성이 벌일 열列, 춘향이 집 찾아가서 쌓인 정회 베풀 장張, 찬 바람이 쓸쓸히 부니 침실에 들어라 찰 한寒, 베개가 높거든 내 팔을 베어라 이만큼 오너라 올 내來, 후리쳐 질끈 안고 님의 다리에 드니 설한풍에도 더울 서暑, 침실이 덥거든 음풍을 취하여 이리저리 갈 왕往, 춥지도 덥지도 않은 때가 어느 때냐 오동잎 진 가을 추秋, 백발이 장차 우거지니 소년 풍모를 거둘 수收, 낙목한풍 찬 바람 흰 구름만 떠도는 강산에 겨울 동冬, 오매불망 우리 사랑 규중심처에 감출 장藏, 간밤에 가는 비 맞아 생기 있는 아름다운 연꽃은 부드러울 윤潤, 이러한 고운 태도 평생을 보고도 남을 여餘, 백년가약 깊은 맹세 만경창파 이

룰 성成, 이리저리 노닐 적에 세월 가는 줄 모를 해 세歲, 조강지처 내치지 못하고 안해 박대 못 하나니 대전통편 법 율律, 군자의 좋은 배필 이 아니냐, 춘향 입 내 입 한데 대고 쪽쪽 빠니 음률 여呂 자 이 아니냐. 아이고, 보고 지고. 우리 춘향 봄 춘春."
도령은 흥이 나서 자기도 모르게 큰 소리로 읊어 댄다.
"도련님, 소리 좀 낮추시오. 천자풀이에 웬 춘향이가 그리 많소?"
이때 상방 쪽에서 통인이 달려 나왔다.
"도련님, 사또께서 평상에 누워 잠시 잠드셨다가 놀라 깨시어 '책방에서 어떤 놈이 생침을 맞느냐? 소리 요란하니 알아 오라.' 하시옵니다. 어찌 아뢰리까?"
"딱한 일이다. 남의 집 늙은이들은 귀도 좀 먹는다더니만 너무 밝으신 것도 예삿일 아니구나. 네 들어가 이렇게 여쭈어라. 내가 우리 나라 사기를 읽다가 을지문덕 장군이 살수에서 삼십만 대군을 크게 물리친 대목에 이르러 몹시 통쾌하여 그만 소리를 질렀노라고 여쭈어라."
통인이 들어가 그대로 말씀 올리니, 사또는 매우 기쁘게 여겨 통인을 또 불렀다.
"여봐라, 네 가서 목 낭청을 가만히 오시래라."
낭청은 사또 밑에서 수발드는 구실아치로 성이 목가인지라 목 낭청이라 하는데, 통인이 급히 낭청을 불러오니, 이 양반이 어찌나 고리게 생겼는지 채신머리없는 종종걸음에다 초라니 같은 얼굴에는 언제나 근심이 잔뜩 매달려 있었다.

"사또, 그새 심심하셨지요?"
"아, 게 앉소. 심심해서가 아니라 임자에게 할 말이 있어 찾았네. 우리가 옛 친구로 함께 공부를 해 왔으니 말이지만 아이 적에 글 읽기처럼 싫은 것이 없느니. 그런데 우리 아이는 글 읽기에 재미를 붙여 안 읽은 책이 없으니 어찌 기쁜 일이 아니겠나."
목 낭청은 덮어놓고 고개부터 끄덕이면서 대답한다.
"아이 적에 글 읽기처럼 싫은 게 없지요. 읽기가 싫어 잠도 오고 꾀만 부리게 되고."
"그런데 이 아이는 글을 읽기 시작하면 읽고 쓰고 밤낮을 가리지 않으니."
"예, 정말 그렇지요."
"배운 건 없어도 글 쓰는 재주가 뛰어나거든!"
"그렇지요. 점 하나를 툭 찍어도 높은 봉우리에서 던진 돌덩이 같고, 한 일 자를 그어 놓으면 천 리에 진을 친 구름 같고, 갓머리는 처마 끝에서 갸웃거리는 참새 대가리 같지요. 글 쓰는 법을 말하면 풍랑이 일고 우레가 치는 기상이라, 내리그어 채는 획은 절벽에 거꾸로 선 소나무 같고, 도로 채 올리는 획은 성난 무쇠 활촉 같고, 기운이 모자라 발길로 붓을 툭 차올려도 획은 획대로 되옵디다."
"글쎄, 내 말 들어 보게. 저 아이가 아홉 살 먹었을 때 서울 집 뒤란에 늙은 매화나무가 한 그루 있어 그 매화를 두고 글을 지으라 하였더니, 잠깐 사이에 지었는데 그 솜씨가 오래 정성 들여 지은 것과 조금도 다름이 없었거든. 한 번 보면 제격 외우는 총기가 있는지라 나라의 당당한 인재가 될 것이니 나이가 적고 많고가 관계없을 성싶네."
"장차 정승도 하오리다."
"정승이야 어찌 바라겠냐마는 내 죽기 전에 과거 급제는 쉽게 하리라 믿네. 급제만 하면 현감이나 군수 같은 것이 어렵겠나."
"정승을 못 하면 장승이라도 되겠지요."
"아니 장승이라니?"
낭청이 왕청같은 소리를 하는 바람에 사또는 버럭 화를 내었다.
"자네 뉘 말인 줄 알고 그런 말을 하나?"
"그게 뉘 말인지, 재주 많은 사람이란 잘되면 아주 잘되거니와 못 되면 아주 못된다는 말씀이온데 정신이 오락가락해서……."
"이 사람, 그만 썩 들어가게!"
사또가 소리를 치는 바람에 목 낭청은 발딱 일어나 머리를 간들간들 흔들며 돌아갔다.
이때 도령은 상방에서 하인 물러가라는 영이 내리기만 기다리고 있었다. 밤이 이슥해 갈수록 도령의 마음은 초조하기 그지없다.
"방자야, 어찌 되었나 동헌에 가 보아라."
"아직도 상방 문 앞이 대낮같이 밝으오."
"이놈아, 너는 어찌 그리 마음이 태평하냐?"
"도련님, 정말 춘향이 집을 가시려오? 섣불리 가셨다가 망신만 당하실 텐데 그래도 가시려오?"
"그런 걱정 말고 어서 가자."
"모르겠소, 사또님이 아시면 어떤 불벼락이 떨어질지."

"방자야, 네가 도와주어야지 누가 나를 돕겠느냐?"

바로 이때,

"하인 물리랍신다."

하는 소리가 길게 울린다. 동헌 대청의 밝은 등불들이 하나 둘씩 물러가고 하인들도 물러가고 순경 보는 사령이 화초담 밑을 돌아간다.

이 도령은 방자를 재촉하였다.

"방자야, 초롱에 불 밝혀라!"

방자는 분부대로 청사초롱에 불을 켜 들고 책방을 나서 발소리 없이 가만가만 걸었다.

"방자야, 아버님 계신 방에 불 비친다. 초롱불 가려라."

방자는 초롱불을 겨드랑 옆에 끼면서 화초담을 돌아 중문 대문을 빠져나갔다.

꽃 그리는 나비 마음 참을 길 없네

　이 도령이 방자를 따라 삼문 밖을 나서 좁은 숲길로 들어서니 달빛은 휘영청 밝은데 꽃가지며 푸른 버들은 봄꿈에 잠겨 있고, 놀기 좋아하는 아이들도 모두 제집으로 돌아가고, 밤은 깊어 고요하다.
　그렁저렁 골목길을 에돌아 춘향이 집 앞에 다다르니 방자가 광한루에서 말한 대로 한쪽은 솔숲이요 한쪽은 대숲이요 마주 서 있는 은행나무 사이로 정갈한 여염집 대문이 보인다. 밤은 이미 깊어 달빛만 소리 없이 흐르는데, 맑은 연못 물에 뛰노는 대접 같은 금붕어는 님을 보고 반기는 듯, 달 아래 두루미는 제짝을 부르며 잠들 줄 모른다.
　방자가 대문을 지그시 밀어 보니 대문은 안으로 철벽같이 걸려 있다. 인기척에 개가 짖기 시작한다.
　"얘, 방자야."

"예이."

"어찌하면 좋으냐?"

"담을 넘어 들어갑시다."

"어찌 그렇게야 하겠느냐."

"도련님, 양반 체면 차리다간 아무 일도 못 하오. 여기 잠시 서 계시면 소인이 안에 들어가 대문을 열겠소."

방자는 담을 돌아간다.

이때 안방에서 첫잠이 들었던 월매가 개 짖는 소리에 깨어났다. 방문을 드르륵 열어 보니 빈 마당에는 달빛뿐이고 개 짖는 소리 요란하다.

"이놈아, 짖지 마라. 속담에 달 보고 짖는 개라더니 너를 두고 한 말이구나."

혼자 중얼거리며 마당으로 나서 뒤뜰 초당으로 가니 춘향이가 향단이를 벗하여 가야금을 뜯다가 시정을 못 이겨 시첩을 펼쳐 놓고 글을 쓰는 중이다.

월매는 초당 마루 끝에 앉으며,

"밤이 깊었는데 무엇을 그리 또 쓰느냐? 어제는 온종일 열두새 베를 짜고, 오늘은 광한루 다녀와서 쉬지도 않고 이 늙은 어미 먹으라고 백설기를 한다 잉어찜을 한다 애썼으니 피곤할 텐데 그만 자거라."

"음식 솜씨를 익히느라 한 것이온데요 뭐."

"여자란 모르는 것 없이 다 배워야 한다. 너만 한 재주를 가지고 남자로 태어났더라면 얼마나 좋았겠느냐?"

"어머니, 또 그런 말씀을."

"꿈이 하도 이상해서 하는 말이다."

"무슨 꿈이온지?"

"잠깐 이야기책을 보다가 잠이 들었는데, 너 자는 부용당 지붕 위에 오색구름이 서리더니 하늘에서 난데없이 청룡 하나가 내려와 너를 덥석 안고 하늘로 올라가기에 용 허리를 안고 이리 궁굴 저리 궁굴 궁굴다가 개 짖는 소리에 소스라쳐 잠이 깼구나. 네가 아들이었으면 큰 벼슬을 할 꿈이 아니냐."

"아들로 태어나 벼슬은 못 해도, 어머니 잘 모시는 효녀는 되겠으니 그런 말씀 하지 마오."

"마님, 딸 덕에 부원군 된다는 말도 있잖아요. 호호호."

향단이도 한마디 하고 웃는다.

"그렇다는 말이다. 허나 여자 몸은 늘 조심해야 한다. 젊어서 한번 잘못하면 일생을 망치느니라. 참, 오늘 광한루에서 웬 도련님이 너를 부르셨다는데 그 도련님 이름자가 무엇이라더냐?"

향단이가 대답한다.

"꿈 몽 자에 용 용 자라 하와요."

"뭐? 꿈 몽 자, 용 용 자라?"

월매 놀라는데, 이때 담장 밑 오동나무 그늘로 무엇인가 쿵 하고 떨어진다.

"아니, 저게 무엇이냐?"

월매가 벌떡 일어나 뜰로 내려서며 살펴보니 어떤 녀석이 나무 그늘에서 어물거린다.

"아니, 어떤 녀석이 아닌 밤중에 남의 집에 뛰어들어! 귀신이 아니면 도적놈이구나. 애 향단아, 어서 부엌에서 식칼 가져오너라."

나무 그늘에서 방자가 쑥 나온다.

"쉿! 쉿!"

"쉿 하는 놈이 누구냐? 아니, 네 이놈 방자로구나."

"아주머니 조용하시오."

방자는 대문 빗장을 연다. 문밖에 사람 모습이 희뜩 보이니 월매는 속청으로 또 소리친다.

"아니, 저건 또 웬 녀석이냐?"

방자는 기절초풍을 한다.

"아이고 늙은이, 말이면 다 하시오? 사또 자제 도련님이 오시었소."

월매는 놀란다.

"아니, 도련님이 오시다니 이런 변이 있나. 진작 그리 말할 것이지. 아이고, 이런 죄송할 때가 있나. 향단아, 초당에 불 밝히고 자리 방석 내오너라."

"예에."

방자가 도련님을 안으로 모셔 들이니, 월매는 공손히 이 도령 앞으로 가서 인사를 한다.

"그새 도련님 편안하셨소이까?"

도령은 어색스럽게 서서 인사를 받는다.

"춘향이 어머니 되는가?"

"예."

"그동안 편안하오?"

"예, 도련님. 이처럼 오실 줄 모르고 이 늙은것이 눈이 어두워 함부로 주둥이를 놀렸소이다. 노여워 마옵시오."

"이런 때는 그런 말이 더 좋네."

"아이고, 도련님 도량이 이렇듯 넓으신 줄 알았으면 욕을 좀 더 많이 할걸. 호호호."

이 도령도 따라 허허 웃었다. 도령은 서글서글한 춘향이 어머니가 마음에 들었다. 사람들이 춘향이 어미를 다 좋은 여인이라 한다더니 과연 헛말이 아니로다. 사람이 외탁을 많이 한다더니 과연 그 어머니에 그 딸이구나. 반백이 넘었으되 기력이 좋고 살이 맑고 풍만하여 복 있어 보이고 단정하니 점잖은 몸가짐이 마음에 들었다.

도령은 월매가 권하는 대로 초당을 향해 발길을 옮겼다. 초당과 뜰 앞 연못이며 집 둘레를 돌아보니 정갈하고 풍치 좋아 별세상에 온 듯하다. 초당에는 어느덧 촛불이 환하다. 추녀 밑으로 버들가지 늘어져 불빛을 가리니 마치 구슬발을 드리운 듯하고, 뜰 오른쪽에 서 있는 오동나무 잎에서는 맑은 이슬이 뚝뚝 떨어져 두루미의 꿈을 놀래 깨우는 듯하고, 왼쪽 한 그루 소나무 가지에서는 맑은 바람이 건듯 불어 잠든 새를 깨우는 듯도 하다.

창 앞에 심은 파초, 일란초, 봉미초는 속잎이 돋아나고, 뜰 앞 맑은 연못 물에는 어린 연꽃들이 물 밖에 겨우 떠서 구슬 같은 이슬을 받쳐 들었고, 물 밑 금붕어는 때때마다 물을 차고 올랐다가 출렁퉁병 물속으로 다시 들어가 굼실굼실 노닌다.

새로 나온 연잎들은 반만치 벌어지고 못 가운데 만든 작은 돌산은 층층이 쌓였는데, 못가 두루미는 사람을 보고 놀란 듯 두 죽지를 벌리고 긴 다리로 징검징검 끼룩 뚜루룩 소리 내며 피해 간다. 그중에 반가운 것은 쌍오리가 손님을 기다린 듯 둥덩실 떠서 다가오는 모양이다.

이 도령이 초당 앞에 이르니 그새 방 안에 들어가 있던 춘향이 월매가 부르는 소리를 듣고 그제야 방씻 미닫이문을 열고 나온다. 밝은 달이 구름 밖으로 솟아오르는 듯 황홀하다.

춘향은 부끄러이 뜰아래 내려 인사를 한다.

"도련님, 안녕하셨소이까?"

도령은 어찌 대답을 해야 할지 몰라 머뭇거리다가,

"봄밤의 곤한 잠을 깨워 미안하군."

이렇듯 말하고 춘향을 다시 살펴보니 꽃다운 모습과 단정한 맵시야말로 세상에 다시 비길 데 없다. 맑고 어여쁜 얼굴은 한 송이 백모란이 노을 속에 핀 듯하고, 붉은 입술 사이로 언뜻 보이는 흰 이는 별도 같고 옥도 같고, 붉은 치마와 고운 태는 가는 허리에 붉은 안개를 두른 듯하다.

"도련님, 어서 올라가옵시오."

월매는 도련님을 모시고 당에 올라 자리를 권한 다음 자기도 앉으며 춘향을 불러 옆에 앉혔다.

춘향이 도사리고 앉은 모습은 강남 제비가 맑은 강물에 미역 감고 나와 물가에 고이 앉은 모습이요, 도령의 눈에는 아무리 보아도 하늘에서 선녀가 내려와 앉은 것만 같다.

춘향이도 잠시 눈길을 들어 이 도령을 보았다. 이마가 높고 눈빛이 총명하니 슬기로운 남아의 용모에, 맑고 두툼하니 잘생긴 얼굴이 귀한 풍모이니 출세하여 나라의 큰 인물이 될 인재로 보였다.

춘향이는 붉어지는 얼굴을 다소곳이 숙이고 앉아 있고, 월매는 향단이 시켜 도련님께 차를 드리며 담배도 권하였다. 도령은 아직 담배는 피울 줄 모른다 하고 차를 마시며 방 안을 둘러보았다.

춘향이 집에 올 때는 춘향에게 뜻이 있어 온 것이지 세간 구경을 온 것은 아니건만, 도령은 이런 일이 처음이라 밖에서는 무슨 할 말이 많을 것 같더니 막상 안에 들어와 마주 앉고 보니 공연히 헛기침이 나고 오한증이 생겨, 차를 마시며 방 안도 둘러보고 벽의 그림과 글씨들도 살펴보는 것이다.

방 안은 아주 정결한데, 용장, 봉장이 알뜰하게 놓여 있고, 화류 문갑 위에는 책이며 붓꽂이, 종이 꽂이며 벼룻집이 놓여 있고 벽에는 좋은 그림들이 붙어 있다. 아직 시집도 가지 않은 데다 공부하는 처녀 방에 이런 세간과 그림 들이 갖추 있을 리 없지마는 월매가 유명한 기생으로 구실을 살 때 딸 주려고 장만한 것이다. 이름난 명필 글씨가 붙어 있고, 팔선녀가 금강산 팔담에 내려 목욕하다가 여덟 번째 막내 선녀가 날개옷을 잃고 혼자 떨어져 착한 나무꾼 총각을 만나 아들딸 낳고 살았다는 '금강 선녀' 그림도 있으며, 칠월 칠석에 오작교에서 한 해 한 번 겨우 만난다는 '견우직녀' 그림도 있다. 모든 그림에 뜻이 있고 초당 주인의 갸륵한 마음이 깃들어 있는 듯하였다.

책상 위에는 춘향이 쓴 시가 한 수 붙어 있다.

층암절벽 높은 바위
바람 분들 무너지며
청송녹죽 푸른 나무
눈이 온들 변하리.

"허, 참으로 절개 있는 글이며, 글씨 또한 명필이구려."
이 도령이 감탄하니, 월매도 기뻐한다.
"이 애가 써 붙인 글이온데."
"훌륭하오. 정말 훌륭한 딸을 두었소. 하!"
이렇듯 도령이 말문이 열려 웃기도 하며 춘향을 보니, 춘향은 더욱 부끄러워 머리를 숙인다.
월매가 춘향을 보며,
"도련님께서 모처럼 오셨는데 어서 주안상을 차려 오너라."
하니, 춘향이 얌전히 일어나 안채로 들어간다.
"귀하신 도련님이 이처럼 누추한 저희 집에 오실 줄은 몰랐소이다. 황송한 말씀 어찌 다……."
"우연히 광한루에서 춘향이를 잠깐 보고 섭섭히 보낸 뒤에 꽃 그리는 나비의 마음 참을 길 없어, 오늘밤 자네한테 할 말이 있어서 왔는데 들어주겠는가?"
"도련님 말씀이라면 듣고 말고가 있소이까. 어서 말씀하사이다."
도령은 월매의 소탈하고 정다운 말에 마음에 품고 온 말을 내놓았다.
"다른 게 아니라 춘향이와 백년가약을 맺으려 하는데 자네 마음은 어떠한가?"

월매는 몹시 뜻밖이라는 듯 잠깐 생각다가 여쭙는다.

"말씀은 황공하오나 춘향이는 서울 자하골 참판 대감이 남원 부사로 내려와 계실 때, 제가 가까이 모시어 낳은 딸이오이다. 서울로 올라가시면서 젖줄 떨어지면 데려갈란다 하시더니 그 양반이 불행히 세상을 뜨시고 보니, 춘향이는 홀어미 자식이 되고 말았소이다. 혼자 저것을 길러 낼 제 고생도 많고 눈물도 많았으나 그 사연을 어찌 다 말하오리까. 일곱 살부터 공부시켜 학문을 닦게 하고 예의범절이며 집안 살림하는 법을 낱낱이 가르쳐 이제는 모르는 일이 없으니 인물과 재주로 보면 누가 내 딸이라 하오리까. 좋은 짝을 골라 시집보낼 때가 되었는데 이 어미가 천한 탓으로 벼슬 높은 양반집에는 보낼 수 없고, 상사람에게 주자니 아까워서 밤낮으로 근심하던 차에 도련님께서 그런 말씀을 하시니 고맙고 황송하기 그지없소이다. 허나, 그런 말씀은 아예 하지 마소서."

도령은 기가 막혀 잠자코 앉았다가,

"좋은 일에 어찌 그런 말을 하오? 춘향이도 혼인하지 않은 처녀요, 나도 아직 장가 전이라 서로 백 년을 언약하면 될 일 아니오. 양반의 자식이 한 입으로 두말을 하겠소? 내 말을 믿어 주오."

하며 진정을 말한다. 허나 월매는 조금도 흔들리지 않는다.

"도련님은 아직 모르시오. 세상에는 귀한 사람 천한 사람 차별이 있소이다. 혼사를 해도 처지에 맞게 하는 것이온데, 사또 댁 도련님이 양반의 도리를 어기시고 부모 몰래 천한 집 춘향이와 인연을 맺었다가 사또님과 마님께서 아신다면 천길만길 떨 일이오니 도련님께서도……."
이 도령이 끼어들었다.
"그런 일은 내가 다 알아서 말 없게 할 터이니 걱정 말고 어서 허락해 주오."
"도련님은 청춘이라 지금은 봄 나비가 꽃 본 듯이 춘향이를 탐내 그런 말씀 하시지만, 나중에 세상 소문이 두렵고 부모의 영을 어기지 못하여 춘향이를 버리시면 도련님께도 화가 되고 춘향이 신세도 망치오리니, 오늘은 그저 노시다가 가옵시오."
이때 안에서 춘향이가 술과 음식을 차려 내왔다. 귀한 손님을 모시는 데 솜씨 있는 월매는 도령에게 술도 권하고 안주도 권하면서 좋은 말로 이야기도 나누었다. 하지만 도령은 뜻을 이루지 못해 속이 편치 않았다.
"허허, 내 말을 그리도 믿지 못하겠소? 다시 잘 생각해 보오."
도령은 술 한잔 마신 김에 말을 또 꺼내 보았으나 월매는 허락하지 않았다.
"도련님, 사람의 혼사란 일생에 한 번 있는 큰일이온데 어찌 하루 이틀에 대답할 수 있사오리까. 오늘은 이렇게 잠깐 노시고 춘향이의 가야금이나 한 곡 듣고 가사이다."
그리하여 이날 밤은 가야금만 한 곡 듣고 하릴없이 책방으로 돌아왔다.

꽃에도 귀천이 있다던가

 춘향이 가야금 솜씨는 참으로 놀라웠다. 가야금을 한쪽 무릎 위에 올려놓고 고운 손길로 괘를 옮기며 줄을 고른 다음 그윽한 농현으로 가야금을 뜯는데, 소리가 하도 맑고 아름다워 오색이 영롱한 구름 사이로 신비로운 음악이 은은히 들려오는 듯도 하고, 때로는 맑은 바람이 숲 속에 설레다가 해당화꽃 숲에 들어 속삭이는 듯도 하고, 때로는 노한 파도가 바위에 부딪혀 천만 갈래로 부서지며 솟구쳐 올랐다가 떨어지는 듯도 하고, 때로는 옥구슬이 천 길 벼랑을 만나 폭포수로 내리다가 잔잔한 물결을 이루어 은모래 위를 흘러가는 듯도 하였다. 그 어떤 풍상에도 꺾이지 않을 슬기와 높은 기개가 담겨 있어 무엇과도 바꿀 수 없는 아름다움이 넘쳐흘러, 이 도령의 마음을 부드럽고도 세차게 흔들었다.
 책방으로 돌아온 도령은 춘향이가 눈앞에 삼삼했고 월매가 한 말의 참뜻을 알 수가 없었다. 마음에 담은 사람과 백 년을 함께 살자 하는데 어찌하여 사람의 귀천을 따져 이다지도 괴롭히는가. 도령은 춘향을 생각하며 시 한 수를 지었다.

    사랑이 가는 마음
    막는 것이 무엇인고.
    나비는 꽃을 찾아
    부용당에 갔거니
    꽃은 말이 없고
    비바람이 웬일인고.
    꽃이여, 그대에게 묻노니
    꽃에도 귀천이 있다던가.

  도령은 이 글을 방자에게 주어 춘향에게 보냈다.
  달 밝은 밤, 춘향은 부용당 마루에 앉아 가야금을 뜯고 있었다. 이 도령이 뜻밖에 찾아와 가야금 산조 한 곡을 듣고 마음 편치 않게 돌아간 다음, 춘향도 마음이 어지러워 누워도 잠이 오지 않고 앉아도 일이 손에 잡히지 않았다. 그러자니 가야금을 벗하여 줄을 골라 울리면 자연 상사곡이 되었다. 춘향은 마음속에서 샘솟는 시정을 가야금에 담아 노래했다.

    봄 저녁 꽃은 피어 그 누구를 기다리나.
    달 비낀 사창 아래 가야금은 아느냐.

금아, 금아, 가야금아, 은실 금실 울려라.
나도 모를 꽃 마음 둥기당당 둥기당.

달아, 달아, 밝은 달아 계수나무 나를 다오.
계수나무 함을 짜서 이내 마음 담아 보자.
산호같이 붉은 마음 이내 마음 담았다가
나도 모를 그날 오면 고이 열어 보이잔다.

춘향은 문득 가야금을 멈추었다.
'나도 모를 그날에 누가 온단 말인가?'
춘향이 얼굴이 활끈 뜨거워진다.
'내 어찌 도련님을 생각하랴. 우리 같은 처지로 어찌 도련님을 생각하랴. 어머니가 그리 말씀하시는 것도 당연하지. 우리 같은 천것이 어찌……'
생각사록 가슴이 아프다. 광한루에서 부르실 때 '안수해 접수화'라 한 것은, 날개 달린 나비가 날개 없는 꽃더러 어찌 오라 가라 하겠는가 한 것뿐인데 그날 밤 부용당에 찾아오실 줄은 몰랐다. 춘향은 그 한마디로 여염 처자의 행실을 잃은 듯하여 다시금 얼굴이 활끈 뜨거워졌다. 춘향은 스스로 고개를 흔들었다.
'모든 잡념을 잊어버리리라.'
다시 가야금을 안고 둥기당 울리기 시작하였다. 허나 손끝이 짚고 뜯는 줄줄이 저절로 울려 입에서 흘러나오나니 '달 아래 상사곡'이다.

봄 저녁 꽃은 피어
그 누구를 기다리나.

이때 대문 소리가 나며 향단이가 방자를 달고 들어와, 부용당 마루 끝에 앉는다.
"아씨, 방자가 또 찾아와 못살게 구니 정말 죽겠소."
"못살게 굴다니?"
"얘 향단아, 네가 고와서 말이라도 한마디 더 하자고 그러는데 뭘 그래? 호호호."
방자는 향단이 어깨를 툭 밀며 웃는다. 춘향이도 웃었다.
"그래 도련님은 편안하시냐?"
방자는 심각한 얼굴로 마루 끝에 올라앉는다.
"춘향아, 큰일 났다. 도련님 너를 생각하며 병들어 누워 계신다. 세상 만물 눈에 보이나니 모두 네 모습이요, 바람 소리 새소리 귀에 들리나니 모두 네 목소리요, 잠을 잃어 못 자고 밥맛 잃어 끼니를 굶으시니 이런 변이 있느냐? 오늘은 도련님이 병석에서 글 한 수 지어 주시며 네게 전하고 화답 한 수 꼭 받아 오라 하시더라."
방자는 봉함을 춘향 앞에 내놓는다.
"너희 집 늙은이 고집은 그렇다 치고 춘향이 네 속마음이나 알고 죽으면 한이 없겠다 하시더라."
춘향은 가슴이 털렁 무너지는 것 같다. 허나 태연히 꾸지람하듯 말하였다.

"방자야, 점잖으신 도련님이 어찌 그런 말씀을 하셨겠느냐? 너희는 잠시 안에 있다 나오너라."

춘향은 처녀 몸으로 외간 남정의 글월을 읽는 것이 몹시 부끄러웠다. 향단이는 눈치 있게 방자를 데리고 안채로 들어갔다.

그제야 춘향은 도련님의 글월을 펼쳐 보았다. 과연 글씨는 명필이요 문장 또한 빛이 난다. 구절구절이 춘향이 가슴을 찔렀다. 특히 마지막 구절에서 춘향은 눈시울이 뜨거워지며 이슬이 맺힌다.

꽃은 말이 없고
비바람이 웬일인고.
꽃이여, 그대에게 묻노니
꽃에도 귀천이 있다던가.

도련님의 뜨거운 심회가 가슴을 파고드는 듯 춘향은 한 손을 들어 가슴을 쓸어내렸다. 도련님께 화답 글을 쓸 수도 없고 아니 쓸 수도 없다. 허나 병석에 누워 기다리고 계실 도련님 모습이 눈에 어려 춘향은 문갑 위에 놓인 벼룻집을 내려 붓을 들었다.

밤은 이슥하고 달빛만 밝게 흐른다. 연못가에서 잠자던 학이 끼룩 꾸꾸룩, 꽃향기 풍기는 책방 뜰에도 달빛은 휘영청 흐른다. 방자를 기다리는 도령은 마음이 타는 듯 초조하다. 일각이 삼추라는 말은 이런 때를 두고 한 말이 아닌가. 삼경이 지나서야 방자가 빈손으로 돌아오자 도령은 울화를 터뜨리며 방자를 꾸짖었다.

"이놈아, 네 어찌 춘향이 글 한 수 받아 오지 못한단 말이냐?"

방자는 방자대로 투덜거렸다.

"춘향이 집에 갔다가도 욕만 먹고, 이놈의 방자는 뭐 속이 편한 줄 아시오? 도련님의 글월을 보고 글 한 수 써 줄 듯 기다리라 하더니, 여염 처녀가 어찌 부끄러움도 없이 외간 남정에게 글월을 쓰랴 하며 써 주지 않습디다. 떼를 쓰다 못해 오늘은 그냥 왔소."

방자는 도령을 곁눈으로 슬슬 보며 계속 투덜거렸다.

"정말 그 집 늙은이며, 춘향이며 도련님께 그럴 수는 없지요. 세상에 춘향이 없으면 여자가 없겠소? 엥이, 나 같으면 싹 걷어치우겠소."

도령은 기세를 꺾지 않고 방자에게 일렀다.

"아니다. 네 모르는 소리다. 형산의 백옥을 어찌 쉬이 얻으며 삼신산 신선의 꽃을 어찌 쉬이 보랴. 때를 기다리자꾸나."

이렇게 말하고 도령은 다시 자리에 누웠다.

이틀 뒤, 말도 없이 나갔던 방자가 저녁 무렵에야 돌아왔다. 이 도령이 책을 들고 춘향이 생각에 잠겨 있는데, 방자가 그 앞으로 다가오더니,

"도련님."

하고 히벌쭉 웃는다.

"네 이놈, 말도 없이 어딜 갔다 이제야 오느냐?"

"받아 왔소."

"받아 오다니?"

"춘향이 글 한 수 받아 왔소."

"방자야, 고맙다. 네 없으면 내 어찌 살겠느냐."

"호호호, 어서 읽어 보시오. 또 무슨 뜻 모를 소리를 썼는지."

봉해 놓은 글월을 떼어 보니, 춘향이 글씨가 얼마나 정겨운지, 그 고운 글에 담긴 뜻 또한 깊구나.

꽃은 말이 없되
비바람 이겨 내고
꽃에는 귀천이 없되
향기를 귀중히 여기나니
그 향기 귀중한 절개를
어느 나비 알리오.

도령은 무릎을 쳤다.
"옳다. 뜻이 깊구나. 꽃은 비바람을 이겨 내니, 절개 높은 향기를 귀중히 여긴다 하였다. 내 어찌 그 향기 귀중함을 모르리오. 가자, 오늘 밤 춘향이 집으로 가자."

하늘땅으로 맹세하나니

 날이 저물자 이 도령은 방자를 데리고 춘향이 집을 또 찾아갔다. 월매는 도령을 더욱 반갑게 맞이하여 초당 위에 올려 앉히고 향단이에게 주안상을 빨리 차리라 하였다.
 도령은 전날처럼 꽃방석 위에 앉았다. 춘향은 연분홍 삼회장저고리에 남치마를 입고 도련님께 인사를 드리더니 안으로 들어가서 거북 껍질 대모 쟁반에 차를 받쳐 내왔다. 월매는 차를 권하며 말하였다.
 "도련님께서 이처럼 또 오실 줄은 몰랐소이다."
 "자네 만나려고 왔소."
 "원, 망령도. 다 늙은 호박이 뭐가 보기 좋아 오셨겠소? 춘향이 보러 오셨겠지."
 "오늘은 춘향이보다는 자네 입에서 허락한다는 말 한마디를 기

어이 듣자고 왔으니 어서 대답해 주오."

월매는 한편 기쁘기도 하고 한편 슬프기도 하여 후유 한숨을 내쉬었다.

"도련님 마음이 간절하신 줄은 알 만하옵니다마는 깊이 생각하사이다. 옛글에 '아들을 아는 데는 아버지만 한 이가 없고 딸의 사정을 아는 데는 어머니만 한 이가 없다.'고 하였으니, 내 딸애 마음은 내가 잘 아오이다. 어려서부터 정숙한 행실을 배우고 시집을 가도 한평생 한 낭군을 섬기려는 송죽같이 곧은 절개를 지녔으니, 뽕밭이 바다가 될지라도 변치 않을 마음이오이다.

춘향이는 금은 비단이 산같이 쌓여 있다 해도 탐내지 않을 것이며, 이 아이의 백옥 같은 마음은 그 어떤 맑은 바람도 미치지 못할 것이옵니다. 다만 옛사람의 가르침을 본받고자 할 뿐이온데, 도련님이 젊은 혈기에 욕심을 부려 인연을 맺었다가, 더구나 장가 안 간 도련님이 부모 몰래 깊은 사랑을 맺었다가 소문이 두려워 춘향이를 버리시면, 내 딸은 무늬 좋은 대모 진주 깨어진 구슬 꼴이 되오리니, 청강에 놀던 쌍오리가 짝 하나를 잃었다 한들 어찌 내 딸 같겠소이까. 도련님, 사정이 이러하오니 깊이 헤아리사이다."

"그런 걱정은 아예 마소. 열백 번 헤아려도 간절하고 굳은 내 마음 한결같으니, 처지는 다를망정 저와 내가 평생 언약을 맺는데 내 어찌 춘향이 사정을 모르겠소? 내 춘향이를 귀히 여기고 한평생 안해로 여길 것이니 청실홍실 늘여 놓고 혼례를 갖추어 만난다 한들 이보다 더 뾰족한 수가 있겠는가. 내 양반집 자식으로 부모님 모시는 처지이나 걱정 마소. 장가 전이라는 것도 걱정 마소. 대장부 한번 먹은 마음 죽을 때까지 변치 않고 저 하나를 안해로 믿고 살 것이니 허락만 하여 주오."

월매는 이 말을 듣고 젖어 드는 두 눈을 슴벅이다가 마음에 찌르르하는 게 있어 한숨을 쉬었다.

"꿈도 이상터니 이런 일이 생기는가?"

월매는 딸을 불렀다.

부엌에서 행주치마 두르고 팔소매를 걷고 음식 차리느라 돌아치던 춘향이는 이마에 땀방울이 송글송글 솟았다. 음식을 만들면서도 어머니와 도련님 사이에 어떤 이야기가 오가는지 궁금하기도 하고 가슴이 왈랑거리기도 하였다. 한편으로는 도련님께 어찌하면 좋은 음식을 대접할지 애가 탔다.

그때 어머니가 부르시는 소리가 들린다. 춘향은 걷어 올렸던 자주 끝동도 내리고 행주치마도 벗고 서둘러 옷매무시를 바로 하고 부용당으로 나아가 어머니 곁에 다소곳이 앉았다. 월매는 눈을 들어 딸을 대견스레 보더니 입을 열었다.

"춘향아, 도련님께서 오늘도 이처럼 찾아오시어 너와 백년가약을 맺자 하시니 네 마음에는 어떠하냐?"

춘향은 금세 홍매화처럼 얼굴을 붉히면서 고개를 숙였다. 무슨 대답을 하리오. 기쁨보다도 웃음보다도 더 황홀한 아름다움이 춘향의 온 모습에 피어올랐다. 어머니는 목멘 소리로 한 번 더 춘향을 부른다.

"춘향아!"

도령은 춘향의 아름다움에 정신을 잃으며 그 입에서 무슨 말이 나올까 하고 애가 타서 기다린다.

방자가 댓돌 아래 쭈그리고 앉아 있다가 이 광경을 보고 끼어들었다.

"아주머니도 참 눈치가 없소. 춘향이 마음이 도련님한테 가 있은 지가 언젠데 이제 와서 네 마음이 어떠냐 묻는단 말이오?"

"이 녀석아, 인륜대사가 그리 쉬우냐? 양반님네 믿었다가 우리 모녀 이제껏 눈물로 살아와 그런다."

"우리 도련님은 신의 없는 그런 양반과는 하늘땅만큼 다른 분이시니 그저 이 방자를 믿으시오."

"오냐, 방자 너를 믿자. 호호호."

"하하하."

"허허허."

방자도 도련님도 모두 웃으니 부용당에 웃음이 넘친다. 춘향은 섬섬옥수를 들어 방싯 옅은 웃음이 비끼는 것을 가린다.

월매는 향단이를 불러 주안상을 내오라 하였다. 그리고 도련님 손을 잡고 다시금 간곡히 말하였다.

"봉이 나매 황이 나고 장수가 나매 용마가 난다더니, 남원에 춘향이 나매 이화춘풍 봄바람에 오얏꽃 피어 도련님을 만나게 되었으니 이 아니 인연이며 이 아니 경사이옵니까. 도련님, 오늘같이 기쁜 날에 육례를 갖추어 혼례는 못 한다 해도 혼서, 예장, 사주단자 겸하여 마음의 표적으로 글이나 한 장 써 주옵시오."

도련님은 선뜻 대답한다.

"그러세. 천지가 밝은 날에 나는 사모관대를 하고 춘향이는 화관 족두리에 예복 입고 떳떳이 초례청에서 혼례를 못 하고 개구멍서방처럼 드나드니 가슴이 아프오. 허나 장부의 철석같은 마음이야 다르겠나."

이렇게 대답을 하고 벼루상을 당겨 놓고 벼루에 산호 연적의 물을 따라 수양매월 먹*을 갈아 청황모 무심필을 들어 먹물을 찍어 백릉 금전지에 맹세 글 한 수를 썼다.

하늘은 길고 땅은 끝이 없도다.
바다가 말라 돌에 꽃 피도록
장부의 한마디는 변치 않을 맹세라.
천지 온갖 신령은 이 맹세를 지켜볼지어다.

도령이 글을 월매에게 주니 월매는 글을 보며 눈물을 흘린다. 딸 하나를, 불면 날아갈까 만지면 꺼질까 손바닥의 구슬같이 고이 길러 사또 자제 도련님과 짝을 뭇다니 이보다 더 기쁜 경사가 어디 있겠는가.

"춘향아, 이 글월은 우리 집안의 보배이니 네가 잘 간수해라. 그리고 일편단심으로 도련님을 섬기며 평생 여중군자의 행실을 잃지 마라."

월매는 글월을 춘향이에게 주고 안채로 들어간다. 방자도 월매를

---

* 황해도에서 나는 좋은 먹.

따라 안으로 들어가니, 부용당에는 두 사람뿐이다. 도령은 정겨운 눈으로 춘향을 보며 조용히 시로 말하였다.

말없는 꽃 한 송이 비바람을 이겨 내니
달 비낀 부용당에 그 향기 높도다.
세상에 다시없으리 그보다 맑은 향기.

춘향이 역시 조용히 시로 화답하였다.

세월에 피는 꽃은 향기도 한때이오니
어이 한때 사랑 그 향기에 취하리까.
님 향한 일편단심 그 향기를 아끼소서.

이 도령이 뜻 깊은 화답에 감탄하여 춘향의 흰 손을 잡으려 하는데, 월매와 향단이 주안상을 내왔다. 주안상을 보니 차림새가 눈부시다.

나주 소반에 정갈한 음식들이 가득하다. 향긋한 산나물이며 들나물에 펄펄 뛰는 숭어찜, 포도동 나는 메추리탕, 동래와 울산 큰 전복을 강계 포수의 눈썹처럼 어슥비슥 저며 놓고, 산적도 구워 놓고, 냉면도 비벼 놓고, 싱그러운 햇김치엔 빨간 고추가 동동 떠 있다.

월매는 아껴 두었던 자하주를 내어 은 주전자에 가득 부어, 청동 화로 참숯불에 냄비 올려 끓는 물에 주전자를 살살 돌려 알맞추 데워 내어, 앵무잔을 물 맑은 연못에 연잎배 띄우듯이 둥덩실 띄워 권하니 도련님이 감탄을 금치 못한다.

"여염집 음식이 어찌 이리 훌륭하오?"

"내 딸 춘향이를 곱게 길러 좋은 낭군을 맞이하여 금실 좋고 화목하게 한평생을 살아갈 제, 때때로 찾아오는 영웅호걸 문장들이며 어린 시절 벗님네와 더불어 사랑에서 시도 읊고 글도 짓고 바둑, 장기도 서로 두며 허물없이 즐기면서 밥상이야 술상이야 차려 오라 하실 적에, 안해로서 보고 배우지 못하고서야 어찌 좋은 음식을 차려 내리까. 안사람이 영민치 못하면 바깥양반 낯이 깎이는 법이라, 우리 춘향이에게는 그런 일이 없도록, 아무쪼록 본을 받아 나무랄 데 없는 안사람이 되도록, 돈 생기는 대로 무엇이든 사 모아서 내 손으로 만들어 보이며 눈에도 익히고 손에도 익히게 힘써 가르쳐 오늘 이만치 차렸소. 부족하다 마시고 입맛대로 잡수시오."

월매가 앵무잔에 술 한 잔 가득 부어 권하니, 도령이 잔을 받아 들고 한편으로 감탄하고 한편으로 탄식하며 춘향을 보고 말하였다.

"오늘 이 자리를 내 마음대로 한다면, 예절을 갖추어 상 위에 기러기도 놓고 너를 신부로 맞을 터이나 그러지 못하니 원통한 일이구나. 허나 춘향아, 우리 둘이 철석같이 굳은 언약을 놓고 이 술을 합환주로 알고 함께 먹자꾸나."

도령은 술잔을 들어 조금 마신 뒤에 술 한 잔 부어 들고 춘향이에게 또 말한다.

"첫 잔은 인사 술이요, 둘째 잔은 우리 둘이 마시는 동배주다. 이 술은 다른 술이 아니라 사랑의 뿌리가 담긴 술이다. 우리 둘이 만난 연분, 백년가약 맺은 연분은 중하고 또 중하여 천 년이 가도 변치 않으리라. 대대로 자손 번성하여 손자들을 무릎 위에 앉혀 놓고 죄암죄암 달강달강 자손 복을 누리면서 백 살까지 살다가 한날한시에 마주 누워 먼저 나중 없이 죽으면, 우리 연분 천하에 제일가는 연분 되리라."

도령이 술을 좀 마시고 그 잔을 춘향에게 주니 춘향이 잔을 받아 입에 좀 대었다가 상 위에 놓는다. 도령은 다른 잔에 술을 가득 부어 월매에게도 권한다.

"장모, 경사 술인데 한잔 드소."

술잔을 받아 들고 월매는 기쁜 마음과 함께 슬픈 생각을 금치 못한다.

"오늘이 내 딸의 백년 고락을 도련님께 맡기는 날인데 무슨 슬픔이 있겠소마는, 저것을 아비 없이 섧게 길러 오늘 기쁜 일을 맞고 보니 지난날이 생각나고 영감 생각도 절로 나서 서글프오."

"지난날 생각 말고 기쁜 날에 술이나 어서 드소."

도령은 월매를 위로하였다. 월매는 도령에게 술과 음식을 권하면서 자기도 두세 잔 즐거이 마셨다.

이때 방자는 비위 좋게 안채 부엌으로 들어가서 향단이더러 술을 한잔 달라고 졸라 댔다.

"향단아, 생각해 봐라. 오늘 이 경사가 뉘 덕인데 이 방자님을 괄시한단 말이냐?"

향단이는 어이없다는 듯 눈을 흘겼다.

"아이고, 별소릴 다 한다. 지난번 도련님 모시고 왔을 때도 밥알이 동동 뜬 찹쌀막걸리를 세 사발이나 주었는데 괄시를 하다니."

"그때는 그때고 오늘로 보면 제일 먼저 술잔 받을 사람이 난데 제일 꼬래비로 돌리니 하는 말이다."

"아니, 네가 뭘 했다고 제일 먼저냐?"

"이제 그 내력을 말할 터이니 우선 아무 술이나 한잔 먹자."

향단이는 자그마한 육모 소반에 안주 몇 접시와 술 한 사발, 맛있는 꿀 설기도 한 접시 알심 있게 놓아 주었다.

방자는 술 한 사발을 단숨에 마시더니,

"이게 무슨 술이냐? 맛이 괜찮구나."

하고 묻는다.

"황해도 해주의 박문주라는 거야."

"박문주라, 몇 잔 더 다구. 나는 이렇게 향단이 네가 주는 술 한잔 마시는 게 제일 좋다. 그래, 오늘 도련님과 춘향이가 동배주를 들게 된 것이 뉘 덕이냐 말이다."

"그거야 뭐 첫째는 춘향 아씨 덕이고, 둘째는 도련님 덕이고, 셋째는 마님 덕이지."

"아니다. 첫째가 이 방자 덕이다. 왜 그런고 하니, 오월 단오 봄철도 좋은 날에 도련님 모시고 광한루로 나간 것이 바로 이 방자요, 도련님께 춘향이 자랑을 한 것도 이 방자요, 도련님 모시고 춘향이 집에 찾아온 것도 이 방자요, 도련님과 춘향이 사이에 오가는 편지를 전한 것도 이 방자란 말이다. 이런 방자를 너부터 몰라주니 섭섭하다. 그리고 섭섭한 일이 그것만도 아니다."

"아니, 뭐가 그리 섭섭한 일이 많으냐?"

"나는 네 마음이 어질고 착한 걸 잘 안다. 허지만 네가 내 말을 귀담아듣지 않으니 속이 탄단 말이다."

"그건 또 무슨 말이냐? 밥 달라면 밥 주고 술 달라면 술 주는데."

"사람이란 밥이나 술만 먹고 사는 게 아니지. 사랑도 있고 정도 있고 의리도 있는 것인데, 향단이 네가 내 마음을 조금치도 몰라주니 섭섭하단 말이다."

"어마나, 네가 정말 취했나 보다."

"우리 두 사람 사이에는 거칠 것도 없고 걸리는 것도 없다. 날이 가고 달이 가도 변치 않겠다는 다짐이나 증서를 쓸 것도 없다. 그저 네가 한마디 대답만 해 주면, 없는 살림 없는 대로, 천한 사람 천한 대로 신랑 신부 마주 서서 절을 하고, 아들딸 많이 낳으라고 네 치마폭에 대추나 여남은 알 던지면, 늙으신 우리 외할머니가 얼마나 기뻐하시겠느냐? 이제라도 어서 대답을 해 다오."

방자는 취한 듯하였다.

이때 방자를 찾는 소리가 들려와 꿈에서 깬 듯 정신을 차려 살펴보니 어느새 월매가 향단이와 함께 주안상을 물려 내온다.

"방자야, 이제 너희 차례니 마음껏 먹어라."

월매가 좋은 술 좋은 안주를 그대로 주었다.

얼마나 좋은 밤인가!

사랑 사랑 내 사랑이야

 월매는 대문 중문 닫고 향단이 시켜 초당 방 안에 산수 병풍을 치고 원앙금침에 잣베개 놓고 머리맡 나비 촛대에 불 밝히고 샛별 같은 놋요강이며 놋대야에 물까지 떠 놓아 자리를 깨끗이 한 뒤 도련님에게 인사를 하였다.
 "도련님, 편안히 쉬사이다."
 도령은 처음 당하는 일이라 어찌 대답을 해야 할지 몰라 어물거리는데, 월매가,
 "향단아, 너는 나하고 안에 들어가 자자."
하고 안으로 들어간다.
 초당에는 춘향이와 이 도령만이 마주 앉아 잠시 말이 없다. 달빛만 고요히 흘러들고 바람은 꽃향기를 가볍게 실어 오는데 뜰아래 파초 잎에서는 맑은 이슬방울이 굴러 떨어진다. 도령은 춘향이 곁

으로 가까이 가서 그림 속 선녀처럼 앉아 있는 춘향이 손을 담쏙 잡았다.

"춘향아! 나는 이 세상에 나서 오늘처럼 기쁜 날이 없다."

"앞으로 더 기쁜 날이 있을지 아오이까?"

"과거에 급제하여 높은 벼슬에 오른다 해도 오늘처럼 기쁘지는 않으리라. 사랑이 무엇인지 알 것 같으면서도 모르겠구나. 말 좀 하여라."

"도련님도 모르시는 것을 제가 어찌……."

말을 채 맺지 못하고 방싯 웃으며 숙이는 그 얼굴이 얼마나 아름다운지, 도령은 춘향의 아름다움에 취해 황홀하다. 깊어 가는 밤과 함께 두 사람의 사랑도 깊어 간다.

노을을 받으면서 삼각산 제일봉에 학이 춤추는 듯 두 활개를 예굽듯이 들고 춘향의 고운 두 손을 받들듯이 검쳐 잡고 조심스레 옷을 벗기려다 두 손길 썩 놓더니 춘향이 가는 허리를 담쏙 안고,

"치마를 벗어라."

춘향이가 처음 일일 뿐 아니라 부끄러워 고개를 숙이고 이리 곰실 저리 곰실 몸을 트는데, 푸른 물에 붉은 연꽃이 고운 바람 만나 굼실대는 듯싶다. 도령이 치마를 벗겨 제쳐 놓고 속바지, 단속곳 벗길 적에 춘향과 무한히 실랑이한다. 이리 굼실 저리 굼실 동해 청룡이 굽이를 치듯,

"아이고, 놓아요. 좀 놓아요."

"에라, 안 될 말이로다."

실랑이하면서 옷끈 끌러 발가락에 딱 걸고서 춘향을 꼭 안고 지

그시 누르며 기지개를 켜니 춘향이 속곳이 발길 아래 떨어진다. 옷이 활딱 벗겨지니 형산의 백옥이 희기로 이보다 더할쏘냐. 도령이 춘향이가 어찌 하는지 보려고 살그미 놓으면서,

"아차차, 손 빠졌다."

하니, 춘향이가 얼른 이부자리 속으로 달려든다. 도령 왈칵 쫓아 들어 누워 저고리를 벗겨 내어 도령 옷과 한데다 둘둘 뭉쳐 한쪽 구석에 던져두고, 둘이 안고 마주 누우니 그대로 잘 리가 있나. 삼베 이불 춤을 추고 샛별 요강은 장단 맞추어 청그릉 징징, 문고리는 달랑달랑, 등잔불은 가물가물 맛이 있게 잘 자고 났구나. 그 가운데 재미난 일이야 오죽하랴.

하루 이틀 지나가니 부끄러움도 차차 없어지고 서로 농담도 하며 우스운 말도 하게 되니 주고받는 말들이 자연 사랑가가 되었더라.

    사랑 사랑 내 사랑이야.
    금강산 상상봉의 구름같이 높은 사랑
    푸른 물결 천리만리 동해같이 깊은 사랑
    총석정 가을밤에 달빛같이 밝은 사랑
    너울너울 춤출 적에 퉁소 불어 묻던 사랑
    명사십리 해당화나 연연히 고운 사랑

    꽃잎 위에 맺혀 있는 이슬같이 맑은 사랑
    초승달 희미한데 수줍은 듯 웃는 사랑
    달 아래 삼생 연분 너와 나와 만난 사랑

도령이 부르는 사랑가에 춘향이도 함께 부른다.

봄비 맞은 꽃잎인가 펑퍼지고 연한 사랑
시냇가 버들인가 청처지고 늘어진 사랑
연평 바다 그물인가 얽히고 맺힌 사랑
은하 직녀 짠 베인가 올올이 이은 사랑

청루 미녀 비단 이불 혼솔마다 감친 사랑
남북 곳간 곡식같이 담불담불 쌓인 사랑
꽃이슬 봄바람에 넘노나니 벌 나비 꽃 물고 즐긴 사랑
푸른 물 맑은 강에 원앙처럼 마주 둥실 노는 사랑
어허둥둥 내 사랑이야.

칠월칠석 오작교에 견우직녀 만난 사랑
육관 대사 성진이가 팔선녀를 만난 사랑
오막살이 온달님이 평강 공주 만난 사랑
고구려의 호동님이 낙랑 공주 만난 사랑

천금같이 귀한 사랑
우리 둘이 만난 사랑
어이 진작 못 만났던고.
어허둥둥 내 사랑이야.

"여봐라, 춘향아 저리 가거라. 가는 태도를 보자. 이만큼 오너라. 오는 태도를 보자. 빵긋 웃고 아장아장 걸어라. 걷는 태도를 보자.

너와 나와 만난 사랑, 연분을 팔자 한들 팔 곳이 어데 있어. 생전 사랑 이러하니 어찌 사후 기약 없을쏘냐.

너는 죽어 될 것 있다. 너는 죽어 글자 되되 따 지, 그늘 음, 안해 처, 계집녀 변이 되고, 나는 죽어 글자 되되 하늘 천, 하늘 건, 지아비 부, 사내 남, 아들자 몸이 되어, 계집녀 변에다 딱 붙이면 좋을 호好 자로 만나 보자. 사랑 사랑 내 사랑.

또 너 죽어 될 것 있다. 너는 죽어 물이 되되 은하수, 폭포수, 창해수, 청계수, 옥계수 기나긴 강 그만두고, 칠년대한 가물 때도 철철 넘치는 음양수란 물이 되고, 나는 죽어 새가 되되 두견새도 되지 말고, 신선 연못 해와 달 속에 노닐던 청조, 청학, 백학이며 대붕새도 되지 말고, 쌍쌍이 오락가락 떠날 줄 모르는 원앙이란 새가 되어, 푸른 물 원앙처럼 어화둥둥 떠 놀거든 나인 줄 알려무나. 사랑 사랑 내 사랑이야."

"아니, 나 그것 아니 될라요."

"그러면 너 죽어 될 것 있다. 너는 죽어 경주 인경도 되지 말고 전주 인경도 되지 말고 송도 인경도 되지 말고 장안 종로 인경 되고, 나는 죽어 인경 망치 되어 삼십삼천 이십팔수 따라 길마재 봉화 세 자루 꺼지고 남산 봉화 두 자루 꺼지면, 인경 첫 마디 그저 뎅뎅 칠 때마다 다른 사람 듣기에는 인경 소리로만 알아도 우리 속으로는 춘향 뎅 도련님 뎅 하며 만나 보자꾸나. 사랑 사랑 내 사랑이야."

"아니, 그것도 나는 싫소."

"그러면 너 죽어 될 것 있다. 너는 죽어 방아확이 되고 나는 죽어 방앗공이가 되어, 경신년 경신월 경신일 경신시에 강태공 조작 방아˙ 그저 떨꾸덩떨꾸덩 찧거들랑 나인 줄 알려무나. 사랑 사랑 내 사랑이야."

춘향이 하는 말이,

"싫소, 그것도 내 아니 될라요."

"어찌하여 그러냐?"

"나는 어찌 이생이나 후생이나 밑으로만 되려니까 재미없어 못 쓰겠소."

"그러면 너 죽어 위로 가게 하마. 너는 죽어 맷돌 위짝 되고 나는 죽어 밑짝 되어 이팔청춘 고운 여인들이 섬섬옥수로 맷손 잡고 슬슬 돌릴 제 둥근 하늘 모진 땅처럼 휘휘 돌아가거든 나인 줄을 알려무나."

"싫소, 그것도 아니 될라요. 위로 생긴 것이 부아 나게만 생겼소. 무슨 년의 원수로 일생 한 구멍이 더하니 나는 싫소."

"그러면 너 죽어 될 것 있다. 너는 죽어 명사십리 해당화 되고 나는 죽어 나비 되어, 나는 네 꽃송이 물고 너는 내 수염 물고, 봄바람 건듯 불거든 너울너울 춤을 추며 놀아 보자."

˙ 방아를 만들어 놓고 동티를 막기 위해 '경신년 경신월 경신일 경신시 강태공 조작造作' 이라는 열일곱 자를 방아 좌우에 써 놓는 풍습이 있었다.

사랑 사랑 내 사랑이야. 이리 보아도 내 사랑, 저리 보아도 내 사랑. 사랑이 모두 내 사랑 같으면 사랑 걸려 살 수 있나. 어화둥둥 내 사랑, 내 예쁜 내 사랑이야. 방긋방긋 웃는 것은 꽃 중 왕 모란꽃이 하룻밤 가랑비 내린 뒤에 반만 피려 한 듯 아무리 보아도 내 사랑 내 기쁨이로구나.

  그러면 어쩌잔 말이냐. 너와 나와 정 깊으니 정情 자로 놀아 보자. 음을 맞춰 정 자 노래나 불러 보세."
"들읍시다."
"내 사랑아, 들어라.

  너와 나와 유정하니 어이 아니 다정하리. 그윽이 흐르는 긴 강물에 멀고 먼 나그네 정, 다리에서 서로 보내지 못하니 강가 나무에 맺힌 이별의 정, 보지 않은 이 없네 보내는 이내 정, 한 태조의 희우정, 삼정승 육판서 백관 모두 모인 조정, 도량 청정, 각시 친정, 친구 사이 오가는 정, 난세 평정, 우리 둘이 천 년 인정, 달 밝고 별 드문 소상강 동정, 세상 만물 조화정, 근심 걱정, 관에 올린 소장 억울한 사정, 주어서 인정, 음식 투정, 복 없는 저 방정, 송정訟庭, 관정官庭, 내정內庭, 외정, 애송정, 천하 한량들 활 겨루는 천양정, 양 귀비 놀던 침향정, 순임금 두 부인의 소상정, 한송정, 온갖 꽃이 흐드러진 호춘정, 기린봉에 달이 솟아 백운정. 너와 내가 만난 정, 한번 정한 정을 말하면 내 마음은 원형이정元亨利貞, 네 마음은 한마음 의지하는 정, 이같이 다정타가 정이 깨어지면 끊어진 정에 분하고 원통할 마음 걱정되니 진정으로 원정原情하잔 그 정 자다."

춘향이 좋아라 하고,

"정 속은 참 깊으오. 우리 집 재수 있게 경이나 좀 읽어 주오."

하니, 이 도령 허허 웃는다.

"그뿐인 줄 아느냐. 또 있지야. 이번에는 궁宮 자 노래를 들어 보아라."

"얄궂고 우습다. 궁 자 노래가 무엇이오?"

"네 들어 보아라, 좋은 말이 많으니라.

좁은 천지 열리는 개태궁, 천둥벼락 비바람 속에 서기 어린 해, 달, 별빛 풀려 있어 장엄하다 창합궁, 성덕이 넓으사 친히 굽어 살피시니 어인 일인고, 술로 만든 못에 손님이 구름처럼 넘쳐나던 은왕의 대정궁, 진시황의 아방궁, 천하를 얻느냐 물으실 적 한 태조 함양궁, 그 곁에 장락궁, 반첩여가 눈물 흘리던 장신궁, 당 명황제 양 귀비와 노시던 상춘궁, 이리 올라 이궁, 저리 올라서 별궁, 용궁 속에 수정궁, 월궁 속에 광한궁, 너와 나와 합궁하니 한평생 무궁이라. 이 궁 저 궁 다 버리고 네 양다리 사이 수룡궁에 내 힘줄 방망이로 길을 내자꾸나."

춘향이 반만 웃으며 말한다.

"그런 잡담은 마시오."

"잡담 아니로다. 춘향아, 우리 둘이 업음질이나 하여 보자."

"애고, 참 상스러워라. 업음질을 어떻게 해요?"

도령은 업음질 여러 번 한 성싶게 말한다.

"업음질이 천하에 쉽지. 너와 내가 활씬 벗고 업고 놀고 안고도 놀면 그게 업음질이지야."

"애고, 나는 부끄러워 못 벗겠소."

"에라, 요 계집애야, 안 될 말이로다. 내 먼저 벗으마."

버선, 대님, 허리띠, 바지저고리 활씬 벗어 한쪽 구석에 밀쳐놓고 우뚝 서니 춘향이가 보고 빵긋 웃으며 돌아서다 말한다.

"영락없는 낮도깨비 같소."

"오냐, 네 말이 옳다. 세상에 짝 없는 게 없느니라. 두 도깨비 놀아 보자."

"그러면 불이나 끄고 노사이다."

"불이 없으면 무슨 재미냐? 어서 벗어라, 벗어."

"애고, 나는 싫어요."

도령이 춘향이 옷을 벗기려고 넘놀면서 어른다. 겹겹이 깊은 산 늙은 범이 살진 암캐를 물어다 놓고 이가 없어 먹든 못 하고 흐르릉 흐르릉 아웅 어르는 듯, 북해 흑룡이 여의주를 입에다 물고 오색구름 속에 넘노는 듯, 단산 봉황이 대나무 열매 물고 오동나무 사이를 넘노는 듯, 깊은 못 한가로운 학이 난초를 물고서 오동나무 소나무 사이를 넘노는 듯, 춘향이 가는 허리를 휘감아 담쏙 안고 기지개 아드득 떨며 귓밥도 쪽쪽 빨며 입술도 쪽쪽 빨면서 주홍 같은 혀를 물고, 오색단청 순금장 안에 쌍쌍이 오가는 비둘기같이 꾹꿍꿍꿍 으흥거리며 뒤로 돌려 담쏙 안고 젖을 쥐고 발발 떨며 저고리, 치마, 바지, 속곳까지 활씬 벗겨 놓으니 춘향이 부끄러워 한쪽으로 돌아앉는다. 이 도령이 답답하여 춘향을 가만히 살펴보니 얼굴이 붉어지고 이마에 구슬땀이 송실송실 앉았구나.

"애 춘향아, 이리 와 업혀라."

춘향이 부끄러워하니 이 도령이 말한다.

"부끄럽기는 무에 부끄러워? 어서 와 업혀라."

이 도령은 춘향을 업어 끙 하고 추킨다.

"어따, 그 계집애 똥집 꽤나 무겁구나. 네가 내 등에 업히니 마음이 어떠하냐?"

"한껏 좋소."

"좋냐?"

"좋아요."

"나도 좋다. 내가 좋은 말을 할 터이니 너는 대답만 하여라."

"대답할 테니 말씀하여 보옵소서."

"네가 금(金)이지?"

"금이라니 당치 않소. 초한 시절 진평이가 범 아부를 잡으려고 황금 사만을 흩었으니 금이 어이 남았으리까."

"그러면 네가 옥이냐?"

"옥이라니 당치 않소. 만고 영웅 진시황이 형산에서 옥을 얻어 옥새 만들어 대대로 전하였으니 옥이 어이 되오리까."

"그러면 네가 무엇이냐? 해당화냐?"

"해당화라니 당치 않소. 명사십리 아니어든 어찌 해당화가 되오리까."

"그러면 네가 무엇이냐? 밀화, 금패, 호박, 진주냐?"

"아니, 그것도 당치 않소. 삼정승 육판서 대신 재상 팔도 방백 수령님네 갓끈 풍잠 다 하고서 남은 것은 곳곳에 제일가는 기생 가락지 숱하게 만들었으니 호박, 진주 더는 없다오."

"네가 그러면 대모, 산호냐?"

"아니, 그것도 내 아니오. 대모는 큰 병풍 만들고, 산호로 난간 만들어 용궁 상량문에 수궁 보물 되었으니 대모, 산호도 부당하오."

"네가 그러면 반달이냐?"

"반달이라니 당치 않소. 오늘밤이 초하루 아니어든 푸른 하늘 밝은 달 내가 어찌 기울일까."

"네가 그러면 무엇이냐? 날 홀려 먹는 불여우냐? 네 어머니 너를 낳아 곱디곱게 길러 내어 나를 홀려 먹으라 하더냐?

사랑 사랑 내 사랑이야. 네가 무엇을 먹으려느냐? 생밤 찐 밤을 먹으려느냐? 둥글둥글 수박 꼭지 대모 장도로 도려내고 강릉 꿀을 두루 부어 은 숟가락으로 붉은 점 한 점을 먹으려느냐?"

"아니, 그것도 내사 싫소."

"그러면 무엇을 먹으려느냐? 시금털털 개살구를 먹으려느냐?"

"아니, 그것도 내사 싫소."

"그러면 무엇을 먹으려느냐? 돼지 잡아 주랴, 개 잡아 주랴? 내 몸을 통째로 먹으려느냐?"

"도련님, 내가 사람 잡아먹는 것 보았소?"

"에라 요것, 안 될 말이로다. 어화둥둥 내 사랑이지. 애, 그만 내리려무나. 세상일에는 다 품앗이가 있느니라. 내가 너를 업었으니 너도 나를 업어야지."

"애고, 도련님은 기운이 세서 나를 업었지만 나는 기운 없어 못 업겠소."

"업는 수가 있느니라. 나를 등에 추켜 업으려 말고 발이 땅에 닿을락말락 처진 듯하게 업어 다오."
춘향이 이 도령을 업고 툭 추키니 대중이 틀렸네.
"애고, 잡상스러워라."
이리 흔들 저리 흔들 맞춰 본다.
"내가 네 등에 업히니 마음이 어떠하냐? 나도 너를 업고 좋은 말을 하였으니 너도 나를 업고 좋은 말을 해야지."
"좋은 말을 하오리다. 들으시오.

옛날 재상 부열이를 업은 듯, 강태공을 업은 듯, 가슴에 큰 지략 품었으니 온 나라에 이름 떨치는 대신 되어 기둥 같은 신하, 나라 지키는 충신 모두 헤아리니, 사육신을 업은 듯, 생육신을 업은 듯, 일 선생, 월 선생, 고운 선생 최치원을 업은 듯, 정송강을 업은 듯, 충무공을 업은 듯, 송우암, 이퇴계를 업은 듯. 내 서방이지, 내 서방. 알뜰 간간 내 서방.

진사 급제 단번에 곧바로 부임하여 한림학사 보란 듯이 된 뒤에 부승지, 좌승지, 도승지로 당상관 되어 팔도 방백 지낸 뒤 내직으로 올라와 각신, 대교, 대제학, 대사성, 판서, 좌상, 우상, 영상, 규장각 하신 뒤에 내직이 삼천이요 외직이 팔백인데 기둥 같은 신하, 내 서방, 알뜰 간간 내 서방이지."
"춘향아, 우리 말놀음이나 해 보자."
"참 우스워라. 말놀음이 무엇이오?"
이 도령은 말놀음 많이 해 본 성부르게 말한다.
"천하에 쉽지. 너와 내가 벗은 김에 너는 온 방바닥을 기어 다녀

라. 나는 네 궁둥이에 딱 붙어서 네 허리를 잔뜩 끼고 볼기짝을 내 손바닥으로 탁 치면서 '이랴' 하거든 '호홍' 거려 팽팽히 감겼던 연줄 풀리듯 물러서며 뛰어라. 알심 있게 뛰면 탈 승乘 자 노래가 있느니라.

　타고 놀자, 타고 놀자. 헌원씨는 무기 잘 쓰고 바람과 비를 부려 큰 안개 지어 탁록 들에서 치우를 사로잡아 승전고 울리면서 지남거 높이 타고, 하우씨는 구 년 홍수 다스릴 제 육지로 가는 수레 높이 타고, 적송자 구름 타고, 여동빈 백로 타고, 이태백 고래 타고, 맹호연 나귀 타고, 태을선인 학을 타고, 중국 황제 꾀꼬리 타고, 우리 전하는 연輦을 타고, 삼정승은 평교자 타고, 육판서는 초헌 타고, 훈련대장은 수레 타고, 고을 수령은 독교 타고, 남원 부사는 별연 타고, 해 저문 장강 늙은 어부 조각배 타고. 나는 탈 것이 없으니 오늘밤 삼경 깊은 밤에 춘향이 배를 넌짓 타고 홑이불로 돛을 달아 내 연장으로 노를 저어 오목 섬을 들어가되, 순풍에 음양수를 시름없이 건너갈 제, 말을 삼아 탈 양이면 걸음걸이 없을쏘냐. 마부는 내가 되어 네 구종을 넌지시 잡으리니, 너는 성큼성큼 걸어라. 기총마 뛰듯 뛰어라."

온갖 장난을 다 하고 보니 이런 장관이 또 있으랴. 이팔청춘 둘이 만나 미친 마음 세월 가는 줄 모르더라.

참으로 나를 두고 가시려오

    어느덧 세월은 흘러 부용당 뜰에 나뭇잎 지고 연못가에는 노란 국화 하얀 국화 피어 향기 그윽하고 쓸쓸한 바람은 옷깃에 스며들어 따스한 품이 더욱 그리운 때다.
    이 도령은 사또가 몹시 엄하여 저녁에 와서는 밤중이나 새벽에 가곤 하였다. 두 사람 마음은 늘 아쉽고 안타까웠다.
    그리하여 도령은 가을밤에 시를 썼다.

    가을은 밤이 길다 뉘라서 말하였나.
    길고도 짧은 것이 가을밤인가.
    아마도 사랑이 깊어 그러한가 하노라.

    이렇듯 밤을 보내고 또 기다리는 어느 날, 아버님 계신 동헌이 조용하여 일찍 춘향이 집으로 갔다. 춘향이와 다정히 앉아 이몽룡魚夢龍이 그린 '달밤의 매화〔月梅圖〕'를 놓고 그림 솜씨에 감탄하며 '붉은 매화' 한 폭을 그리고 있는데, 뜻밖에 방자가 찾아와 급히 부른다.

"도련님, 사또께서 부르시옵니다."

"무슨 일이 생겼느냐?"

"서울서 사람이 내려왔는데 동헌이 벌컥 뒤집히고 상방에선 도련님 찾아오라 불벼락이 떨어졌소이다."

도령은 춘향을 안심시키고 곧 방자를 따라갔다.

동헌에서는 사또가 갑자기 서울로 올라가게 되어 채비를 하는데, 말 맡은 관속 불러 분부 내리고, 창고지기 불러 쌍가마 꾸미도록 하고, 사령 두목 불러 각 방에서 하던 일들 허실 없이 마무리하도록 명령하고, 그중에 이방 불러 문서 정리 각별히 잘하도록 분부한 다음, 통인을 불러 도령을 찾게 하였다.

그때서야 도령은 상방으로 불려 들어갔다. 아버지는 성난 목소리로 꾸짖었다.

"너 어딜 돌아다니느냐?"

"광한루 나갔다 왔나이다."

"광한루도 한두 번이지. 내 들으니 밖에서 괴이한 말이 도는 듯한데 그게 참말이냐?"

"방에서 공부만 하는 제게 무슨 괴이한 말이 있겠나이까?"

"어쨌든 양반집 자식이 집안에 경사가 있는 것도 모르고 돌아다니니 될 말이냐?"

"짐작은 하오나 무슨 경사이옵니까?"

"이 아비가 동부승지로 영을 받아 내직으로 올라가게 되었으니 이런 경사가 있느냐? 문서와 장부들을 두루 정리하고 내 곧 올라갈 터이니 너는 어머니를 모시고 내일 떠나도록 하여라."

도령은 아버지 말씀을 들으니 한편 반가우나 춘향을 생각하니 정신이 아찔하고 가슴이 답답해지며 온몸에 맥이 풀리고 간장이 녹는 듯하다. 두 눈으로 더운 눈물이 솟아올라 고개를 푹 숙이며 아버지께 여쭈었다.

"아버님 먼저 행차하시면 제가 뒷일을 보살피고 올라가겠나이다."

"아니다. 너는 바삐 행장을 차려 내일 오전으로 떠나도록 하여라."

도령은 겨우 대답하고 무거운 발길로 책방으로 돌아왔다. 후배사령이 방 안에서 책들을 모두 안아 내다가 마루에 놓인 궤짝에 집어넣는다. 도령은 눈에서 불이 난다.

"누가 너더러 행장을 꾸리라 하더냐?"

"대부인 마님께서 분부하셨소이다."

이때 어머니가 나와 도령을 데리고 안방으로 들어갔다.

"몽룡아, 이리 좀 앉아라. 집안에 큰 경사가 났는데 너는 무슨 일로 그렇듯 화를 내며 슬퍼하느냐? 밤마다 자주 나가더니 무슨 일이 있었느냐? 어서 말을 해라."

"어머니……."

도령은 말도 하기 전에 목이 메고 눈물이 쏟아졌다. 어머니에게 춘향이 이야기를 숨김없이 다 하고는 말하였다.

"어머니, 춘향이는 제게 백 년을 허락하였고 저는 천만년 변치 않을 맹세를 했나이다. 이런 춘향이를 여기 두고 어찌 저만 떠난단 말입니까? 사람의 도리로 어찌 그럴 수 있나이까?"

허나 어머니의 목소리는 단호하였다.

"네가 양반집 자식으로 기생 딸과 백년가약을 했단 말이냐?"

"못 한단 법이 있나이까?"

"양반집 자식이 장가도 들기 전에 그런 말이 나면 네 신세도 망치고 집안도 망치느니라."

도령은 춘향이 됨됨이며 뛰어난 재질, 아름다운 덕행을 들어 두 번 세 번 간청해 보았으나 꾸중만 실컷 들었다.

도령은 눈앞이 캄캄했다. 밤을 기다려 춘향이 집으로 나오는데 설움으로 기가 막히나 길에서 소리 내어 울 수도 없고 참자 하니 오장이 두부찌개 끓듯 한다.

어이하랴, 춘향이를 데려갈 수도, 두고 갈 수도 없다. 데려가자니 부모의 영이 엄하고, 두고 가자니 춘향이 마음을 어찌 달래며 잠시나마 어찌 떨어져 살 수 있으랴. 도령은 천 근같이 무거운 발길을 옮겼다.

이때 춘향은 초당 마루 한옆에 베틀을 놓고 고운 명주를 짜고 있었다. 오늘은 짤그닥 짱짱, 짤그닥 짱짱 하는 북 바디 소리가 왜 그리 서글픈가. 도련님이 상방의 부르심을 받아 들어가신 뒤 하루해가 다 저무는데도 아니 오신다. 오동잎 설레는 바람결 소리는 멀리 하늘에 사무쳐 들리고 기러기 울음소리 서글프게만 들리누나.

춘향은 홀로 시를 읊었다.

가을은 밤이 길다 뉘라서 일렀던가.
님 그리운 밤에는 길고도 더 길어라.
가을밤 길고 짧음은 님의 탓인가 하노라.

바람이 불어 가랑잎 하나가 부용당 마루에 떨어지니 도련님 생각이 절로 나고, 문밖에 무슨 소리만 나도 도련님인가 가슴이 설렌다.
'서울에서 선전관이 내려왔다는데 관가에 무슨 일이 생겼는가.'
어지러운 마음을 스스로 달래기도 하고 꾸짖기도 하는데 밖에 나갔던 향단이가 들어왔다.
"아씨, 기쁜 소식이오."
향단이는 아씨가 묻기도 전에 밖에서 들은 소식을 말하였다. 조정에서 교지가 내려 사또 벼슬이 높아지어 서울로 올라가게 되었으니 도련님도 올라가시게 될 거라는 것이었다. 도련님이 서울로 올라가시면 마님도 자기도 서울 가게 될 거라고 향단이는 무척 기뻐한다.
"아씨, 대부인 행차가 곧 떠난다는 소문도 있사와요."
"뭐 벌써?"
춘향은 놀랐다.
"마님께 여쭈어 우리도 올라갈 채비를 해야 하지 않소?"
향단이는 기쁨에 들떠 서두른다. 춘향은 다시 향단이 손을 잡고 이른다.

"향단아, 아직 어머니께는 말씀드리지 마라. 도련님 오시면 의논해서 하자꾸나."

"알았소."

"향단아, 난 동기간도 없는 외로운 몸이다. 어딜 가나 네가 내 곁에 있으면 좋겠다."

"죽을 때까지 아씨 곁을 떠나지 않겠사와요."

"고맙긴 하지만 너도 이젠 시집가야지. 좋은 신랑을 맞도록 하자."

"아씨는 별소릴 다 하시오. 호호."

향단이는 안채로 들어간다. 바람은 또 쓸쓸히 불어 부용당 뜰에 가랑잎이 떨어진다.

"도련님은 왜 안 오시나?"

춘향은 또 도련님 생각에 잠긴다. 도련님을 따라가면 서울 살림을 하며 도련님 과거 공부도 도와드릴 수 있고, 도련님이 과거에 장원 급제하시어 머리에 어사화 꽂고 몸에 앵삼 입고 풍악 소리 하늘에 둥덩실 띄우고 집으로 돌아오시면, 그 호화찬란한 모습을 장안 대로의 사람들이 온갖 말로 기리며 감탄할 광경을 볼 터이니 얼마나 좋으랴.

춘향이 이런 생각을 하며 앞일을 헤아리는데 문득 문소리가 나며 이 도령이 들어왔다. 한데 도련님 모습이 어찌나 맥이 없고 초라해 보이는지 춘향은 맨발로 달려 내려갔다. 도령을 부축하며 마루 위로 오르니 도령은 참았던 울음이 왈칵 통째로 터지는지 기둥을 잡고 어깨를 들먹이며 우는구나.

춘향은 더욱 놀라,

"애고, 이게 웬일이오? 안에서 꾸중을 들으셨소? 길에서 무슨 분한 일을 당하셨소? 서울서 사람이 내려왔다더니 집안사람 누가 돌아가셨소?"

하며, 도령을 쓸어 만지며 치맛자락을 걷어잡고 도령 얼굴에 흐르는 눈물을 이리 씻고 저리 씻어 주며 위로하였다.

"울지 마오. 울지 마오."

울음이란 게 말리는 사람이 있으면 더 우는 법이어서 도령은 더욱 서럽게 운다. 춘향이 안타까워 도령을 잡아 흔들었다.

"도련님, 그만 울고 어서 말을 하오, 무슨 일인지."

"사또께옵서 동부승지로 벼슬이 오르셨단다."

춘향이 기뻐하며 말한다.

"도련님 댁의 경사이온데 무슨 일로 운단 말이오?"

"너를 두고 가게 되니 내 아니 답답하냐."

춘향은 놀라지도 않고 오히려 도련님을 위로하며 생각한 바를 차근차근 말하였다.

"언제는 남원 땅에서 평생 사실 줄 아셨소? 나와 함께 떠나기를 어찌 바라리까. 도련님 먼저 부모님 모시고 올라가시면 나는 여기 살림 뒷거둠을 한 다음 올라갈 터이니 아무 걱정 마시오. 내 말대로 하면 거북하지도 않고 좋을 것이니 너무 상심 마시오."

"……."

"이제 내가 올라가더라도 어머니 모실 집은 따로 있어야겠으니, 도련님 댁 가까이 자그마한 집이나 하나 마련해 주시면 우리 어머니가 얼마나 기뻐하시리까."

"다 좋은 생각이다만 딱한 일이구나. 네 말을 사또께는 꺼내지도 못하고 어머님께 여쭈었더니, 양반집 자식이 부모 따라 시골에 왔다가 장가도 들기 전에 기생 딸을 데리고 간다는 소문이 나면 앞길에도 좋지 않고 벼슬도 못 한다고 꾸중만 들었다. 그러니 어쩔 수 없이 이별이 되겠구나."

이 말을 들더니 춘향이 얼굴이 금세 붉어지고 입술이 떨린다. 머리를 내젓고 눈알을 요리조리 굴리며 얼굴은 붉으락푸르락, 눈을 간잔지런하게 뜨고 눈썹이 꼿꼿해지면서 코가 발심발심, 이를 뽀도독뽀도독 갈고 온몸을 수숫잎 틀듯 하며 매가 꿩 채듯 앉더니,

"도련님, 기생 딸이라 이별하잔 말인가요?"

춘향은 너무도 기가 막혀 왈칵 달려들어 치맛자락도 와드득 좌르륵 찢어 버리며 머리도 와드득 쥐어뜯어 싹싹 비벼 이 도령 앞에다 던진다.

"무엇이 어쩌고 어째요? 이것도 쓸데없다."

크고 작은 거울이며 산호 비녀들을 아무렇게나 내던져 방문에 탕탕 부딪친다. 발도 동동 구르고 손뼉을 치더니 돌아앉아 한탄하며 운다.

"낭군 없는 춘향이가 살아서 무엇 하며 뉘 눈에 보이려고 얼굴을 단장하고 누구를 섬기려고 이 몸을 치장할까. 몹쓸 년의 팔자로다. 이팔청춘 젊은것이 이별할 줄 어찌 알랴. 부질없는 이내 몸 도련님의 허망하신 말씀 믿어 앞길 신세 버렸구나. 애고애고, 내 신세야!"

"춘향아!"

도령은 춘향이 옆에 가서 기가 막혀 말도 못 하고 그저 앉아 있을 뿐이다.

춘향은 울음을 참지 못하여 흐느끼며 말하였다.

"도련님, 지금 하신 말씀이 참말이오? 우리 둘이 백년가약 맺을 적에 대부인, 사또님 허락받아 맺었던가요? 도련님, 어이 그리 잊으셨소? 해당화꽃 필 적에 하신 맹세 해당화 지고 가을 오니 잊으셨소? 도련님 우리 집에 찾아오시어 도련님은 저기 앉고 춘향이 나는 여기 앉아, 하늘은 길고 땅은 끝이 없으니 바다가 마르고 돌에 꽃이 피도록 변치 말자 하신 맹세 어찌 그리 잊으시고, 마지막 가실 때는 톡 떼어 버리시니 세상에 이런 법도 있소? 이 일을 어찌할꼬. 쓸쓸한 빈방에서 내 어이 혼자 살꼬. 가을도 긴긴 밤에 흘리는 이내 눈물 피가 되고 강물 되리니 이 설움을 어찌할 꼬. 아이고아이고, 내 신세야!"

도령은 그저 머리를 숙인 채 말없이 울고만 있고, 춘향은 더욱 서러움을 참지 못한다.

"도련님, 어찌 그리 모지시오. 천하에 다정한 게 부부의 정이건만 이 정을 끊고 가시다니. 독하도다, 독하도다, 서울 양반 독하도다. 원수로다, 원수로다, 존비귀천 원수로다. 이렇듯 독한 양반이 세상에 또 있을까. 애고애고, 내 일이야.

여보 도련님, 춘향이 몸이 천하다고 함부로 버리셔도 그만인 줄 알지 마오. 기구한 춘향이가 밥 못 먹고 잠 못 자면 며칠이나 살 듯하오? 그리움이 병이 되어 애통히 죽으면 원한 맺힌 이내 혼 원귀가 될 것이니 귀한 도련님께 그것이 재앙이 아니오? 사람 대접을 그리 마오. 사람 대하는 데 그런 법이 왜 있을꼬. 죽고 지고, 죽고 지고. 아이고, 서러워라!"

이때 월매는 춘향이 방 쪽에서 울음소리가 들리자 물색도 모르고,

"애고, 저것들 또 사랑쌈이 났구나. 참 아니꼽네. 눈구석에 쌍가래톳 설 일 많이 보네."

하는데 아무리 들어도 울음이 길다.

하던 일을 밀쳐놓고 춘향이 방 미닫이 밖에서 가만가만 들어 보니, 아무리 들어도 이별이로구나. 서울서 사람이 내려왔다더니 이런 일이 벌어졌구나.

"허허, 이 일이 웬일이냐? 오늘밤 우리 집에 사람 둘 죽는구나."

월매가 초당 마루에 섭적 올라 미닫이문을 드르륵 열었다.

"무슨 일로 이리 우느냐?"

"도련님이 서울로 가신다오."

"서울로 가시면 너도 따라가면 될 일이지 울기는 왜 우느냐?"

"도련님이 못 데려가신다 하오."

"무엇이? 못 데려가? 도련님, 그게 참말이오?"

"양반 예절이 말이 많아 내 마음대로 할 수 없으니 나도 기가 막히오."

"양반 예절이 말 많은 줄 이제야 아셨소? 백년가약 맺을 제 내가 뭐라고 합디까? 아이고, 내가 양반 믿다가 이 신세가 되고도 정신을 못 차렸구나."

월매는 분하고 원통하여 주먹으로 가슴을 치면서 춘향이를 보며

한탄한다.

"이년아, 썩 죽어라. 살아서 무엇 하겠느냐? 너 죽은 시체라도 도련님이 지고 가게 죽어라. 도련님 올라가면 뉘 간장을 태우려느냐? 내 언제나 이르기를, 주제넘은 마음 먹지 말고 네 신분에 맞는 사람 가려서 형편도 너와 같고 인물도 너와 같은 원앙의 짝을 지어 의좋게 살라 하지 않았느냐? 그러면 너도 좋고 나도 좋지. 네 마음이 별나더니 잘되고 잘되었다."

월매는 주먹으로 가슴을 또 치면서,

"아이고 가슴이야. 양반 상놈의 백년가약 천만번 안 되는 일인 줄 모르는 바 아니지만 설마 이리될 줄은 몰랐구나. 양반도 사람이요 천것도 사람인데 사랑에도 귀천이 있고 빈부가 있다더냐."

하며, 도련님 앞으로 다가앉으며 말한다.

"도련님, 얘기 좀 해 봅시다. 그래 내 딸을 버리고 간다 하니 춘향이에게 무슨 죄가 있소? 춘향이가 도련님을 모실 적에 행실이 그르던가, 예절이 그르던가? 무엇이 모자라서 이런 괄시를 당하는가. 군자는 칠거지악 아니면은 안해를 못 버리는 줄 모르시오?"

"장모, 내 어찌 모르겠소? 잘 알기에 내 마음이 괴롭고 아프오."

월매는 눈물을 흘리며 한탄한다.

"아이고, 생각해 보시오. 내 딸 춘향이 어린것을 밤낮으로 사랑할 때는 백 년을 하루같이 함께 살자더니, 그래 마지막 가실 때는 똑 떼어 버리시면 춘향이가 홀로 어찌 사오? 실버들 천만 가지인들 가는 봄을 어이하며 스러지는 꽃 지는 잎에 어느 나비가 찾아

올까.

　백옥 같은 내 딸 춘향이 꽃다운 그 모습도 세월 따라 늙어 검은 머리 백발 되면 다시 젊지 못하리니, 무슨 죄를 지었기에 한생을 혼자 살까. 도련님 가신 뒤에 내 딸 춘향이 님 그려 울며 살 제, 달 밝은 깊은 밤에 불같은 님의 생각 가슴에 솟아올라 한숨 속에 짓는 눈물 치마폭을 다 적시고 제 방으로 들어가서 외로운 베개 베고 벽 안고 돌아누워 밤낮으로 우는 것을 내 눈으로 어이 볼까.

　이 어미가 천한 몸이라 내 딸 신세까지 망쳤구나. 원수로다, 원수로다. 늙은것이 사위 잃고 딸 죽이고 태백산 갈까마귀 게 발 물어다 던진 듯이 외로운 처지 될 테니 누굴 믿고 살아갈꼬. 아이고, 아이고, 서러워라."

"장모, 그만 진정하소."

도령은 춘향을 진정으로 두고 갈 수도 없고 장모의 말에 가슴이 찢어지는 듯하여 결연히 일렀다.

"장모, 내 말을 듣소. 내가 춘향이를 생각함이 장모만 못하겠소? 어떻게든 춘향이를 데려가면 그만 아니오."

"무슨 수가 있소?"

"장모, 춘향이를 데려간대도 가마에 태워 가면 분명 말이 날 것이니 그렇게는 할 수 없고, 내가 한 가지 생각한 것이 있는데, 이 말을 입 밖에 내서는 양반 망신뿐 아니라 우리 선조가 모두 망신을 당할 말이오."

"무슨 그리 요사스러운 말이 있소?"

"내일 어머님 행차가 나오실 제, 어머님 타신 가마 뒤에 신주를 모신 가마가 나오는데 그건 내가 모시고 가게 되었으니 말이오."
"그래서요?"
"그만 하면 알지."
"모르겠소."
"신주는 내 창옷 소매 속에 모시고 춘향이를 신주 가마에다 태워 갈 것이니 걱정 마소."
춘향이 그 말 듣고 도령을 물끄러미 바라보더니 어머니께 부탁한다.
"어머니 그만 안방으로 들어가오. 양반 체면에 오죽 답답하고 민망하면 저런 말씀을 하시리까. 너무 조르지 마오. 우리 모녀 평생 신세 도련님 손에 매였으니 부탁이나 합시다. 이번은 아무래도 헤어질 수밖에 없으니 이왕에 이별이 될 바에는 가시는 도련님을 어찌 괴롭히리까. 향단아, 어서 어머님을 안방으로 모셔라."
"어이고, 이년의 팔자 무슨 죄로 이런 신세가 되었는고."
월매는 땅이 꺼지게 한숨지으며 안채로 들어간다.
춘향이 도령과 둘이 남으니 설움이 더 북받쳐 오른다.
"도련님!"
"춘향아!"
"참으로 나를 두고 가시려오?"
촛불을 돋우어 켜 놓고 둘이 마주 앉아, 갈 일을 생각하고 보낼 일을 생각하니 정신이 아뜩하고 한숨이 절로 나며 눈물이 절로 솟아 하염없이 흐른다. 도령은 춘향이 얼굴도 만져 보고 춘향은 도령의 손길도 만져 본다.

"도련님, 날 볼 날이 몇 밤이나 남았소? 오늘밤이 마지막이니 내 서러운 사정 들어주오. 늙으신 내 어머니 일가붙이 하나 없이 나 하나라, 도련님께 의탁하여 낙을 보자 바랐더니 우리 모녀 팔자 기박하여 이 지경이 되었소."

춘향은 도령의 중치막 자락에 얼굴을 묻고 흐느낀다.

"춘향아, 네가 이렇게 또 울면 어쩌느냐."

"도련님 올라가시면 나는 누굴 믿고 사오리까. 천만 가지 쌓인 설움에 님 그리워 어이 사나. 온갖 꽃이 피어날 제 봄놀이는 뉘와 하며, 국화 단풍 늦어질 제 서리 속에 피는 꽃을 나 혼자 어이 보나. 홀로 자는 빈방에서 잠 못 들어 한숨짓고 님 그리워 눈물지고 적막강산 달 밝은 밤에 접동새 울음소리 내 어이 들으며, 서리 찬 만 리 하늘에 짝 잃은 기러기 울음을 내 어이 들으리까. 춘하추동 사시절에 좋은 경치도 많건마는 보는 것마다 슬픔이요, 듣는 것마다 수심 되리니, 아이고 서러워라."

도령은 춘향의 들썩이는 어깨를 쓸며 위로하였다.

"춘향아, 울지 마라. 내가 가면 아주 가며 아주 간들 잊을쏘냐. 그 옛날 설 낭자도 변방 수자리로 님을 보내 이별하고 삼 년이나 기다렸다 다시 만났으며, 연밥 따던 강남의 여인도 북해 만 리 님 이별하고 쓸쓸한 강산에 기다리고 기다리다 그 님 다시 만나 평생 함께하였으니, 너도 너무 상심 말고 나 올 때를 기다려라. 너를 두고 가는 마음 하루 밤낮 열두 때 그 어이 무심하랴. 울지 말고 기다려라. 쇠끝 같은 모진 마음 불 속에서도 녹지 말고, 참대같이 곧은 생각 눈 속에서도 변치 말고 나 올 때만 기다려라."

"도련님 올라가시면 화려한 거리거리 놀기 좋은 집집에 보이나니 미인이요, 들리나니 풍악 소리, 간 곳마다 좋은 경치일 것이니 도련님이 벗들과 호기롭게 취하여 노니실 제 남원의 이 춘향이 생각이나 하시리까."

"춘향아, 그런 걱정 하지 마라. 한양성 남북촌에 미인이 많다 해도 깊은 사랑 맺은 이는 너밖에 없으니 내 아무리 대장부라 한들 잠시라도 너를 잊을쏘냐."

"이 몸은 오직 도련님만 믿사오며, 소녀 바라는 것은 한양 꽃거리에 취하여 허송세월 마시고 학문에만 힘쓰시어 곧 대과 급제하시옵기를……."

"오냐, 네 말이 진정 여중군자의 말이로다. 고맙다. 네 말을 내 어찌 잊으랴."

도령은 춘향이 손을 연연히 잡아 가슴에 안는다. 춘향은 도령 품에 안겨 그칠 줄 모르고 눈물을 흘린다. 이별은 할지라도 서로 잊지 말자, 변치 말자, 당부하며 부탁하나, 막상 떠나고 보낼 생각을 하니 억이 막히고 눈물을 참을 수 없다.

어느덧 마지막 밤이 새고 날이 밝았다. 도령을 모시고 갈 후배사령이 헐떡거리며 달려왔다.

"도련님, 어서 떠나십시다. 안에서 야단났소. 사또께옵서 도련님이 어데 갔느냐 하시옵기에 광한루에서 놀던 친구와 작별하려고 문밖에 잠깐 나가셨다 아뢰었사오니 어서 행차하옵시오."

"말 채비는 되었느냐?"

"다 되었소이다."

대문 밖에서 말 울음소리가 들린다.

"춘향아, 그럼 잘 있어라."

말은 가자고 네 굽을 치는데 춘향은 마루 아래 툭 떨어져 도련님 다리를 부여잡고,

"날 죽이고 가면 가지, 그냥은 못 가느니……."

말을 끝내지 못하고 기절하니, 월매가,

"향단아, 어서 찬물 떠오너라. 차 달이고 약 갈아라. 이 몹쓸 년아, 늙은 어미는 어쩌라고 몸을 이리 상하느냐?"

하고 달려드니, 춘향이 정신 차려,

"애고 갑갑하여라."

가슴을 친다. 월매 기가 막혀,

"여보 도련님, 남의 생때같은 자식 이 지경이 웬일이오. 마음씨 깨끗하고 야무진 우리 춘향이 애통히 죽게 되면 혈혈단신 이내 신세 뉘를 믿고 살란 말인고."

한탄하니, 이 도령이 춘향이를 달랜다.

"여봐라 춘향아, 네가 이게 웬일이냐. 나를 영영 안 보려느냐? 아들이 어미와 오랑캐 땅에서 헤어지고, 머나먼 변방 수자리로 지아비 떠나보내고, 형제와 이별하고, 정든 벗과 헤어져도, 소식 들을 때가 있고 만날 날이 있었느니라. 내가 이제 올라가서 장원 급제하여 너를 데려갈 것이니 울지 말고 잘 있어라.

너무 울면 눈도 붓고 목도 쉬고 골머리도 아프니라. 돌이라도 망두석은 천만년이 지나가도 광석 될 줄 모르고, 나무라도 상사목은 창밖에 우뚝 서서 일 년 봄철 다 지나도 잎이 필 줄 모르고,

병이라도 상사병은 자나 깨나 잊지 못해 죽느니라. 나를 보려거든 서러워 말고 잘 있어라."

춘향이 하릴없어, 향단이를 시켜 찬합과 술병을 내오도록 하였다. 이윽고 향단이와 어머니가 찬합과 술병을 자그마한 소반에 받쳐 이 도령 앞에 갖다 놓는다.

"도련님, 내 손으로 마지막 붓는 술이나 한잔 드시오. 그리고 이 찬합은 가지고 가시다가 숙소에 드실 때 날 본 듯이 잡수시오."

춘향이 술 한잔을 가득 부어 이 도령에게 주는데 눈물이 소리 없이 잔 위에 떨어진다. 지난봄 백년가약 사랑이 넘치던 잔에 가을 되니 생이별의 피눈물이 넘칠 줄 그 누가 알았으랴. 야속한 세상이로다.

춘향이도 이 도령도 슬픔을 참을 수 없다. 춘향은 슬픔을 참으면서 절절히 여쭈었다.

"서울 가시는 길에 강가 수풀이 푸르거든 도련님과 이별하여 원한 서린 춘향이 마음인 줄 아시고, 머무시는 창가에 가랑비 부슬부슬 내리거든 도련님 생각하는 내 눈물인 줄 아시오. 한양 천 리 먼먼 길에 지치신 몸 병나실까 걱정이오니 비 오는 저문 날엔 일찍 들어 주무시고, 아침날 비바람 불거든 느지막이 떠나시며, 말을 몰아 달리실 제 모실 사람 없사오니 부디부디 귀하신 몸 돌보시기 바라오며, 멀고 먼 서울 길 평안히 가시옵고, 그리운 소식 담아 종종 편지나 하옵시오."

애틋함이 넘치는 춘향의 한 마디 한 마디가 도령의 가슴에 사무친다.

"편지 걱정은 하지 마라. 옛날 서왕모라는 선녀는 파랑새 편에 수만 리 먼 곳까지 편지를 전했단다. 내게 그런 파랑새는 없다 한들 남원에 편지 전할 인편이야 없겠느냐. 서러워 말고 잘 있어라."

도령은 주머니를 뒤져 거울을 꺼내 춘향이에게 준다.

"대장부의 맑은 마음 거울과 같아 천만년이 갈지라도 변함이 없으리니 이 거울 품에 안고 내 마음을 믿어 다오."

춘향은 거울을 받아 품에 넣고 손에 낀 옥가락지 한 짝을 벗어 도령에게 주며 말한다.

"도련님께 바친 이 마음 옥빛처럼 깨끗하고 가락지처럼 끝없사오니 이 마음 믿어 주사이다."

도령이 옥가락지를 받으니, 춘향이 눈에서는 옥구슬 같은 눈물이 방울져 떨어진다.

이때 방자가 또 급히 달려왔다.

"도련님, 무슨 이별을 그리 끈질기게 하시오? 대부인 마님께서 어서 떠나자고 기다리고 계시오."

도령은 깜짝 놀라 바삐 대문 밖으로 나가며 작별 인사를 하였다.

"장모, 나는 가니 서러워 말고 잘 지내오. 향단아, 너도 잘 있어라."

도령이 말 위에 올라앉으니, 춘향이 말안장을 잡는다.

"도련님, 먼 길에 부디 몸조심하시오."

"오냐, 춘향아. 꽃다운 모습 상치 말고 나 올 때를 기다려라."

말을 타고 인사하니 춘향이 기가 막혀 하는 말이,

"우리 도련님이 가네 가네 하여도 거짓말로 알았더니 말 타고 돌아서니 참으로 가는구나."

하고는, 마부 불러,

"마부야, 내가 문밖에 나설 수가 없으니 말을 붙들어 잠깐 늦추어 다오. 도련님께 한 말씀만 여쭐란다."

하고, 이 도령에게 내달아,

"여보 도련님, 인제 가면 언제나 오시려오. 사철 소식 끊어질 절, 보내나니 아주 끊어져 영절永絶, 푸른 대와 솔 백이숙제 만고충절, 온 산에 새가 날아다니는 것조차 끊어지니 조비절鳥飛絶, 병들어 누우니 인사절人事絶, 죽절竹節 송절松節, 춘하추동 사시절, 끊어지니 단절 분절 훼절, 도련님 날 버리고 박절히 가시니 속절없는 나의 정절, 독수공방 수절할 제 어느 때에 파절破節할꼬. 첩의 원한 맺힌 마음은 슬픈 고절孤節, 밤낮 생각 미절未絶할 제 부디 소식 돈절頓絶 마오."

대문 밖에 거꾸러져 고운 두 손길로 땅을 꽝꽝 치며,

"애고애고 내 신세야."

하는 소리에, 누른 먼지 흩어지고 바람은 쓸쓸한데, 깃발들도 빛을 잃고 해만 저무는구나. 엎어지며 자빠질 제 서운하지 않게 갈 양이면 이별의 인사가 몇 날 며칠 될 줄 모를레라.

이 도령 눈물 흘리며 뒷날 기약을 당부하고 말을 채쳐 가는 모양 몰아치는 바람결에 한 조각 구름이라.

방자는,

"향단아, 아씨 모시고 오리정으로 나오너라."

하고 도령을 따라 달려간다.

　향단이는 곧 춘향을 재촉하여 오리정으로 향하였다. 춘향은 푸른 장옷을 쓰고 향단이를 따라 단풍이 붉게 타는 숲 속을 헤쳐 오리정 언덕으로 올라 정자 기둥 옆에서 서울 가는 큰길을 내려다본다.

　어느덧 대부인 행차는 서울 가는 고개를 넘어간다. 대부인 가마 뒤를 따라가는 말 한 필, 그 위에 앉은 모습은 남색 중치막을 입은 이 도령이 틀림없다. 오리정 쪽을 돌아보고 또 돌아보며 마지막 고개를 넘어가는 모습을 춘향은 쏟아지는 눈물 속에 꿈같이 바라본다. 가시는 그 모습도 눈물로 희미한데 어느덧 희미한 모습마저 보이지 않는다.

　"향단아, 도련님 어디만큼 가셨나 보아라."

　"서울 가는 고개 위에 흰 구름만 보이오."

　춘향은 오리정 붉은 기둥을 부여잡고 흐느낀다. 산도 물도 숲도 모두 흐느껴 우는 듯 설렌다.

　"아아, 참말로 가셨구나. 도련님!"

　춘향은 정자 기둥을 잡고 몸부림친다.

　"바람 따라 구름 가고, 구름 따라 용 가건만 나는 어이 님을 따라가지 못하는가. 아아, 야속하다 이 세상! 아이고 가슴이야!"

　춘향이 가슴을 치며 정자 위에 쓰러지자 향단이가 달려들어 안아 일으킨다.

　"아씨, 정신 차리셔요. 아씨!"

　춘향은 정신을 차리지 못하고 향단이 울음소리만 가을잎 쓸쓸히 떨어지는 속에 구슬피 사무친다.

한양 천 리 떠나간 도령은 오리정에서 정신 잃은 춘향의 가여운 모습을 알기나 할까. 사람도 같은 사람, 꽃도 같은 꽃이련만, 어느 가지에 핀 꽃은 귀한 꽃이며 어느 가지에 핀 꽃은 천한 꽃이랴. 아아, 원수로구나, 원수로구나, 존비귀천이 원수로구나.

앉으나 누우나 님도 잠도 아니 오고

  오리정에서 집으로 돌아온 춘향은 향단이가 자리를 보아 주자 그대로 누워 앓기 시작하였다. 춘향은 연약한 제 마음을 꾸짖었다. 잠시 헤어진 것뿐이니, 도련님을 믿고 오실 때를 기다리면 될 일이 아닌가. 마음을 굳게 가지면 될 일이 아닌가.
  춘향은 사흘 만에 일어나 베틀에 앉아 짜던 명주도 마저 짜고 바느질도 하고 책도 읽었다. 제아무리 바삐 손을 놀려도 도련님 생각이 떠나지 않는다.
  도련님 앉으셨던 초당 마루를 보아도 가슴이 미어지고, 도련님과 함께 글도 짓고 그림도 그리고 우스운 소리도 하며 즐거운 때를 보내던 방 안을 둘러보아도 가슴이 찢어진다. 도련님 쓰신 글씨를 보면 눈앞이 흐려지고 도련님이 주고 가신 손거울을 볼 적마다 눈물이 솟는다. 오늘도 거울을 꺼내 보다가 그리운 마음 견딜 수 없어 소리 없이 흐느끼는데, 향단이가 옆에 와서 울며 위로해 주었다.
"아씨, 도련님이 가시면서 하신 말씀 잊으셨소? 너무 울면 병이 난다고, 부디 몸 상치 말고 기다리라고 하신 말씀 말이오."
"내가 왜 그 말씀을 잊었겠느냐. 향단아, 밤이 이슥하니 들어가 쉬어라."
향단이가 안으로 들어가자 춘향은 혼자 자리에 누우며 깨어서는 만나 보기 아득한 도련님을 꿈에서나 만나 보리라고 잠을 청하였다. 예부터 꿈에 와 보이는 님은 미덥지 않다고 하지만, 안타까이 그리는 님을 꿈에나 보지 않고서야 어디 가 만나리오.

꿈아 꿈아 네 오너라.
꿈속에 님을 보려 베개 베고 누웠건만
첩첩이 쌓인 시름에 잠도 아니 오는구나.
인간 슬픔 많은 중에 홀로 살기 서러워라.
그리운 님 보고 지고 벽을 안고 누웠건만
잠도 오지 아니하니 꿈에 언제 님을 보랴.

춘향의 슬픔은 이렇듯 그칠 줄 모르는 넋두리로 되고 상사곡으로 되었다.

앉으나 누우나 자나 깨나 님 못 보아 가슴 답답
그리운 그 모습은 눈에 삼삼
정겨운 그 목소리 귀에 쟁쟁

보고 지고 님의 얼굴, 듣고 지고 님의 소리.

전생에 무슨 죄로 우리 둘이 생겨나서
광한루에 처음 만나 우리 인연 맺었던가.
부용당 깊은 밤에 백 년 살자 다진 맹세
부귀영화도 천금주옥도 꿈밖으로 여긴 맹세.

우리 마음 강물 되어 길고 길고 다시 길고
우리 사랑 산이 되어 높고 높고 다시 높아
끊어질 줄 몰랐으며 무너질 줄 몰랐더니
하늘이 시기하여 끊어지고 무너졌네.

하루아침 이별한 낭군 어느 날에 만나 보랴.
천 가지 수심이요 만 가지 한이로다.
옥 같은 얼굴 구름 같은 머리 속절없이 늙으니
가는 해도 무정하고 지는 달도 야속하다.

오동잎 지는 시절 달 밝은 가을밤은
베개만 적시면서 어이 그리 더디 새고,
강기슭 푸른 숲에 노을 져 비낀 해는
내 마음 몰라선가 어이 그리 더디 가나.

이 시름 아시면은 님도 나를 그리련만

천 리에 기별 없고 만 리에 소식 없네.

내 간장 굽이 썩어 솟는 것이 눈물이라
눈물 모여 바다 되고 한숨지어 바람 되면
한 조각 배를 타고 한양 낭군 찾으련만
어이하여 이내 몸은 그리도 못 하는가.

조각달 북두성은 님 계신 곳 비추련만
가슴 속 쌓인 시름 나 혼자 안고 우네.
달빛은 검푸른데 반딧불만 반짝여라.
내 마음 불이 되어 풀숲을 떠도는가.

쓸쓸한 담장 안에 밤은 깊어 삼경인데
앉았으니 님이 올까 누웠으니 잠이 올까.
님도 잠도 아니 온다. 이 일을 어이하리.
아마도 원수로다.

홍진비래, 고진감래 예부터 있건마는
기다림도 적지 않고 그린 지도 오래건만
님 그려 봄이 가고 가을도 속절없네.
기쁘고 즐거운 일 그 언제나 찾아오랴.

가슴에 굽이굽이 서리고 맺힌 것을

그리운 님 아니면 그 누가 풀어 주랴.
밝으신 저 하늘은 부디 굽어 살피시어
그리운 님의 모습 쉬이 보게 하옵소서.

 이렇듯 춘향은 시름 속에 하늘을 우러러 하소연도 하며 세월을
보냈다.
 남원에 춘향을 두고 떠난 이 도령 역시 한양으로 올라가면서 잠
을 이루지 못하며 춘향이를 생각하니, 그 생각이 가슴에 불이 되고
슬픔이 되고 상사곡이 되었다.

귀한 것이 무엇이고 천한 것이 무엇인고.
존비귀천 서로 달라 우리 이별 생겼는고.
천 리에 날 보내고 초당에서 네 울 적에
내 눈에도 눈물 솟고 내 가슴에 피가 진다.
날개라도 내게 있어 훨훨 난다면은
너 있는 초당으로 이 밤이라도 가려니와.

창밖에 바람 불어 오동잎 떨어질 때
행여나 님이 오나 너는 놀라 눈을 뜨고
섬돌 밑에 귀뚜라미 무심한 울음에도
너는 나를 생각하여 가슴을 뜯으리라.
한시도 너 없이는 살지 못할 이 마음을
네 손길 고이 잡고 말해 주고 싶다마는

산은 첩첩 물은 중중 길 또한 막혔으니
못 가는 이 마음에 불이 이는구나.

얼었던 강물도 봄이 오면 풀리듯이
죽었던 나무에도 잎 트고 꽃 피듯이
우리 소원 풀릴 때가 있으리니
그리 알고 기다려라.

　서울로 올라간 이 도령은 춘향이 부탁을 잊지 않고 한양의 번화한 꽃거리 술집에서 놀지 않고 하루빨리 과거 급제하여 벼슬길로 나아가리라 글공부에 전념하였다.

고집불통 욕심통 신관 사또

　남원 관가에는 이 사또가 서울에 올라간 뒤 새 사또가 내려와 있다가 나주 목사로 옮겨 가고, 새로운 사또가 다시 오는데, 이 양반은 서울 자하골 사는 변학도라 하는 위인이었다.

　변학도는 문필도 어지간하고 인물 풍채 활달하고 음률에도 달통하나, 한 가지 흠이 있는데 외입 속이 넉넉하여 술과 계집을 좋아하고 성질 괴팍한 데다 요사스러움을 겸하여 덕망 잃을 일도 하고 때때로 그릇 판결하는 일도 많아, 알 만한 사람들은 다 고집불통이라 하였다.

　새로 부임하는 사또를 맞이하려고 남원에서 이방을 비롯한 구실아치들이 서울로 올라가 신연新延* 인사를 드렸다.

---

* 새로 부임할 고을 원을 찾아가서 맞아 오는 일.

"신연 사령 등 인사 올리오."

"이방이오."

"감상監床이오."

"수배首陪요."

신관 사또 변학도는 인사를 받고 물었다.

"이방."

"예이."

"그래 너희 고을에 별일은 없느냐?"

"예이, 없사오이다."

"그 고을 산천이 수려하고 인물이 좋다지?"

"예이, 삼남에서 제일이라 하오이다."

"또 너희 고을에 춘향이란 계집이 보기 드문 미인이라지?"

"예이."

"잘 있느냐?"

"별일 없사오이다."

"남원이 여기서 몇 리나 되느냐?"

"육백삼십 리로소이다."

사또는 마음이 급하다.

"서둘러 행장을 차리라."

"예이."

▪ 귀한 사람의 음식상을 미리 살펴보는 일꾼.
▪ 관아의 구실아치와 하인들의 우두머리.

구실아치들은 물러 나와 우리 고을에 일이 났다고 수선거렸다.

신관 사또 떠날 날짜를 급히 잡아 남원으로 내려가는데 위엄이 대단하고 호화찬란하였다. 구름 같은 별연에, 독교는 좌우에 달린 푸른 포장 두 활개를 쩍 벌려 들고 흔들거리며 나아가는데 좌우에서 부축하는 하인은 빛깔 좋은 모시 철릭에 흰 명주띠 고를 늘여 엇비슥이 눌러 띠고 통영갓을 눌러쓰고 푸른 포장 줄을 검쳐 잡고 소리친다.

"에라 물렀거라! 나가 있거라!"

벽제소리 몹시 엄하다.

"좌우의 말구종, 경마잡이 힘써라."

소리치며 눈망울을 드글드글 굴린다.

앞에는 어여쁜 종 한 쌍, 슬기 있는 사령 한 쌍, 백방수주 복판에 남빛 수화주 선을 두른 일산 한 쌍이 둥실 큰길 좌우에 갈라 나아가고, 수배 한 쌍, 통인 한 쌍, 육방 관속 들이 전후좌우로 사또를 둘러싸고 나아갈 제, 앞뒤 벽제소리에 청산이 움직움직, 높은 소리에 구름도 머뭇거린다.

"일등 마부야, 말 좋다 자랑 말고 한시도 마음 놓지 말고 양옆이 기울지 않도록 고루 저어라."

"굳은돌인뎁시오."

"그래도 잘 저어라."

"예이."

사또 행차는 남대문 밖 썩 내달아 노들강을 얼른 건너 남태령을 넘어서 남으로 남으로 내려갔다. 전주에 이르러 남원 부사로 부임하는 의례를 지낸 다음 임실을 얼른 지나 오수역에 들러 잠시 점심을 하고 그날로 박석티를 넘어서 남원읍에 들어섰다.

남원 관가에서는 육방 관속들, 나졸들이 나와서 말끔히 치운 길 양옆에 갖가지 깃발을 날리며 신관 사또를 맞이하였다. 깃발만 해도 청도기와 홍문기를 비롯하여 동은 청룡, 서는 백호, 남은 주작, 북은 현무라 여러 방위를 표시하는 이십팔문 깃발들이 찬란히 나부낀다.

기패관旗牌官의 호령에 따라 행차가 부중으로 들어가는데 금북 한 쌍, 태평소 한 쌍, 바라 한 쌍, 나각 한 쌍, 저 한 쌍, 피리 두 쌍, 징, 장구가 늘어서서 '꽹 창 처르르 또 뚜' 취타 풍악이 요란하고, 선녀 같은 기생들 스물다섯 쌍이 남빛 쾌자 붉은 전립의 아리따운 모습으로 요란스레 꾸민 말안장 위에 두렷이 앉아 길 양쪽에 벌여 있다. 변 사또가 눈이 부셔 어찌나 고개를 이리저리 내저으며 둘러보던지 얼굴을 가린 부챗살에 코끝이 스치고 또 스쳐 피가 날 지경이다.

"수노首奴를 부르라."

"예이."

"저 말 탄 것들이 모두 기생이냐?"

"예이, 기생청에 이름 올린 예기들이오이다."

사또는 입이 항아리처럼 벌어졌다.

▪ 지방의 군영에서 군사들의 훈련을 맡아보는 무관 벼슬.
▪ 관노의 우두머리.

신관 사또 행차하는 풍악 소리 남원 고을에 진동하니 남녀노소 모두 떨쳐 나와 길바닥 양옆에 엎드려 절을 하며 구경한다.

신관 사또 변학도는 광한루에 올라 옷을 갈아입고 고을 백성들에게 더욱 위엄 있게 보이려고 시꺼먼 눈알을 디굴디굴 별스럽게 뒤굴리며 남원부 동헌으로 들어갔다.

사또는 부임하여 처음으로 대접받는 요란스러운 상을 다 먹은 뒤에 행수 군관의 인사를 받고 육방 관속들의 인사를 차례로 받았다. 사또는 육방 관속들 점고에 기생 점고까지 하고 싶었으나 체면을 생각하여 참았다.

사흘째 되는 날, 육방 관속들을 점고하고 곧바로 기생 점고를 받으려다가 먼저 당장 처리할 공무가 무엇 무엇인지 대충대충 알아보았다.

"이방."

"예이."

"군포는 빠짐없이 받아들였느냐?"

"지난해 남원 사십팔 면에 흉년이 든 데가 많사와 올해 농사를 지으려 해도 당장 먹을 것이 없는 형편이라 군포를 내지 못하는 농가가 많사오이다."

"흉년이고 뭐고 군포를 당장 어김없이 받아들이되, 내지 않는 놈들은 잡아다 볼기를 치고 발악하는 놈들은 모두 옥에 가두어라."

"예이. 그런데 농사꾼들이 환자 쌀을 달라고 야단이온데 어찌하오리까?"

"환자 내줄 것이 있느냐?"

"좀 있사옵니다."

"좀 있으면 그중에서 요령 있게 나눠 주되 가을에 가서 한 말에 두 말씩 어김없이 받도록 하여라."

"두 말씩이오이까?"

"왜 적으냐? 그럼 아주 서 말씩 받도록 하여라."

이방은 이 자하골 양반이 무서운 고집불통이라고 소문이 자자하더니 고집불통만이 아니라 무서운 욕심통이라고 생각하였다. 오고 가는 관장들 다루는 데 이골이 난 이방이라 그 자리에서 냉큼 사또의 비위를 맞춘다.

"사또께서 분부하시는 대로 공사를 처리하고 사또께서 좋으실 대로 문서 장부 처리도 하겠소이다."

"좋다, 이방 소임을 빈틈없이 하여라."

"예이."

이방이 물러나자, 사또는 호장을 급히 불렀다.

"기생 점고는 어찌 되었느냐?"

"대령하였소이다."

호장은 때를 만난 듯 기생의 이름과 나이와 본적을 밝힌 장부를 펴 놓고 차례로 부르는데, 낱낱이 좋은 글귀로 엮어 청아한 목소리로 부른다.

"남포 달 밝은 밤에 돛대 치는 사공아, 묻노니 네 배 이름 무엇이냐, 난주."

"예이, 대령하였소."

이름만 들어도 그럴듯하다. 사또는 펼쳐든 부채 위로 두 눈만 내

놓고 내려다본다. 난주가 들어오는데 치맛자락을 거듬거듬 걷어다가 가는 허리 앞가슴에 붙이고 아장아장 걸어 들어오더니,

"점고 맞고 나오."

하며 날아갈 듯 절을 하고 물러간다.

사또는 이름만 못하다고 고개를 흔들었다. 호장이 또 부른다.

"오동 복판의 거문고 타니 탄금이."

"예이, 대령하였소."

탄금이가 붉은 치맛자락을 거듬거듬 가슴에 걸어 안고 들어와 사뿐히 절을 하고 물러간다.

호장은 계속 이름을 불렀다.

"달 아래 미인이여, 네 정녕 선녀냐, 월선이."

"예이, 대령하였소."

"청청한 버들 숲에 날아든다 황금새, 앵앵이 왔느냐?"

"예이, 대령하였소."

"밝고 밝은 둥근달이 푸른 바다에 들었구나 형산 백옥, 명옥이."

"예이, 대령하였소."

"비 온 뒤 동산에 떠오른 명월이."

"예이, 대령하였소."

"광한전 높은 집에 복숭아 바치던 계향이."

"예이, 대령하였소."

"월궁에 높이 올라 계화를 꺾으니 애절이."

"예이, 대령하였소."

호장이 부르는 대로 기생들이 치맛자락을 걸어 안고 가만가만 호

늘호늘 걸어 들어와 인사하고 물러간다.

변학도는 들어오는 기생들을 눈알을 굴리며 굽어보다가 별로 마음에 드는 것이 없어 얼굴을 찡그리다가 호장을 부른다.

"한숨에 서넛씩 부르라."

호장이 분부 듣고 잦게 부른다.

"양대선, 월중선, 화중선이."

"예, 대령하였소."

"금선이, 금옥이, 금련이."

"예, 대령하였소."

"농옥이, 난옥이, 홍옥이."

"예, 대령하였소."

사또는 다시 얼굴을 찡그리며 분부한다.

"여봐라, 그렇게 부르다간 몇 날이 걸릴지 모르겠다. 다 그만두고 향 자 달린 이름만 불러라."

"예이."

호장은 책장을 바삐 넘기며 부른다.

"사창 아래 고요한 밤, 님 그리는 향심이."

"예이."

"향월이, 향옥이, 월향이, 옥향이, 국향이, 난향이, 향 중 향이 추향이."

"예이."

모두 나와 인사 올리는데 변학도는 마지막 추향이란 이름을 듣고 눈을 번쩍 떴다.

"춘향이냐, 추향이냐?"

"잎 떨어지는 봄이라 낙춘이라고도 하는, 가을 추 자 추향이오이다."

이때 추향이 들어오는데 키는 사근내 장승만 한 년이 치맛자락을 훨씬 추어다 턱 밑에 딱 붙이고 무논의 고니 걸음으로 찔룩껑충 엉금엉금 들어온다. 얼굴을 보니 잔털을 손질한답시고 이마빡에서 시작하여 귀 뒤까지 파헤치고, 분화장한다는 말은 들었던지 개분을 석 냥 일곱 돈어치 사다가 회칠하듯 반죽하여 온 낯에다 처발랐다. 참으로 보기 역겨운 얼굴을 들어 사또를 우러러 히쭉 추파까지 던지고는 절하고 물러간다.

사또는 크게 노하여 호장을 꾸짖었다.

"호장!"

"예이."

"이놈! 너희 고을에 인물이 좋다더니 고작 이 모양이냐?"

"황공하옵니다."

"너희들이 어찌 관장을 속이느냐? 남원에 춘향이가 있다 하던데 어찌 그 이름이 없느냐?"

호장은 몸을 떨며 아뢰었다.

"춘향이 어미 월매는 기생이었으나 춘향이는 기생이 아니오이다."

"그러면 어찌하여 그 이름이 서울에까지 났단 말이냐?"

"본디 기생 딸이오나 고운 인물과 현숙한 행실이 뭇 새 가운데 공작이나 봉황같이 뛰어난지라 탐내지 않는 사람이 없어, 세도 있고 권세 있는 양반님네며 내려오는 관장마다 춘향이를 탐내어 한번 보자 하였으나 누구도 춘향이 곧은 뜻을 꺾지 못했사오이다."
"허, 어여쁜 계집이로고. 그래 어찌하고 있느냐?"
"지금 동부승지로 계신 이 한림 구관 사또 자제와 백년가약을 맺고 집에서 수절하고 있소이다."
"수절을 해?"
"예, 이 도령이 서울로 가실 때 과거 급제한 뒤에 데리러 오겠으니 기다리라 당부하여 춘향이도 그리 알고 일편단심 수절하고 있사오이다."
신관 사또는 이 말 듣고 버럭 화를 내며 호령한다.
"이 무식한 상놈들, 그게 어떠한 양반이라고! 엄한 부모를 모신 몸이요, 장가도 들지 않은 도령이 시골에 첩을 두고 살자 할까. 이놈, 다시 그런 말을 입 밖에 냈다가는 죄를 면치 못하리라. 아무려면 내가 저 하나를 보려다 못 보고 거저 그만둘까. 잔말 말고 어서 불러오너라!"
춘향이를 부르라는 명령이 떨어지니 이방과 호장이 조심스레 여쭙는다.
"춘향이가 기생도 아닐 뿐더러 구관 사또 자제와 맺은 맹세가 중하온데, 연세는 사또님과 다르긴 하오나 같은 양반 댁 사이의 도리를 보아도 그렇고 춘향이를 부르심은 사또님께 흠이 되올까 저어하오이다."
사또는 이 말에 크게 노하여,

"무슨 소릴 하는고? 만일 조금이라도 늦추어 춘향이를 제 시각에 불러오지 않았다가는, 이방이며 호장이며 너희들부터 모조리 한 매로 칠 것이니 빨리 춘향이를 불러 대령하여라."
하며 불벼락을 내리는 바람에, 육방이 소란해지고 각 청 우두머리들이 모두 넋을 잃었다.

죄인 잡아 오는 일을 맡은 형방은 군노軍奴 사령들을 불렀다.
"오늘은 누가 번을 서느냐?"
"김 번수番首˚ 여기 있소."
"이 번수 여기 있소."
"춘향이를 잡아들이랍신다. 알았느냐?"
"아이고, 춘향이가 걸렸구나. 이번엔 큰 코에 걸렸구나."
비단으로 안을 받치고 날랠 용勇 자를 보기 좋게 떡 붙인 털벙거지를 머리에 눌러쓰고 키다리 김 번수가 나선다.
"그물이 삼천 코면 언젠가는 걸릴 날이 있다더니, 불쌍하다 춘향이, 가엾게 되려나 보다."
궁초 군복에 붉은 띠를 널따랗게 고쳐 매면서 뚱뚱보 이 번수가 나선다. 호장이 두 번수에게 오금을 박아 이른다.
"이놈들아, 춘향이 사정 봐주는 놈은 한 매로 볼기를 친다 하셨으니 그리 알고 어김없이 잡아 오너라."
"알았소. 사또 분부 그렇듯 엄하시다니 어서 가자, 김 번수야."
"어서 가자. 춘향이에게 사정 두는 놈은 모두 내 아들이다."

˚ 번을 드는 사령. 사령은 관아에 딸린 심부름꾼.

"옳다. 너는 내 아들이고 나는 네 아들이다."

이렇듯 다짐을 하며 두 놈이 달려갔다.

이때 춘향은 사령이 오는지 군노가 오는지도 모르고 이 도령을 생각하며 가야금을 안고 산조 느린 가락을 울리고 있었다. 춘향은 이 도령이 떠난 뒤 거듭 괴로움을 못 이겨 자리에 누워 신음도 하고 다시 마음을 굳게 먹고는 일어나 일손을 잡기도 하였다.

제 아픔도 슬픔도 눈물도 어머니에게는 보이지 않으려고, 태연하고 좋은 낯빛으로 부엌에 들어가 일을 하고 베틀에 앉아 베를 짜고 방 안에 앉아 바느질을 하였다.

허나 산전수전 다 겪은 월매가 어찌 딸의 마음을 모르리오. 하루는 춘향이 몸이 불편하여 자리에 누워 있는데, 월매가 옆에 와 앉아 딸의 시들어 가는 얼굴을 보며 눈물을 흘렸다.

"춘향아."

"어머니."

"네가 내 신세가 되는 게로구나."

"어머니, 어이 그런 말씀을……."

"말 아니 한들 네 속을 어이 모르랴. 네 꼴이 어찌 되어 가는지 네가 거울 한번 보면 알 게다. 에그, 서울 간 도련님도 무심하지, 소식 한 자 없으니 그러는 법이 있느냐? 우리 모녀만 불쌍하구나."

어머니는 치맛자락을 걷어 눈물을 닦았다.

"어머니, 도련님인들 어찌 생각이 없으시리까. 엄하신 부모님 아래서 어찌 마음대로 하시며, 더구나 대과 급제하시려고 공부하시는 분이 어찌 바쁘시지 않으리까."

"그런 사정을 내 어찌 모르랴만 서울 양반네들은 무심해서 하는 말이다. 지난날 네 아버지도 서울로 가신 뒤엔 소식이 전혀 없었으니 내 어찌 살았겠느냐. 그러다 뒤늦게야 세상을 떠나셨다는 소식만 들었다. 그때 내 마음이 어떠했겠느냐. 어린 너를 두고 죽을 수도 없고. 그때부터 한 많은 세상 눈물로 살아왔는데, 이제 또 네 신세 이 어미같이 될까 봐 하는 말이다."

"어머니, 그런 가슴 아픈 옛일은 잊고 삽시다. 이제 우리 모녀 누굴 믿고 살겠소. 하늘땅을 두고 맹세한 도련님을 믿어야지요."

춘향이 눈에서 참았던 눈물이 주르르 흘렀다. 어머니는 딸의 눈물을 보더니 땅이 꺼지게 한숨지었다.

"아이고, 이것아, 네 말이 천만번 옳다만, 이 험악한 세상을 우리 모녀 어찌 살아간단 말이냐. 이번에 내려온 신관 사또는 어떤 양반인지, 이번에 또 우리 집에 무슨 화나 미치지 않을는지 걱정이구나. 아이고."

그날 밤 춘향의 베개는 새벽까지 눈물로 젖었다. 춘향은 자리에서 곧 일어나려 하였으나 아무리 마음을 다잡아 먹어도 어쩔 수 없어 며칠 더 앓았다. 세상에 약도 많다지만 춘향이 님 그려 아픈 마음을 그 무슨 영험한 약이 있어 고칠 수 있으리오.

향단이는 정성스럽게 약을 달여 춘향에게 권하였다.

"아씨, 어서 약 드시와요."

"고맙다. 약보다 네 정성으로 나을 것 같구나."

"이 약은 마님이 지어 오신 약이니 어서 드시와요. 아씨의 꽃다운 모습 상치 말아야 마님 마음도 좋으실 게고, 이제 도련님이 오시면 기뻐하실 것 아니겠소."

향단이 말에 춘향은 가슴이 뭉클해진다.

"도련님이 오시면……. 향단아, 네 생각엔 도련님이 꼭 오실 것만 같니?"

"꼭 오시고말고요. 이제 과거 급제하시고 아씨를 찾아오실 테니 두고 보시와요."

"꿈만 같구나."

"왜 꿈이겠소? 이제 도련님 오신다는 기별이 오면 오리정으로 마중 나갑시다. 호호호."

"오냐, 마중 나가자."

그날이 오면 얼마나 좋으랴. 춘향은 향단이 말에 힘을 얻어 약을 먹고 기운을 차려 다음 날부터 세수도 하고 머리도 빗고 몸을 다스려 이날은 드디어 일어나 앉았다. 그리운 심정 가야금 줄에 실어 산조 가락을 울리고 있는 것이다.

춘향의 애절한 마음은 저절로 노래가 되었다.

    한양 천 리 가신 낭군 언제나 오시려나.
    병풍에 그린 닭이 홰를 치면 오시려나.
    까마귀 검은 머리 희어지면 오시려나.
    말 머리에 뿔이 날 때 나를 찾아오시려나.

    무슨 사연 있어 못 오시는 님이라면

내 어이 님 오실 날 애타게만 기다리랴.
가고 지고, 가고 지고, 님 계신 곳 가고 지고.
천 리라도 만 리라도 님 계신 곳 가고 지고.

바람도 쉬어 넘는 태백산 높은 고개
구름도 가다 멎는 소백산 험한 고개
우리 님 날 찾으면 쉬지 않고 나는 가리.
신 벗어 손에 들고 님 계신 곳 나는 가리.

한양 계신 우리 님도 나와 같이 그리는가.
독수공방 우는 나를 무정하게 잊으시고
내 사랑 옮기어서 어느 님을 괴는가.
애고지고, 애고지고.

 춘향이 가야금 소리는 담 넘어 대숲과 솔밭에 은은히 울려, 듣는 이도 서글퍼지게 하였다.
 김 번수, 이 번수는 춘향이 집 문 앞에 다다라 발길을 멈추었다. 군노 사령들도 목석이 아니요 사람이라 어찌 마음이 없으리오. 사람의 뼈 육천 마디가 봄날에 얼음 녹듯 탁 풀렸다.
 "참으로 불쌍하구나. 이 도령이 저런 춘향이를 찾아 받들지 아니하면 사람이 아니지."
 이렇듯 수군거리며, 사또 분부가 몹시 엄하니 춘향이를 잡아갈 수밖에 없다고 한탄하며 문을 두드리고 안으로 쑥 들어갔다.

"춘향이 있느냐?"

춘향이 깜짝 놀라 내다보니 군노 사령이 나오지 않았는가. 가슴이 덜렁하였다.

"아차! 잊었구나. 오늘이 신관 사또 부임한 지 사흘째라 점고가 있다더니 또 무슨 야단이 났나 보다."

춘향이가 몸을 일으켜 방문을 열고 반색하며 인사를 차렸다.

"번수님네 어서 오시오. 내 집에 오실 줄 몰랐소. 이번 신관 사또 모시러 한양에 갔다 오느라 노독이나 아니 났사온지요? 사또님은 어떠하시온지요?"

"보다시피 우리 같은 것은 이렇듯 별 탈 없고 사또님께서도 편안하시다."

"한양엘 가셨으면 이 한림 구관 댁에도 들르셨소? 도련님이 편지 한 장 안 주시던가요?"

"일이 급해서 들르지 못했구나. 그래, 앓는다더니 좀 어떠하냐?"

"이렇게 누워만 있으니 답답하오. 모처럼 오셨는데 어머니 계신 안채로 들어가십시다."

이때 월매가 나왔다.

"왜들 이러고 있나? 어서 들어가세."

월매는 번수들을 데리고 안채로 들어갔다. 향단이가 술상을 차려 번수들 앞에 갖다 놓는다. 솜씨 있는 집이라 잠깐 차려도 푸짐하다. 월매가 술을 부어 권하고 향단이가 눈치 있게 술도 들이고 안주도 들이니 김 번수, 이 번수는 마냥 취하도록 술을 마셔 혀가 꼬부라지기 시작하였다.

이때 춘향이 돈 닷 냥을 가지고 나와 번수들에게 주며,
"변변치 못하나 가시다가 술이나 더 사 잡숫고 가시오."
하니, 번수들은 취한 중에도 인사를 차렸다.
"돈이라니 당치 않다. 우리가 돈 바라고 이 집에 온 줄 아는가?"
"쇠가 쇠를 먹고 살이 살을 먹는다고 우리가 어찌 이 돈을 받는단 말이냐? 어서 도로 넣어라."
　번수들은 한마디씩 하며 한사코 받지 않는다. 월매가,
"이 사람들, 춘향이 마음이니 어서 받아 두게. 그리고 춘향이 일이나 뒷말 없게만 해 주게."
하며 굳이 손에 쥐여 주었다. 번수들은 하는 수 없이,
"김 번수야, 네가 차라."
"이거 옳지 않다마는 받는 수밖에 없구나. 헌데 엽전 닢 수나 다 옳으냐?"
하며 꽁무니에 차고 비틀비틀 춘향이 집을 나서 관가로 돌아갔다.
　형방은 춘향을 데려오지 못한 두 놈을 붙들어 옥에 가두고 처먹은 술이 다 깨도록 단단히 혼내 주었다. 그리고 이번엔 행수 기생을 춘향에게 보냈다. 행수 기생은 평소 춘향이 기생 구실 아니 하고 양반 서방 맞아 집안에 들어앉아 있는 것을 아니꼽게 여기던 터라, 네가 견디면 얼마나 견디나 보자 하고 두 손뼉 마주 땅땅 치며 춘향을 불러냈다.
"여봐라 춘향아! 어서 썩 나오너라."
　춘향은 누웠던 자리에서 일어나 방문을 열고 반갑게 웃으며 행수 기생을 맞이하였다.

"행수 형님, 무슨 일인지 방으로 올라오시오."
"춘향아, 네 언제부터 그리 도도하여 사또님이 부르시는데도 오지 않느냐? 너만 한 정절은 내게도 있고 너만 한 수절은 나도 할 수 있다. 네 정절이 왜 있으며 네 수절이 무엇에 쓰자는 것이냐? 정절부인 아가씨, 수절 부인 아가씨, 조그마한 너 하나로 육방이 소란스럽고 청들 두목이 다 죽어난다. 어서 나서라. 바삐 가자."
행수 기생이 야단을 친다.
춘향이 하릴없이 문밖으로 나서며 말하였다.
"행수 형님, 사람 괄시를 그리 마시오! 누워서 앓는 사람에게 어찌 그럴 수 있소? 거기라고 대대로 행수 노릇 하며 나라고 대대로 춘향이겠소? 한 번 죽으면 그만인 인생, 한 번 죽지 두 번 죽겠소?"
이럴 때 사령들이 또 달려 나와 사또 분부를 전하였다. 춘향은 며칠 앓은 모습 그대로 옥당목 치마저고리를 입고 흐트러진 머리를 쓸어 만지며 대문 밖으로 나섰다.
월매는 안에서 달려 나와 앓는 사람이 어딜 가느냐고, 못 데려간다고 애처롭게 매달렸으나 사또 분부를 어찌 어길 수 있으리오.

삼천 리 귀양 간들 우리 낭군 못 잊겠소

춘향은 이리 비틀 저리 비틀 걸어 동헌으로 들어갔다.
"춘향이 대령하였소."
사또가 대청 아래 앉은 춘향을 내려다보니 정녕 천하일색이라 황홀하여,
"춘향이가 분명하구나. 어서 이리 올라오너라."
하니, 춘향이 마지못해 동헌 대청 위로 올라가 멀찍이 무릎을 바로 하고 단정히 앉는다.
사또는 마음이 대단히 좋아,
"여봐라, 가서 회계 나리 오시래라."
하고 분부를 내리니, 회계 생원이 고개를 살레살레 흔들며 나왔다. 구관 사또를 모시던 목 낭청보다도 더 고리게 생긴 위인이다.
"무슨 좋은 일이라도 생겼소이까?"

"보게. 저게 춘향일세."

"하! 고것 아주 예쁘고 잘생겼소이다. 사또께서 서울에 계실 때부터 춘향이, 춘향이 하시더니 한번 구경할 만하외다."

사또가 크게 웃으며 물었다.

"자네 중신하겠나?"

이 말에 생원은 어떻게 대답을 해야 할지 몰라 고개만 살레살레 흔들며 기침을 두어 번 하였다.

"사또께서 처음부터 춘향이를 이리 부르시지 말고 매파를 보내시는 게 옳을 것을 일이 좀 경솔하게 된 듯도 하오만, 이미 불렀으니 아무래도 혼사할밖에 다른 수가 없는 듯하외다."

사또는 입을 헤벌쭉 벌렸다. 그리고 춘향에게 점잖고 부드러운 목소리로 말하였다.

"춘향아, 내 말 들어 봐라. 네 소문이 하 높기로 내 다른 벼슬 마다하고 남원 부사를 원하여 내려왔다. 그래, 구관 댁 도령이 네 머리를 얹었다 하니 도령이 떠난 뒤에 네 어찌 혼자 살 수 있었겠느냐. 응당 좋은 사람을 다시 두었을 터, 관속이냐 한량이냐? 어려워 말고 바른대로 말하여라."

춘향이 분하고 치가 떨리는 것을 참으며 조용히 여쭈었다.

"소녀 비록 기생의 딸이오나 관가의 기생으로 이름 올리지 않고 집에서 지내옵더니, 구관 댁 도련님이 소녀의 집을 찾으시어 백년가약을 맺자 간청하시기에 어머님 허락을 받고 서로 굳은 맹세를 다진 몸이오라, 사또님 말씀 소녀에겐 당치 않소이다."

사또는 퍽이나 너그러운 사람처럼 껄껄 웃으며 칭찬한다.

"얼굴 보고 말 들으니 안팎으로 아름답구나. 인물 좋은 계집들 치고 행실 바른 게 없건마는 꽃다운 네 얼굴에 옥 같은 마음 참으로 어여쁘고 갸륵하다. 허나 이 도령은 서울 문벌 높은 양반 자제로 명문 귀족의 사위가 되고 과거 급제 출세하여 갖은 향락을 다 누릴 것이니, 천 리 타향에 한때 사랑으로 잠시 희롱하던 너를 조금이나 생각할 줄 아느냐?

너는 본디 행실이 깨끗하여 한마음으로 절개를 지키겠다지만 고운 네 얼굴 시들고 검은 머리 백발 되면 그때 가서 무정한 세월을 탓한들 불쌍하고 가여운 게 네 아니고 누구랴. 네 아무리 수절한들 너 하나 늙어지면 누가 너를 곱다 하랴. 그러니 딴생각 말고 마음을 고쳐 오늘부터 의복 단장하고 수청 들어라."

춘향은 고쳐 앉으며 대답하였다.

"춘향이 먹은 마음 사또님과 다르외다. 충신은 두 임금을 섬기지 아니하고 열녀는 두 남정을 섬기지 아니한다 하옵는데 어찌 그런 분부를 하시오니이까. 올라가신 도련님이 소녀를 찾지 않으시면 수절하다 죽은 열녀들의 뒤를 따라 꽃 지는 봄바람과 잎 지는 가을비에 깨끗이 이 한 몸 죽을지언정, 소녀의 이 마음 고칠 수 없사오니 처분대로 하옵시오."

이때 회계 생원이 나앉으며 그 말을 받아 꾸지람한다.

"네 여봐라. 어 그년 요망한 년이로고. 이 좁은 세상 하루살이 같은 인생에 네 아름다움이 뭐 별것이랴. 네 여러 번 사양할 게 무엇이냐? 사또께옵서 너를 어여삐 보아 하시는 말씀인데 너 같은 창기에게 수절이 무엇이며 절개가 무엇이냐? 구관을 보내고 신관을 맞이하여 모심이 예절에도 당연하고 이치에도 맞거늘 네 어찌 괴이한 말을 하며, 너 같은 천기에게 충렬이란 두 글자가 어찌 있을꼬."

춘향이 너무도 기막혀 회계 생원의 간사스러운 낯짝을 보았다.

"소녀는 창기가 아니오. 소녀 기생의 딸이오나 충효 정절에도 위아래 있소? 잘 들으시오. 기생으로 말합시다. 해서 기생 농선이는 정절을 지켜 동선령에 죽어 있고, 선천 기생은 나이 어리되 칠거 학문 배웠으며, 평양 기생 계월향은 왜장을 죽이고 충렬문에 들어 있고, 진주 기생 논개도 충렬문에 모셔 있고, 청주 기생 화월이는 삼층각에 올라 있고, 안동 기생 일지홍은 살아서 열녀문에 들었으니, 기생이라 천대 마옵시오."

사또 크게 노하여 얼굴이 일그러진다.

"그래, 네 마음이 그러하여 관장의 명을 거역하고 형장 아래 죽을지라도 네 마음 고치지 못하겠다는 게냐?"

"소녀, 도련님을 처음 만나 해와 달을 두고 맹세한 굳은 마음 그 어떤 힘으로도 빼내지 못하오며 그 어떤 말로도 옮겨 가지 못할 것이오. 사람의 안해가 되어 마음을 고쳐 두 지아비를 섬기라 하시니, 사또님은 나라에 큰 도적이 들었을 때 마음을 고쳐 두 주인을 섬기겠나이까? 처분대로 하소서."

사또는 크게 소리친다.

"형리!"

"예이."

"저년이 관정에서 발악하고 관장을 조롱한다.《대전통편》에 있는 대로 일러 줘라."

형리는 《대전통편》을 펼쳐 읽는다.

"모반 대역하는 자는 능지처참하라 하였고, 관정에서 악을 쓰며 관장을 거역하고 조롱하는 자는 엄히 벌하여 멀리 귀양을 보내라 하였소이다."

"네 이년 들었느냐?"

사또는 또 호령하나 춘향은 조금도 굽히지 않는다.

"그러면 남의 안해 억지로 뺏는 자는 어찌하라 하였나이까?"

사또는 기가 막히고 분통이 터져 주먹으로 벼루상을 친다.

"이년!"

첫마디에 목이 쉬었다. 탕건이 벗어지고 망건 끈이 툭 끊어지며 상투 코가 탁 풀렸다.

"이년! 네 죽는다 서러워 마라. 여봐라!"

"예이."

"이년을 잡아 내려라!"

"예이."

통인이 달려들어 춘향이 머리채를 잡아 끌어내며 급창을 부른다.

"급창!"

"예이."

"이년 잡아 내려라!"

"예이."

춘향이가 머리채 잡은 통인의 손을 뿌리치고 제 발로 걸어 동헌 층대를 내려가니 급창이 달려든다.

"요년! 어떠하신 어른 앞이라고 대답이 그러하고야 살기를 바랄 쏘냐?"

춘향이를 잡아 대뜰 아래 내리치니 범 같은 군노 사령들이 벌 떼같이 달려들어 감태같은 머리채를 정월 대보름에 연실 감듯, 뱃사공이 닻줄 감듯, 사월 팔일에 등대줄* 감듯 휘휘친친 감아쥐고 동댕이쳐 엎으니, 불쌍하다 춘향이 신세, 사람의 눈으로 차마 그 모습을 어이 보랴. 백옥 같은 고운 몸이 동헌 뜰에 무참하게 쓰러지는구나.

양옆에는 나졸들이 능장, 곤장, 형장이며 붉은 칠한 몽둥이를 짚고 늘어선다.

사또가 소리친다.

"아뢰라. 형리 대령하라!"

"예이, 형리 대령하였소."

형리가 사또 앞에 나선다.

사또는 어찌나 분하던지 몸을 벌벌 떨며 기가 막혀 어푸어푸한다.

"여봐라, 저년을 때려서 다짐을 받아라!"

"예이. 춘향이 들어라. 네 미천한 계집으로 충절이니 정절이니 하며 사또의 엄하신 분부를 마다하고 발악하니 네 죄는 만 번 죽어 마땅하다. 너를 바로 때려죽여 본보기로 삼고자 하니 네 마지막 다짐을 써라."

형리는 다짐장을 들고 내려가 춘향이 앞에 놓는다.

---

* 등을 대 위에 매달 때 쓰는 줄.

춘향은 쓰러진 자리에서 일어나 앉아 조금도 주저하지 않고 붓을 들어 한 일一 자를 그은 다음 그 아래 마음 심心 자를 쓰고 붓대를 내던진다.

 형리가 그 다짐장을 사또에게 올리니, 사또는 더욱 성이 나 아래턱까지 덜덜 떨면서 호령하였다.

 "무엇이? 일심이라고? 요 발칙한 년! 여봐라, 저, 저, 저년을 형틀에 올려 매고 정강이를 부수고 물고장을 올려라."

 사령들이 달려들어 춘향을 형틀에 올려 묶는데, 집장사령은 오른팔 소매를 걷어 큰 팔을 쑥 빼내어 들더니 형장이며 태장이며 곤장이며 한 아름 듬뿍 안다가 형틀 앞에 좌르르 펼쳐 놓는다. 요란스러운 소리에 춘향은 정신이 아찔해진다.

 집장사령은 펼쳐 놓은 형장개비들 중에서 이놈도 집어 능청능청해 보고 저놈도 집어 능청능청해 보며 등심 좋고 빳빳하고 잘 부러지는 놈으로 골라잡고 대청 위의 영을 기다릴 제, 악에 받친 사또 목소리가 떨어졌다.

 "분부 들거라!"

 "예이."

 "그년 사정 봐주려고 헛장질하다가는 당장에 네 목이 떨어질 것이니, 그리 알고 각별히 매우 쳐라."

 집장사령은 우정 소리를 크게 내어,

 "사또님 분부 지엄하온데 저만 한 년을 무슨 사정 봐주오리까. 이년! 다리를 까딱 마라. 괜히 움직이다가는 뼈 부서지리라."

 호통을 치고, 군노 사령들 받아 외치는 소리에 발맞추어 형틀 앞에 바싹 다가서면서, 가만히 말한다.

"한두 개만 견디소. 어쩔 수가 없네. 요 다리는 요리 틀고 저 다리는 저리 트소."

"매우 쳐라!"

"예잇, 때리오."

형장을 휘둘러 춘향이 앞정강이에 딱 붙이니 부러진 형장개비는 푸르르 날아 공중에 빙빙 솟아 상방 대뜰 아래 떨어지고 춘향은 신음한다.

곤장과 태장을 치는 데는 사령이 서서 그저 하나 둘 세지만, 형장부터는 법이 정한 매질이라 형리와 통인이 닭쌈하듯 마주 엎드려서 하나 치면 하나 긋고 둘 치면 둘 긋고, 무식하고 돈 없는 놈이 술집 바람벽에 술값 긋듯 책장에 그어 놓는 것이다. 형리는 춘향을 치는 소리가 딱 나자 책장에 하나를 긋는다.

춘향은 아픔을 참으며 말한다.

"일편단심 굳은 마음, 한 낭군 지켜 죽을 것이니 한낱 형장 친다고 이 마음이 변하리까."

이때 남원 사람들 남녀노소 할 것 없이 몰려와 구경하는데 젊은 한량들이 한쪽에 서서,

"참으로 모질구나. 우리 고을 원님 보질고 모질구나. 저런 형벌이 어데 있으며 저런 매질을 왜 하는가. 집장사령 놈 눈에 익혀 두어라. 삼문 밖에 나오기만 하면 당장 죽이리라."

하며 벼른다. 이런 참혹한 모습을 보고 듣는 사람이야 누가 눈물 흘리지 않으리오.

매우 치라는 소리가 동헌 마당에 또 내려친다. 두 번째 형장을 딱 치니,

"이팔청춘 젊은 이 몸 어찌 두 낭군을 섬기리까. 이 매 맞고 영 죽어도 이 도령은 못 잊겠소."

세 번째 형장을 딱 치니,

"세 가지 따르는 법 세 살부터 배운 이 몸, 삼천 리 귀양 간들 삼청동 우리 낭군은 못 잊겠소."

네 번째 형장을 딱 치니,

"사대부 사또님은 사십팔 면 남원 공사 살피지 아니하고 유부녀 희롱하는 사삿일에만 힘을 쓰니 사십팔방 남원 백성들의 사무친 원한을 왜 모르시오. 사지를 가른대도 사생동거 우리 낭군 사나 죽으나 못 잊겠소."

다섯 번째 형장을 딱 붙이니,

"오월 단오 맺은 사랑, 올올이 찢어 낸들 잊으리까. 오리정에서 이별한 님 오실 때만 기다리오니 그런 줄만 아옵시오. 오동추야 밝은 달은 님 계신 데 보련마는 오늘이나 편지 올까 내일이나 기별 올까."

춘향의 신음 소리는 보는 사람들 가슴을 에어 낸다. 험궂은 집장 사령도 속으로 생각한다.

'세상에 이처럼 어여쁘고 절개 있는 여인도 없겠는데 무지한 형장으로 치라 하니 이런 법도 있는가. 이 노릇도 못 할 일이구나.'

그러니 형장을 휘둘러 소리만 크게 지르고 요리조리 요령 있게 친다. 허나 어찌 매번 헛장을 치랴. 매를 칠 때마다 춘향이 검은 머

리는 흰 저고리 어깨 위에 구름처럼 요동치고, 두 눈에선 눈물이 솟아 얼굴을 적시며, 어찌나 이를 악무는지 입술에도 피가 진다.

인정 없는 사또의 분부가 또 떨어진다.

"매우 쳐라!"

"예이."

집장사령이 여섯 번째 형장을 치니 춘향은 굳은 뜻을 굽히지 않고 말한다.

"육만 번 죽인대도 육천 마디에 어리고 맺힌 사랑 어느 한 마디라 변할 리 전혀 없소."

일곱 번째 형장을 치니,

"일곱 가지 죄를 지은 몸이 아니어든 일곱 개 형벌이 어인 일이오. 칠 척 되는 칼로 동동이 잘라 내어 이제 바삐 죽여 주오. 치려 하는 저 형방아, 칠 때마다 보지 마소. 칠보홍안 나 죽겠네."

여덟 번째 형장을 치니,

"팔자 좋은 춘향이가 팔도 원님들 중에 제일 명관 만났구나. 팔도 방백 벼슬 사는 양반님네 백성 위해 내려왔지 악형하러 내려왔소?"

아홉 번째 형장을 치니,

"아홉 굽이 이내 간장 굽이굽이 썩은 눈물 구 년 홍수 되리로다. 아홉 굽이 깊은 산 소나무 베어 배 만들어 한양 성중 얼른 가서 구중궁궐 임금님께 구구한 사연 아뢰옵고, 구정뜰서 물러나와 삼청동을 찾아가서 언제면 우리 도련님 반가이 만나 굽이굽이 맺힌 마음 풀어 볼까."

열 번째 형장을 치니,

"열 번 살고 아홉 번 죽어도 팔십 년 정한 뜻을 십만 번 죽인대도 어쩔 수 없소. 열여덟 어린 춘향 형장 아래 죽는 이 몸 원통하고 절통하오."

애처롭고 가엾구나. 춘향의 굳은 절개 열 개 형장 치고 보니 '십장가'가 되었구나.

형장 열 개를 쳤으면 아무리 악독한 사또라 할지라도 무슨 헤아림이 있을 줄 알았더니 동헌 대청에서,

"매우 쳐라!"

하는 소리는 미친 듯 계속 울린다.

열다섯째 딱 붙이니,

"십오야 밝은 달은 띠구름에 묻혀 있고 서울 계신 우리 낭군 삼청동에 묻혔으니 달아, 달아, 보느냐. 님 계신 곳 나는 어이 못 보는고."

형장은 스무 개를 넘어 스물다섯 개가 부러져 나갔다.

"이십오현 타는 달밤에 원한 이길 수 없어 돌아오는 저 기러기, 너 가는 데 어드메냐. 가는 길에 한양성 찾아들어 삼청동 우리 님께 내 말 부디 전해 다고. 내 꼴 자세히 보고 부디부디 잊지 마라."

피와 눈물이 한데 흘러 옥당목 치마저고리를 적시고 형틀 아래 동헌 마당을 적시니 지리산 골짝의 홍류동 붉은 냇물이 되겠구나. 하지만 춘향의 뜻은 조금도 꺾이지 않았다.

"소녀를 이리 말고 어서 빨리 죽여 주시오. 내 넋 접동새 되어 쓸

쓸한 동산 달 밝은 밤에 울고 울어 우리 도련님 잠드신 꿈을 깨워 만나 볼까 하오니…….”

춘향이 말을 못다 하고 기절한다. 엎드려 형장 수를 긋던 형리도 통인도 애처로워 눈물짓고, 매질하던 집장사령도 눈물 씻고 돌아선다.

"사람의 자식으로 못할 짓이로다."

둘레에서 구경하던 사람들도 눈물을 씻는다.

"춘향이 매 맞는 꼴 사람이 돼선 못 보겠다. 모질고 모질구나. 춘향이 정절이 모질어. 참으로 하늘이 낸 열녀로다."

남녀노소 누구나 눈물 흘리며 이런 말을 할 제, 사또는 춘향을 더 어쩌지 못해 소리친다.

"네 이년! 관정에서 발악하고 매 맞으니 좋은 게 무엇이냐? 앞으로 또 내 뜻을 거스를 테냐?"

반쯤 정신을 잃은 춘향이 더 악을 쓰며 말한다.

"사또, 들으시오. 계집이 한을 품으면 죽고 삶을 가리지 않는다 하였는데, 어이 그리 모르시오? 계집의 야속한 마음 오뉴월 서리 치네. 내 원혼 이리저리 다니다가 임금님께 이 억울한 사정을 아뢰오면 사또들 무사할까? 어서 죽여 주오."

"저, 저년, 말 못 할 년이로다. 여봐라!"

"예이."

"저년을 아주 큰칼 씌워 옥에 가두어라!"

사령들이 달려들어 춘향을 형틀에서 풀어, 희고 가느다란 목에다 큰칼을 덜컥 씌워 칼머리에 인장 찍어 봉했다. 사령이 등에 업고 삼

문 밖으로 나오니 기생들과 부인네들이 따라 나오며,

"아이고, 서울집아, 정신 차리게."

"아이고, 불쌍도 하다."

하며, 춘향이 팔다리도 주무르고 약을 갈아 입에도 넣어 주며 서로 붙들고 눈물을 흘린다. 이때 키 크고 속없는 추향이가 들어와,

"우리 남원에도 열녀문에 달 현판감이 생겼구나."

주책없이 떠벌리며 춘향에게로 왈칵 달려들어,

"아이구 서울집아, 불쌍하여라."

하며 우는구나.

이렇듯 여인들이 야단할 때 월매가 이 소식 듣고 향단이를 데리고 허둥지둥 정신없이 달려오더니 칼 쓴 목을 그러안고 통곡한다.

"아이고, 이게 웬일이냐. 죄는 무슨 죄며 매는 무슨 매냐. 장청의 장교님네, 길청의 이방님네, 내 딸이 무슨 죄요? 장군방 두목들아, 매 치던 사령아, 무슨 원수 맺혔기에 이다지도 때렸느냐? 아이고, 내 일이야. 다 늙은 이년 신세 의지 없이 되었구나. 아들 없이 외딸 하나 집 안에 고이 두고 은근히 길러 낼 제, 밤낮으로 책을 보고 부녀자 행실 공부하며 '어머니, 아들 없다 서러워 마오. 외손봉사는 못 하리까.' 하며 이 어미 받드는 지극한 그 정성 어느 효자인들 내 딸보다 더할쏘냐. 자식 사랑 부모 공경 위아래가 다를 바 없겠거니……. 아이고 가슴이야. 이 형벌이 웬일인고. 형방의 사령들아, 웃령이 엄하다고 이다지도 몹시 쳤느냐? 아이고, 내 딸 상처 보소. 흰 눈 같은 두 다리에 연지 같은 피가 졌네. 이름난 양반집의 자식 없는 부인들은 눈먼 딸이라도 바라더라만 그

런 데서 나질 못하고 이 몹쓸 년의 딸이 되어 이 지경이 되었구나. 춘향아, 정신 차려라. 아이고아이고, 춘향아."

향단이도 매 맞은 자리를 어루만지며 통곡을 한다.

"아씨, 꽃잎같이 연한 몸에 이 상처가 웬일이오. 도련님이 보신다면 얼마나 분하고 원통하시리까."

월매 이 말 듣더니 울음을 그치고 이른다.

"향단아, 어서 가서 삯꾼 둘만 사 오너라."

"삯꾼은 왜요?"

"서울 도련님께 심부름 보낼란다."

춘향이 혼미한 정신에도 이 말 듣고 어머니를 잡는다.

"어머니, 그게 무슨 말이오? 이 소식을 도련님이 아시면 층층이 부모님 모시는 몸으로 어찌할 바를 몰라 괴로운 마음이 병이 되면 어찌하오? 소식 보내지 마오."

월매는 더 말을 못 하고 울기만 하는데 옥사쟁이가 재촉한다. 향단이가 춘향을 등에 업고 옥으로 가는데 월매는 칼머리를 들고, 앞에는 옥사쟁이가 서고 뒤에는 옥형방이 따랐다.

남원의 온 여인들이 이 광경을 보고 달려들어 모두 눈물을 흘렸다.

"세상에 이런 일도 있나."

"불쌍도 하다."

"기특도 하다."

"우리 남원에 이런 열녀가 있을 줄 몰랐구나."

서로 울며 칭찬하며 춘향이 목에 쓴 칼도 들어 준다. 옥문 앞에 다다르니 궂은비가 뿌리고 음산한 바람이 부는데, 옥형방이 성벽같이 잠긴 옥문을 열고 춘향을 넣은 다음 문을 절컥 채운다. 월매는 옥문 앞에 쓰러져 기절하고, 향단이는 땅을 치며 운다.

"아이고, 아씨 어쩌나. 우리 아씨 어쩌나."

따라오던 부인들도 한마디씩 동정한다.

"아까워라."

"가여워라."

"스산하고 차디찬 옥중에서 저 꽃 같은 것이 죽지 않고 살 수 있나."

통곡하는 월매를 서로들 위로하나, 오래 있을 수는 없어 춘향을 옥중에 두고 모두 돌아갔다.

한 지아비 섬기는 죄로 옥에 갇혀

찬 바닥에 쓰러져 있던 춘향은 온몸이 쑤시고 아파 목을 지지누르는 칼을 들고 일어나 앉는다. 옥방 안을 둘러보니 부서진 창틈으로 찬 바람이 살을 쏘는 듯 불어 들어오고 무너진 벽이며 차가운 돌바닥의 헌 자리는 볼수록 어수선한데 빈대와 벼룩마저 온몸에 달라붙는다.

춘향이 억이 막혀 혼자 울고 있는데 옥사쟁이가 들여보내 주었는지 옥방 앞으로 어머니와 향단이가 들어왔다.

월매는 살창문을 검쳐 잡고 울다 못해 숨이 넘어가는 소리로,

"춘향아, 네 무슨 죄가 있어 이런 곳에 갇혔느냐."

하며 흐느낀다.

"어머니, 여기는 왜 또 들어오셨소?"

"이것아, 너를 여기 두고 이 어미가 어딜 가랴. 네가 쓴 그 칼 내

가 쓰자. 너 죽으면 나도 죽을란다."

"어머니, 서러워 말고 집으로 돌아가오. 죄 없는 춘향이가 설마 한들 죽으리까. 우박 치는 창검 속이라도 죽지 않고 살 터이니 걱정 말고 돌아가오. 안 가시고 이렇게 울기만 하시면, 못할 말이오나 이 자리에서 죽을 테니 집으로 가 주오."

옥사쟁이가 가까이 오더니 그만 나가라고 재촉한다. 어머니는 할 수 없이 옥중에 딸을 두고 돌아서니 하늘땅이 아득하여 엎어지며 쓰러지며 나간다.

춘향은 향단이를 불러 어머니를 부탁해 일렀다.

"향단아!"

"아씨!"

"내 걱정은 아예 말고 집으로 돌아가서 이웃집 부인들께 간청하여 어머니 우시거든 위로해 달라 하고 미음도 자주 쑤어 권하여라. 문갑 안에 인삼 몇 뿌리 들었으니 아침저녁 진하게 달여 어머니께 드려라."

"아씨, 그런 염려는 마시오."

"나 없다고 서러워 말고 어머니를 잘 모셔 다오. 내 안 죽고 살아나가면 네 은혜를 꼭 갚으리니, 울지 말고 그만 어머니 모시고 나가거라."

"아씨, 제발 천금같이 귀한 몸 돌보시오."

향단이는 어린애처럼 훌쩍이며 월매를 모시고 옥문 밖으로 나갔다. 옥사 안에 이제 울음소리마저 잠잠해지고 창문으로 불어 드는 바람 소리만 처량하였다. 옥방 안에 혼자 앉았으니 세상천지에 이런 적막이 어데 있고 이런 슬픔이 어데 있으랴. 춘향은 혼자 울며 흐느끼고 한숨지으며 날과 달을 보내게 되었으니 그 울음이 '장탄가'로 되었다.

이내 죄가 무슨 죄냐.
나라 재물 훔쳤던가, 엄한 형장 웬일이며
살인 죄인 아니어든 목에 큰칼 웬일인가.
반역 죄인, 인륜 배반 아니어든 사지 결박 웬일이며
간통한 죄 아니어든 이 형벌이 웬일인고.

맑은 강물 먹물 삼고 푸른 하늘 종이 삼아
설운 사연을 적고 적어 하느님께 올리면은
풀릴 날이 있을런가.

우리 낭군 그리워 가슴 답답 불이 붙네.
한숨이 바람 되어 붙는 불을 더 부치니
속절없이 나 죽겠네.

홀로 있는 저 국화는 높은 절개 거룩하고
담 안의 푸른 솔은 천년 절개 지녔구나
푸른 저 솔 나와 같고 누른 국화 님과 같다.

슬픈 생각 못 이기어

뿌리나니 눈물이요 적시나니 한숨이라.
한숨은 바람 되고 눈물은 실비 되어
바람이 실비를 몰아 님 계신 창문 밖에
불거니 뿌리거니 님의 잠을 깨웠으면.

견우직녀는 칠석날에 만나는데
은하수 막혀도 어긴 날이 없었건만
우리 낭군 계신 곳엔 무슨 물이 막혔기에
소식조차 못 듣는가. 이리 그리워 어이 살리.
아주 죽어 잊었으면.

차라리 이 몸 죽어 접동새 넋이 되어
배꽃도 희고 달빛도 흰데
삼경 깊은 밤에 구슬피 울고 울어
낭군 귀에 들리고자.

맑은 강 원앙 되어 짝을 불러 다니면서
다정코 유정함을 님의 눈에 보이고자
봄날 나비 되어 향기 묻은 두 나래로
너울너울 날아가서 님의 옷에 앉고 지고.

저 하늘 달이 되어 밤이 되면 도두 올라
휘영청 밝은 빛을 님 얼굴에 비추고자.

이내 간장 썩는 피로 님의 얼굴 그려 내어
방문 앞에 걸어 두고 들며 나며 보고 지고.

수절하는 젊은 몸이 참혹하게 되었구나.
맑고 맑은 옥구슬이 진흙 속에 묻힌 듯
향기로운 상산초가 잡풀 속에 섞인 듯
오동 속에 놀던 봉황 가시덤불에 깃들인 듯.

예부터 성현들도 죄 없이 귀양 가고
옥중에서 고생타가 때를 만나 놓여나와
후세에 이름 남긴 큰 성인이 되었으니
이런 일로 생각하면 이내 몸도 살아나서
세상 구경 다시 하고 님을 다시 보련마는.

답답하고 원통하다, 날 살릴 이 그 누구랴.
서울 계신 우리 낭군 벼슬길로 내려와서
죽어 가는 이내 목숨 살릴 날이 없을쏜가.

산이 높아 못 오는가, 물이 깊어 못 오는가.
금강산 상상봉이 평지 되면 오시려나.
병풍에 그린 닭이 두 나래 툭툭 치며
날 새라고 우는 새벽 나를 찾아오시려나.

춘향이 시름을 이기지 못해 창 앞으로 다가가니 밝은 달빛이 옥방 안으로 흘러든다. 춘향은 무거운 칼을 쓰고 홀로 앉아 달을 보고 하소연한다.

"저 달아, 너는 님 계신 데 보느냐? 밝은 네 빛을 빌려 다오. 나도 님 계신 데 보련다. 우리 님 누웠더냐, 앉았더냐? 보는 대로만 일러 다오."

이렇듯 달을 보고 하는 말이 눈물 되고 울음 되어 삼단 같은 머리채 그러안고 슬피 울다가 문득 잠이 들었다.

꿈인지 생시인지 모를 사이에 나비도 되어 보고 바람같이 구름같이 날아올라 한 곳에 이르니, 하늘과 땅이 넓고도 시원스럽게 열려 산은 푸르고 물은 맑고 은은한 대숲 사이로 단청 화려한 누각이 봄빛 속에 잠겨 있다.

봄날 베개 위 짧은 꿈에 강남 천 리를 간다더니 멀리 온 듯도 하여 한참 이리저리 헤매다 가만히 살펴보니 희귀한 꽃들이 가득 피어 향기 그윽한 꽃길에 낭자 셋이 나오는데, 석숭의 애첩 녹주가 등을 들고 논개와 월선이 뒤따라 춘향이 앞으로 다가와서 공손히 절하며 묻는다.

"어데서 오시는 부인이시오이까?"

"조선 남원 땅에서 왔소."

낭자들은 반가이 맞이하면서,

"오실 줄 알고 기다리고 있었소이다."

하며 화려한 궁궐로 이끈다. 들어가는 문 위에는 황금색 큰 글자로 '만고정절 황릉지묘'라는 현판이 붙어 있고, 합각지붕 추녀 끝에는 붕어 모양의 풍경이 달려 댕그렁거린다.
 세 낭자를 따라 맑은 옥돌 층계를 올라가니 모란꽃 무늬 새긴 붉은 향나무 문들이 열리며 높은 대청이 보인다. 눈여겨 살펴보니 대청 위엔 아름다운 부인들이 앉아 있는데, 그중 한 부인이 손을 들어 올라오라 청한다.
 춘향은 사양하며,
 "티끌 많은 인간 세상의 천한 몸으로 어찌 감히 오르오리까."
하니, 그 부인이 기특히 여겨 친히 춘향이 손을 잡아 오르게 하고 옆에 앉히며 말한다.
 "네가 춘향이냐? 기특도 하구나. 우리는 순임금의 부인 아황과 여영이라. 네 장한 소식을 듣고 간절히 보고 싶어 잠시 너를 청한 것이니 어려이 알지 마라."
 "황공하오이다."
 "그래, 너는 기생의 딸이 되어 천한 몸이라 하지만 너같이 마음과 행실이 깨끗하고 어여쁜 사람이 어찌 천한 사람이겠느냐. 나라 위해 충절을 지켜 충렬문에 들고, 한 지아비 섬기며 정절을 지켜 열녀문에 든 여인들이 여기 있느니라."
 그러고는 부인네들을 알려 주는데, 모두 춘향이 마음속으로 따르던 충렬 부인, 정렬 부인 들이었다. 춘향이 일어나 부인들에게 다시금 절을 하였다.
 "소녀 비록 아는 것은 없사오나 글과 예절을 배우며 마음속으로 따르던 충렬 부인, 정렬 부인 들을 이처럼 뵈오니 죽어도 한이 없나이다."

"네가 그처럼 우리를 알고 마음속으로 생각하였다니 기쁘기 그지없구나. 우리는 네 소식을 듣고 눈물을 금치 못하였다. 그래, 옥중에서 얼마나 고초가 많으냐? 그 악독한 사또에게 매 맞은 자리는 어떠하고?"

부인네들은 춘향을 가운데 놓고 매 맞은 다리도 만져 보고 칼을 썼던 목과 어깨도 만져 보고 온몸을 쓸어 주면서 눈물을 흘렸다.

"얼마나 고생을 하며 울었으면 고운 얼굴이 이처럼 여위었느냐."

이렇듯 쓰다듬어 주고 위로해 주니 춘향은 하소연할 곳 없던 서러운 사연을 다 말하며 부인들에게 안겨 울고 또 울었다.

한 부인이 위로해 말한다.

"우리 조선은 예부터 예의와 도덕이 높은 나라로다. 우리는 여자 몸이지만 나라가 위급할 때에는 목숨 던져 나라를 구하고자 하였으며, 한 지아비를 섬기는 데서는 그 어떤 괴로움이 닥쳐도 굽히지 않는 푸른 절개를 보여 주었으니 이 어찌 장한 일이 아니겠느냐. 나도 한 지아비를 지키고자 끝없이 고초를 겪은 뒤 귀히 되었으니, 춘향아, 너무 설워 말고 푸른 절개를 지키노라면 눈서리 끝에 꽃을 보리니, 그리 알아라."

모든 부인들이 지난날 자기들이 겪은 분하고 억울한 사연들을 이야기하며, 춘향이에게 붉은 화로에도 녹지 않는 쇠끝같이 굳은 마음 변치 말라고 당부한다.

이때 풍악이 울리며 한쪽 문이 활짝 열리더니 오색영롱한 구름꽃 위에 아름다운 선녀 아이들이 풍악에 맞추어 춤을 추는데, 학이 무리 지어 두 나래 펼치며 우아하게 춤을 추는 듯하였다.

저 아이들이 누구인지 물으니 정절을 지킨 어머니들과 함께 억울하게 고초를 겪고 참혹하게 죽은 아이들이라고 한다. 춘향은 가슴이 아프고 그 아이들이 어여뻐 여겨져 아이들이 춤추는 곳으로 가려 하는데, 웬일인지 발이 잘 떨어지지 않는다.

문득 스산한 바람이 일더니 촛불이 벌렁벌렁하며 무엇이 촛불 앞으로 달려든다. 춘향이 놀라 살펴보니 사람도 아니요 귀신도 아닌데 곡소리가 낭자하다.

"춘향아, 너는 나를 모르리라. 내가 뉜고 하니, 한고조의 안해 척부인이로다. 황제가 돌아가시고 나서 황제의 본부인 여후가 내 손발을 끊고, 두 귀에다 불 지르고, 두 눈도 빼어 내고, 벙어리 되는 약을 먹여 뒷간 속에 넣었으니, 천추에 깊은 한을 어느 때나 풀어 보겠느냐."

그러자 다른 부인이 춘향이 손을 잡으며 말한다.

"이제는 돌아갈 시각이 되었구나. 아무쪼록 우리 뜻을 잊지 말기 바라노라."

춘향이 부인들에게 인사를 하고 다시 옥돌 층계를 한 발짝 한 발짝 내려오는데, 어데서 종소리가 "뎅!" 울리고 나비 한 쌍이 날아드는 바람에 깜짝 놀라 자세히 보니, 옥창 앞 앵두꽃이 떨어지고, 거울은 복판이 깨어지고, 문 위에 허수아비가 달려 있다. 놀라 깨니 한바탕 꿈이었다.

"나 죽을 꿈이로다."

정신을 가다듬고 있으려니 먼 마을에 닭이 울고 어느덧 새벽을 알리는 바라 소리가 처량히 들려온다. 하늘에는 한 조각 달이 서쪽으로 기울고 기러기 떼가 애처로이 울며 날아간다.
"그 옛날 여인들이 님 계신 북녘 변방에 편지를 전하던 기러기냐? 무슨 한이 맺혀 그리도 울며 가느냐? 내 하는 말 들었다가 네 북녘 가는 길에 우리 님께 전해 주렴."

춘향은 아득한 마음으로 기러기를 보며 생각하였다. 꿈이란 모두 쓸데없다. 하지만 꿈에라도 정렬 부인들을 만나 하소연도 하고 한없이 따사로운 위로를 받으니 한결 마음이 가벼워진 듯도 하였다. 하지만 언제 죽을지 모를 이 몸이 부인들 말같이 귀하게 될 그날이 오겠는가.

하늘에는 어느덧 기러기도 간곳없고 조각달도 사라졌다. 검은 구름만이 밀려들어 굵은 빗발이 떨어진다. 바람은 일어 나무 끝에 울고, 밤새는 잠을 깬 듯 붓붓 붓붓, 문풍지는 펄렁펄렁한다. 창문을 닫고 도사리고 앉아 날 밝기를 기다리는데 비 오는 소리 더욱 요란스럽고, 문짝 흔들리는 소리, 천장에 덮은 천이 펄럭이는 소리, 무너진 뒷벽에서 흙 떨어지는 소리, 모두가 귀신 소리처럼 들렸다. 방 안이며 추녀 끝이며 마루 아래서도 귀신 소리에 잠들 길이 전혀 없다.

춘향이가 처음에는 귀신 소리에 정신없이 지내더니 여러 번 들으니 겁이 없어져 청승맞은 굿거리로 들으며,

"이 몹쓸 귀신들아, 나를 잡아가려거든 조르지나 말려무나. 암급급여율령사바쉐."

주문 외고 앉았을 때 옥 밖으로 멀리 봉사 하나 지나가는데, 서울 봉사 같으면 '문수問數하시오.' 외련마는 시골 봉사라,

"문복問福하시오."

하며 외치고 간다. 춘향이가 어머니를 찾는다.

"어머니, 저 봉사 좀 불러 주오."

월매가 나가 봉사를 불렀다.

"여보, 저기 가는 봉사님."

"게 뉘기, 게 뉘요?"

"춘향이 어미요."

"날 어찌 찾나?"

"우리 춘향이가 옥중에서 봉사님을 잠깐 오시라 하오."

봉사가 웃으면서,

"날 찾으니 뜻밖이로세. 가세."

하니, 월매가 봉사의 지팡이 잡고 길을 인도한다.

"봉사님 이리 오시오. 이것은 돌다리요, 이것은 개천이오, 조심하여 건너시오."

앞에 개천이 있다니 뛰어 볼까 한없이 벼르다가 펄쩍 뛰는데, 봉사의 뜀이란 게 멀리 뛰지는 못하고 위로만 한 길이나 올라간다. 멀리 뛴다는 것이 개천 한가운데 풍덩 빠졌는데, 기어 나오려고 손을 짚다가 개똥을 짚는다.

"아뿔싸, 이게 정녕 똥이지?"

손을 들어 맡아 보니 묵은 쌀밥 먹고 썩은 놈이로고. 손을 턴다는 게 모난 돌에다가 부딪치니 어찌나 아프던지 입에다가 홀 쓸어 넣고 우는데, 먼눈에서 눈물이 뚝뚝 떨어진다.

"애고애고, 내 팔자야! 조그마한 개천 하나 못 건너고 이 봉변을 당하니 누구를 원망하고 누구를 탓하리. 내 신세를 생각하니, 천지 만물을 볼 수 없어 밤낮을 내가 알랴, 사철을 짐작하랴. 봄철이 온들 복숭아꽃 피는 것을 내가 알며, 가을이 온들 누런 국화며 붉은 단풍을 어찌 알며, 부모를 내 아느냐, 처자를 내 아느냐, 벗님을 내 아느냐. 하늘의 해, 달, 별과 두껍고 얇고 길고 짧음을 모르고 밤중같이 지내다가 이 지경이 되었구나. 그야말로 소경이 그르냐, 개천이 그르냐. 소경이 그르지, 처음부터 이리 생긴 개천이 그르랴."

애고애고 섧게 우니, 월매도 서글퍼져 봉사를 달랜다.

"그만 우시오."

봉사를 씻겨서 옥으로 들어가니 춘향이 반기면서,

"애고, 봉사님 어서 오오."

하니, 봉사도 춘향이 아름답단 말을 들은 터라 반긴다.

"목소리를 들으니 춘향 각신가 보다."

"예, 그렇사옵니다."

"내가 진작 와서 자네를 한번 볼 터로되, 가난한 살림에 일이 많아 못 오고 불러서야 왔으니 인사가 아니로세."

"그럴 리가 있소. 눈멀고 나이 드셨으니 기력이 어떠하시오?"

"내 걱정은 말게. 나를 왜 불렀나?"

"예, 다름 아니라 간밤에 흉한 꿈을 꾸었기에 꿈 풀이도 하고 우리 서방님이 어느 때나 오시려나 점을 치려고 불렀소."

"그렇지."

봉사 점을 치는데,

"신령님께 빌고 비옵니다. 하늘이 무슨 말을 하시며 땅이 무슨 말을 하시리오마는, 두드리면 응하시리니 영험하신 신령님께서는 응하시어 쉬이 통하게 하소서.

길흉을 알지 못해 의심을 풀지 못하니 신령님께옵서 밝은 가르침을 내려 주시기를 바라옵나니, 옳은 것과 그른 것을 밝혀 주소서. 두드리면 곧 응해 주시는 복희, 문왕, 무왕, 무공, 주공, 공자, 오대 성현, 칠십이현, 안자, 증자, 사자, 맹자, 성문십철, 제갈공명, 이순풍, 소강절, 정명도, 정이천, 주염계, 주회암, 엄군평, 사마군, 귀곡, 손빈, 소진, 장의, 왕보사, 주원장 여러 대선생께서 밝게 살피시고 기억하옵소서. 마의도자, 구천현녀, 육정육갑 신장이여, 연월일시 네 별자리, 괘를 나누는 동자, 괘를 던지는 동자여. 텅 빈 가운데도 느낌 있으니 지난 때와 같이 본가에서 올리는 제사에 향불 피우리니 오직 신령님께옵서 보배로운 향기를 맡으시고 원컨대 이 세상으로 내려와 주소서.

전라 좌도 남원부 천변리 사는 임자년생 열녀 성춘향이 어느 달 어느 날에 옥에서 풀려나오며, 서울 삼청동 사는 이몽룡은 어느 날 어느 때에 이곳에 오리까? 엎드려 바라오니, 여러 신령님께서는 밝고 밝게 보여 가르쳐 주소서."
다 외고는 산통을 철경철경 흔들더니,
"어디 보자, 일이삼사오륙칠, 허허 좋다. 좋은 괘로고. 칠간산이로구나. 고기가 그물을 피해 노니 작은 것이 쌓여 크게 이루리라. 옛날 주 무왕이 벼슬할 제 이 괘를 얻어 금의환향하였으니 어찌 아니 좋을쏜가. 천 리 떨어져 있더라도 서로 마음을 아니, 정든 사람을 만나리라. 자네 서방님이 오래지 않아 내려와서 평생 한을 풀겠네. 걱정 마소. 참 좋거든."
점괘를 말하나 춘향이 대답한다.
"말대로 되면 오죽 좋으리까. 간밤 꿈 풀이나 좀 하여 주옵소서."
"어디 자세히 말을 하소."
"단장하던 거울이 깨져 보이고, 창문 앞에 앵두꽃이 떨어져 보이고, 문 위에 허수아비 매달려 뵈고, 태산이 무너지고 바닷물이 말라 뵈니, 나 죽을 꿈 아니오?"
봉사 이윽히 생각다가 꽤 시간이 지난 뒤에 말한다.
"그 꿈 참말로 좋구나. 꽃이 떨어졌으니 열매를 맺을 것이요, 거울이 깨어지는데 소리는 없을쏜가. 문 위에 허수아비 달렸으면 사람마다 우러러볼 것이요, 바다가 마르면 용의 얼굴을 볼 것이요, 산이 무너지면 평지가 될 것이라. 좋다! 쌍가마 탈 꿈이로세. 걱정 마소. 머지않네."
한참 이리 수작하는데 뜻밖에 까마귀가 옥 담에 와 앉더니 까옥까옥 운다. 춘향이 손을 들어 후여 날리며,
"방정맞은 까마귀야, 나를 잡아가려거든 조르지나 말려무나."
하니, 봉사가 이 말을 듣고,
"가만있소, 그 까마귀가 가옥가옥 울제?"
"예, 그렇구려."
"좋다, 좋아. 가 자는 아름다울 가佳 자요, 옥 자는 집 옥屋 자라. 아름답고 즐겁고도 좋은 일이 머지않아 돌아와서 평생에 맺힌 한을 풀 터이니 조금도 걱정 마소. 지금은 복채 천 냥을 준대도 안

받을 테니 귀히 되는 때에 괄시나 부디 마소. 나 돌아가네."
"예, 평안히 가옵시고 뒷날 다시 봅시다."

용이 푸른 구름에 높이 올랐구나

 서울에 올라간 이몽룡은 밤낮으로 경서와 여러 문장가들의 글을 읽어 그 뜻을 익히 알게 되니 글은 최치원을 본받고 글씨는 김생을 따르게 되었더라.
 마침 나라에 좋은 일이 있어 태평과를 보이니, 몽룡은 이에 응시하려고 책이며 붓이며 먹, 벼루 따위를 갖추어 과거 보는 궁궐로 들어갔다.
 봄빛 찬란한 가운데 과거장 춘당대를 바라보니 눈같이 흰 차일을 옥 층계 위에 높이 치고 붉은 장막을 늘였으니 임금님 계신 데가 분명하다.
 어영청 군사들이 엄숙히 늘어섰고 양산, 일산, 청개, 홍개, 봉미선이며 갖가지 깃발이며 호미창, 자개창, 삼지창, 언월도 등 서슬 푸른 창검들이 줄을 지어 번쩍인다.

총명하고 재주 있는 선비들이 구름같이 모여드는지라, 몽룡도 춘당대 가까이 자리 펴고 기다릴 제, 풍악이 낭랑히 울리기 시작하니 선비들 모두 붉은 장막을 우러러 절을 한다. 몽룡도 절을 하였다.

풍악이 우아하게 울리는 가운데 아름다운 무희들이 비단 적삼을 펼쳐 들고 나와 앵무 춤을 추는데 참으로 볼만하구나.

이럴 때 임금이 도승지를 불러 글제를 내리고 도승지가 시험관에게 전하니 시험관이 그 글제를 춘당대 앞에 걸어 놓는다. 글제는 '춘당춘색고금동春塘春色古今同'이라 뚜렷이 걸렸으니, 춘당대의 봄빛은 예나 지금이나 같다는 뜻이라.

몽룡이 글제를 보니 평소 익혀 오던 글제로다. 종이를 펼쳐 놓고 글을 어찌 지을 것인가 생각하며 용틀임 벼루에 먹을 갈아 족제비 털로 만든 무심필에 한 절반 덤뻑 묻혀 단숨에 글을 써서 제일 먼저 바쳤다.

시험관이 몽룡의 글을 보고 놀라며 우두머리 시험관에게 올리니 그 시험관도 크게 놀라, 글자마다 붉은 점을 찍고, 글귀마다 붉은 동그라미를 치며 칭찬한다. 글씨의 기상이, 용이 하늘로 날아오르는 격이요, 기러기가 모래펄에 내려앉는 격이니 과연 뛰어난 인물이요, 우리 대의 행운이로다.

한편, 쓰기를 마친 선비들은 모두 초조한 마음으로 기다린다. 춘당대 위를 모두 우러러보는데 드디어 붉은 장막에서 시험관이 나왔다. 모두 숨을 죽이고 바라본다. 시험관은 장원 급제한 사람의 이름이 쓰인 종이를 춘당대 위에 내걸고,

"동부승지 이준상 자제……."

크게 소리쳐 부른다.

"승정원 동부승지 이준상 자제 이몽룡! 이몽룡!"

세 번 부르는 소리에 춘당대가 떠나가는 듯하다. 자리에 앉았던 몽룡이 벌떡 일어나며,

"예이."

대답하니, 정원사령이 달려 내려와 정중히 재촉한다. 몽룡은 손을 씻고 도포를 고쳐 입고 정원사령을 따라 옥 층계를 올라 붉은 장막 안으로 들어간다. 궁중 아악이 울리는 가운데 상감께서 술 석 잔과 어사화를 내리셨다. 몽룡은 나라의 큰 은혜에 사례하여 세 번 절하고 물러 나왔다.

몽룡이 이렇듯 장원 급제하고 집으로 돌아오는데, 머리에는 어사화를 꽂고, 몸에는 비단 앵삼을 떨쳐입고, 허리에는 학을 수놓은 띠를 띠고 말 위에 두렷이 앉았으니, 그 모습 참으로 위풍 있고 화려하다. 말 앞에는 의장물들이 길을 인도하고 어여쁘고 꽃다운 동자들이 쌍쌍이 늘어서서 옥피리 불며 풍악을 울리니 어깨춤이 절로 난다. 지나는 거리마다 사람들이 서로 다투어 보며 칭찬하니 뉘 아니 부러워하랴.

몽룡은 예법대로 사흘 동안 선배와 친척들을 찾아 인사를 드리고, 선조들을 모신 사당에 고하고, 산소를 찾아 성묘도 한 다음 대궐로 들어갔다.

몽룡이 어전으로 들어가니 상감께서 반기시며,

"궁궐이 깊고 깊어 먼 고장은 소식이 막막하여 민정을 살피기 어려우니 이제 팔도에 어사를 보내고자 인재를 가리는 중이었노라.

그대의 용모와 글을 보니 나라의 보배요 과인의 복이로다. 나이는 젊으나 중책을 맡겨 전라 어사로 특별히 임명하니 탐관오리 불충불효를 낱낱이 찾아 보고하고 올바로 처리하라."

하더니, 어사의 관복과 마패와 유척鍮尺*을 내린다. 몽룡은 평생소원이 이루어진 것이라 마음속으로 춘향을 생각하며 기쁨의 눈물을 흘렸다. 몽룡은 상감께 공손히 절을 올리고 물러나 집으로 오는데, 산속의 용맹한 범이 숲을 헤치고 나오는 듯 세상 부러울 것이 없었다.

몽룡은 부모님께 인사하고 서둘러 전라도로 떠났다. 남대문을 썩 나서서 서리, 중방, 역졸 들을 거느리고 청파역에 이르러 말을 잡아타고, 칠패, 팔패, 배다리를 얼른 넘어 밥전거리 지나 동작강을 얼풋 건너 남태령을 넘어 과천읍에서 점심 먹고, 사근내, 미륵당 지나 수원에서 하룻밤 잤다. 이튿날 다시 서둘러 떠나 대황교 건너 떡전거리, 진개울, 중미 지나 진위읍에서 점심 먹고, 칠원, 소사, 애고다리 건너 성환역에서 묵었다. 이튿날 상류천, 하류천 건너 새술막 지나 천안읍에서 점심 먹고, 삼거리, 도리티 지나 김제역에서 말 갈아타고, 신구덕평을 얼른 지나 원터에 숙소를 잡았다. 다음 날 팔풍정, 활원, 광정, 모로원, 공주로 내달아 금강을 건너 충청 감영에서 점심 먹고, 높은 행길, 소개문, 어미널티 넘어 경천에서 묵고, 노성, 풋개, 사다리, 은진, 까치당이, 황화정 지나 장애미고개 넘어 닷새

---

* 놋쇠로 만든 표준 자. 지방 수령이나 암행어사 들이 시체를 검시하거나 형벌 도구가 표준에 맞는지 검사할 때 썼다.

만에 여산읍에 다다랐다.

이튿날 어사또는 서리, 중방, 역졸 들을 불러,

"여기는 전라도 들어서 첫 고을이다. 나랏일을 중히 생각지 않고 몸가짐을 바로 하지 않는 자나 암행어사의 기밀을 지키지 않는 자는 죽기를 면치 못할 것이니 그리 알라."

서릿발같이 호령하고 서리를 불러 분부하였다.

"너는 전라 좌도로 들어 진산, 금산, 무주, 용담, 진안, 장수, 운봉, 구례 여덟 고을들을 빠짐없이 살펴보고 남원읍 광한루로 대령하여라."

"예이."

또 중방 역졸들에게 분부하기를,

"너희는 전라 우도로 들어 용안, 함열, 임피, 옥구, 김제, 만경, 고부, 부안, 흥덕, 고창, 장성, 영광, 무장, 무안, 함평을 빠짐없이 살펴보고 남원읍 광한루로 대령하여라."

"예이."

또 종사에게 분부하기를,

"너는 익산, 금구, 태인, 정읍, 순창, 옥과, 광주, 나주, 창평, 담양, 동복, 화순, 강진, 영암, 장흥, 보성, 흥양, 낙안, 순천, 곡성을 빠짐없이 살펴보고 남원읍 광한루로 대령하여라."

"예이."

"모두 들어라. 옛말에 열 번 듣는 것이 한 번 보는 것만 못하다 하였다. 모든 고을들을 낱낱이 돌아보고 이달 보름날 새벽에 광한루에 모여 준비하고 있어라."

"예이."

이렇듯 분부하여 서리, 역졸 들을 모두 보낸 뒤에 저도 떠날 채비를 하는데 그 모양이 볼만하다.

사람들 눈을 속이려고 갓이라는 것도 다 떨어진 헌 갓을 썼는데, 벌이줄로 총총히 얽어맨 데다가 되는대로 만든 무명실 갓끈을 달아 쓰고, 다 해진 망건에 관자라는 것도 소뿔 관자보다도 못한 갓풀로 만든 관자를 노끈으로 얽어매서 붙였다. 그리고 헌 도포에 무명 실띠를 가슴에 눌러 매고, 살만 남은 헌 부채에 솔방울을 장식으로 달아 들고 햇빛을 가리며 어슬렁어슬렁 걷는 것이었다.

전주 땅에 들어서 서문을 얼른 지나 남문에 올라 사방을 둘러보니 삼남의 명승지라 할 만하다. 전주의 옛 이름을 완산이라 하였나니, 고을 형편을 돌아보며 완산 팔경도 구경하고 사람들 눈에 띄지 않게 움직이면서 남쪽으로 내려갈 제, 각 고을 원들이 어느덧 어사 났다는 소문을 듣고 정사를 가다듬느라고 서두르고 이미 처리한 일들도 다시 따져 보며 걱정들을 하니, 관속들이라고 어찌 편할 수 있으랴. 이방이며 호장 들이 넋을 잃고, 공무 회계 맡은 형방 서리들도 여차하면 도망치리라 신을 발에다 단단히 동여매고 있고, 각 청의 오만 관속들이 정신없이 이리 뛰고 저리 뛰는 판이었다.

춘향이 울음소리 귓전에 사무치고

　어사또는 임실 구홧들을 지나 남원 땅에 들어섰다. 바쁜 농사철이라 농부들은 농악을 울리고 농부가를 부르며 모내기가 한창이다. 정자나무 곁에 '농사는 천하지대본'이라 쓴 깃발이 펄렁펄렁 바람에 날리고 젊은 농악패들이 징, 꽹과리, 장구, 소고 들을 치며 한창 신명 나게 논다.

　색동 등거리에 남색 띠를 매고 머리에 털벙거지를 쓴 상쇠재비가 가운데서 꽹과리를 들고 장단을 친다. 늦췄다 당겼다 자진가락으로 흥겹고 맵시 있게 치는데, 그 장단 따라 털벙거지 위에서는 붉은 상모가 이리 돌고 저리 돌고, 소고패들은 상쇠를 에워싸고 춤추며 돌아간다.

　정자나무 밑으로 점심 광주리들이 들어온다. 여인네들이 점심을 벌여 놓는다.

농악패들은 더욱 기세를 올리며 자진가락으로 장단을 몰아 넘기니, 상쇠재비는 공중에 떠 있는 듯하고, 소고재비는 나비 날듯 하고, 설장구재비는 있는 재간 다 부린다.

장단이 한 번 끊어졌다가 느린 농부가로 넘어간다. 웬 농사꾼이 구성진 소리로 '상사뒤요'를 메기니 다른 농군들이 받아 부른다.

어여로 상사뒤요.
패랭이 위에다 장화를 꽂고
장화 춤으로 놀아 보자.
어여로 상사뒤요.

이마 위에 흐르는 땀
방울방울 열매 되고
우리 손으로 일구는 흙은
덩실덩실 황금이로다.
어여로 상사뒤요.

팔구월에 추수하여
우걱지걱 실어다가
늙은 부모 모시면서
어린 자식 길러 내자.
어여로 상사뒤요.

어느 놈은 팔자 좋아
고대광실 살건마는
우리 농군 다 뜯기고
한데 바닥에 나앉게 됐구나.
어여로 상사뒤요.

우리 남원 사판일세.
사판이란 무엇이냐.
사또님은 난장판이요
좌수님은 지랄판이요
육방 관속은 먹을판이니
우리네 백성은 죽을판 났구나.
어여로 상사뒤요.

  이렇듯 한창 농부가를 부르는데, 이몽룡은 농사꾼들이 노는 모습도 보며 하는 말도 들으며 곁으로 비실비실 들어간다.
  농부가를 부르던 한 농사꾼이 소리친다.
  "여보게들, 그만 점심들 먹세."
  농악패들과 농부가를 부르던 사람들이 정자나무 그늘이며 풀밭에 끼리끼리 모여 떠들썩하게 점심을 먹는다. 가만히 들어 보니 사람들 이야기 속에 무슨 소리인지 '돌았다'는 말이 나왔다.
  얼굴 고운 중년 아낙이,
  "아니, 무슨 말이 돌았소?"

하니, 왈살스럽게 생긴 젊은이가 은근히 말한다.

"춘향이 소문이 쫙 돌았다오."

그 말을 듣고 모두 술렁거린다.

"나도 들었소."

"본관本官 사또 생일날에, 옥에 갇힌 춘향이를 잡아 올려 죽인다니 그게 정말이오?"

"참말이라네."

"세상에 춘향이 같은 열녀가 없겠는데 수청 들지 않는다고 죽인단 말이오?"

"참말로 억울하고 불쌍하오."

부인네들은 특히 춘향을 동정하여 눈물까지 씻는다. 왈살스럽게 생긴 젊은이가 주먹을 쳐들며 격한 목소리로 말한다.

"춘향이를 죽이는 날에는 남원 사십팔 면 총각들이 가만있지 않을 게요."

"옳네. 백성들 피땀을 긁어먹고 주색이나 일삼는 동헌 대들보는 뽑아 치워야 하네."

"쉬, 여보게들 말조심하게. 저기 양반이 와 있네."

한 노인이 농사꾼들 뒤꽁무니에 앉아 담배를 피우고 있는 이 도령을 본다.

"거, 뭐 보아하니 거렁뱅이 양반이구먼."

"그래도 말조심하게. 요새 전라도에 암행어사가 떴다는 소문도 있네."

"암행어사가 떴으면 뭘 해? 가재는 게 편이라네."

"그렇지, 올챙이는 다 개구리 편이지. 허!"

이 도령은 농사꾼들에게 점심이나 얻어먹자 하였으나 춘향이 이야기를 듣고 너무도 놀라 얼른 그 자리를 떠나고 말았다.

'춘향이가 옥에 갇혔다니? 본관 사또 생일날에 춘향이를 잡아 올린다 하니 이게 참말인가? 내 지금껏 뭘 하고 있었나. 삼 년 세월을 소식 한 장 보내지 못했으니 어찌 사람의 도리가 있다 하랴. 내 장원으로 급제한 것도 춘향이를 만나 소원을 풀자는 것이었는데, 춘향이 목숨이 끊어지게 생긴 것도 모르고 있었으니 무슨 낯으로 남원 땅에 들어서랴.'

이 도령은 옥에 갇혀 고생할 춘향을 생각하니 가슴이 찢어진다. 허나 농부들 말이 참말인지 알 수 없으니 도령은 마음을 가라앉히려 애쓰며 다시 길을 걸었다.

한 곳을 바라보니 노인들이 끼리끼리 모여서 갈삿갓 쓰고 쇠스랑을 손에 들고 등걸밭을 일구다가 '백발가'를 부른다.

> 등장等狀* 가자 등장 가자.
> 하느님께 등장 가자.
> 늙은이는 죽지 말고
> 젊은 사람 늙지 말게
> 하느님께 등장 가자.

---

* 여러 사람이 이름을 잇대어 써서 억울한 사정을 관청에 하소연하는 것.

원수로다 원수로다
백발이 원수로다.
오는 백발 막으려고
오른손에 도끼 들고
왼손에는 가시 들고
오는 백발 두드리며
가는 젊음 끌어당겨
늙지 말자 하였더니
젊음은 절로 가고
백발은 달려들어
귀밑에 주름 지고
검은 머리 희어지네.

아침에 푸르던 것이
저녁때는 흰서리라.
무정한 게 세월이라
젊어 즐거움이 깊은들
왕왕이 달라 가니
이 아니 빠른 세월인가.

천금준마 잡아타고
서울 큰길 달리고 지고.
만고강산 좋은 경치

다시 한 번 보고 지고.
절대가인 곁에 두고
온갖 아양에 놀고 지고.

꽃 피는 아침 달 밝은 밤
사시사철 좋은 경치
눈 어둡고 귀가 먹어
볼 수 없고 들을 수 없어
하릴없는 일이로세.
슬프구나 우리 벗님
어디로 가겠는고.

구월 단풍 잎 지듯이
하나 둘씩 떨어지고
새벽하늘 별 지듯이
짝을 지어 스러지니
가는 길이 어드멘고.
어여로 가래질이야
아마도 우리 인생
한 자락 봄꿈인가 하노라.

한 농사꾼이 가래를 잡고 나서며,
"자, 늙는 타령 그만하고 가래질이나 하세."

하니, 다른 농사꾼들도 가랫줄을 잡으며 일어난다.
 "늙어 죽기 전에 굶어 죽는 게 더 애달픈 일 아닌가. 자, 한바탕 일이나 하세."
 가래질이 한창인데, 허리 꼬부라지고 쪼골쪼골한 늙은 농부가 담배나 한 대씩 피우자고 하면서 갈삿갓 숙여 쓴 채로 둔덕으로 나와 앉는다. 곱돌 담뱃대를 들고 꽁무니를 더듬더듬 담배쌈지를 꺼내 놓고, 담배를 대통에 수북이 담아 엄지손가락이 자빠지도록 비빗비빗 단단히 비벼 넣고는 담뱃대를 겻불에 푹 질러 뻑뻑 빤다. 대 속이 빽빽하면 쥐새끼 소리가 나는 법이라, 두 볼때기가 오목오목, 콧구멍이 발심발심, 연기가 홀홀 나도록 담배를 빨아 피워 문다.
 이 도령은 천천히 걸어 노인 곁으로 가 앉으며 말을 건다는 것이, 원래 반말하기에 이력이 나서,
 "저 농부, 말 좀 들어 보면 좋겠구먼."
하니, 노인은 이 도령을 한번 흘겨보고는 시답지 않게 대답하였다.
 "무슨 말?"
 "그래, 굶어 죽게 됐다니 그런 집이 이 마을에 얼마나 되는가?"
 "이 사람 꼭 굶어 죽어야 좋겠나? 작년에 저 고개 너머 남촌이란 데서 농사를 망쳐 떼죽음 났단 소리도 못 들었나?"
 "허, 농사를 망쳐?"
 "그리고 저기 앉은 텁석부리 저 사람은 맏자식이 작년 가을에 환자 쌀 서 말 닷 되를 갚지 못한 죄로 관가에 붙들려 가서 매 맞고 죽었네. 그리고 저기 앉은 저 이 다 빠진 호물때기 노인은 환자 쌀 너 말가웃 못 갚은 죄로 생때같은 암소 한 짝을 빼앗기고 저렇

게 얼빠진 사람이 됐다지 않나."

"거 암소 한 짝이 어디로 갔나?"

"듣자 하니 본관 사또 생일날이 가까운지라 잔칫상에 오를 게라고 하더구먼."

곱돌 담뱃대 노인은 시답지 않게 여기면서도 담배 빠는 틈틈이 곧잘 말대꾸를 해 주었다.

이 도령은 바싹 다가앉으며 자기도 담배 한 대 피워 물고,

"듣자 하니 남원 부사가 춘향이를 좋아하여 수청 들라고 했다는데, 춘향이도 마다지 않고 수청을 들어 호강한다면서?"

하며 슬쩍 한마디 물었다. 노인은 입에 물었던 담뱃대를 쑥 빼들고 이 도령 얼굴을 찬찬히 본다. 노인 뒤에서 밭일 나온 여인들도 이 말을 듣고, 지나가던 총각들도 이 말을 들었다.

"아이고 세상에, 별소릴 다 듣겠네."

"백옥 같은 춘향이한테 더러운 누명을 씌우다니."

여인네들은 자기 일인 양 분하다. 곱돌 담뱃대 노인은 이몽룡에게 벌컥 화를 낸다.

"임자는 어디 사나?"

"아무 데 살든지."

"임자는 눈콩알 귀콩알이 없나? 지금 춘향이가 본관 사또의 수청을 마다하고 옥에 갇혀 죽게 됐는데, 뭐 수청을 들어?"

뒤에서 듣던 총각도 소리친다.

"할아버지, 저런 놈을 어찌 그냥 두겠소? 야, 총각 대장, 저놈을 당장 밭고랑 밑에 파묻자."

"옳다. 가랫장부 가져오너라."

총각들이 와르르 몽룡에게 달려들자, 노인이 벌떡 일어나 말렸다.

"애들아, 그만들 둬라. 길 가는 나그네가 모르고 한 말이니 그만들 둬라."

총각들은 미처 분을 삭이지 못해 씩씩거리며 물러섰다.

"그따위 소리 하다간 밥도 못 빌어먹지."

"열녀 춘향이를 뭐라고? 저런 건 그저 송장을 만들어야 해요, 할아버지."

"보아하니 행색은 험해도 양반 같다. 참아라."

"양반이오?"

양반이란 말에 여인네가 더 못마땅해하며 말하였다.

"춘향이를 두고 서울로 간 이 도령인지 삼 도령인지 하는 양반의 자식은 삼 년이 넘도록 소식 한 장이 없다니, 아이고 그럴 수가 있나."

노인도 다시 화가 나는지 욕을 한다.

"그런 양반은 벼슬은커녕 개 그것만도 못하지."

몽룡이 듣다 못해,

"허허, 노인장도 입이 걸구먼."

하니, 노인이 바로 받아친다.

"왜? 같은 양반이 돼서 입이 쓴가?"

"쓰긴. 남의 말이라 해도 입버릇이 고약해서."

"그만 가소. 여기 더 있다간 봉변이나 당할 것이니."

몽룡은 좀 더 알아보려고 머뭇거리다가,

"허허, 내 실수가 많았소. 농군네들 잘들 있소."
하고 인사를 남기고 급히 그곳을 떠나 산길을 걸었다.

　이 도령은 마음이 아프고 쓰렸다. 눈앞이 캄캄해지고 걸음이 휘청거린다. 삼 년 전 춘향이를 데리고 올라갔으면 이런 일이 있을 리 없고, 이런 슬픔이 어찌 있으리오. 헤어지던 그날이 눈에 어리고, 춘향이 울음소리가 귓전에 사무친다. 옥돌이 진흙에 묻힌 것이 아니라 꽃이 불속에 들었구나.

피눈물로 쓴 편지

해는 서산 위로 기울고 잘새는 깃을 찾아 날아든다. 산길 벼랑 끝에 몇 송이 붉은 꽃이 눈물을 머금은 듯하고, 새들 울음소리는 한스러운 마음을 자아낸다.

이 도령이 걸음을 재촉하여 산모퉁이를 돌아가는데, 총각 녀석 하나가 지팡막대를 끌면서 시조 절반 사설 절반 섞어서 흥얼거리며 걸어온다.

"오늘이 며칠인가. 천 리 길 한양성을 며칠 걸어 올라가랴. 날개라도 있으면은 오늘로 가련마는. 불쌍하다, 춘향이는 이 서방을 생각하여 옥중에 갇히어서 죽을 날이 눈앞에 닥쳤건만 어느 누가 살려 내랴. 몹쓸 양반 이 서방은 서울로 가더니만 소식 한 장 없으니 양반 도리는 그러한가. 모질구나, 모질구나."

길섶 나무숲 그늘에 가만히 서서 그 총각 녀석의 말을 들으니 춘향이 사연이요, 그놈은 바로 방자 놈이 분명하였다. 도령은 반가워 당장 "방자야!" 하고 부르고 싶었으나 섣불리 본색을 드러낼 수도 없고 하여 부채를 들어 얼굴을 가리면서 불렀다.

"애, 너 어데 사니?"

"남원읍에 사오."

"어디를 가니?"

"서울 가오."

"무슨 일로 가니?"

"춘향이 편지 갖고 구관 댁에 가오."

"애, 그 편지 좀 보자꾸나."

"그 양반 철모르는 양반이네."

"무슨 소린고?"

"글쎄 들어 보오. 남의 편지 보기도 어려운데 하물며 남의 부인네 편지를 보자 하오?"

"얘야, 옛글에 '행인行人이 임발우개봉臨發又開封'˙이란 말도 있느니라. 좀 본다고 큰일 나겠느냐."

"그 양반 주제는 그런데 문자 속은 기특하오. 그래도 난 길이 바빠 이만 가야겠소."

도령은 어쩔 수 없이 다시 불렀다.

"애, 방자야!"

˙ 길 떠나기 앞서 이미 다 봉해 놓은 편지를 열어서 또 본다는 말. 글쓴이가 제가 쓴 것을 다시 살피는 것.

방자는 깜짝 놀라며 돌아본다.

"아니, 내가 방자인 줄 어찌 아시오?"

도령이 손에 든 부채를 접으며 방자에게로 가까이 간다. 방자는 그제야 이 도령을 알아보고 너무도 꿈같아서,

"아이고, 도련님 이게 웬일이오. 방자 문안드리오."

땅바닥에 와락 엎드리며 흐느낀다.

"그새 잘 있었느냐?"

"잘 있는 게 뭐요."

방자는 괴나리봇짐에서 편지를 꺼내 도령에게 전하며,

"도련님 떠나신 뒤 저는 관가에서 쫓겨나고 춘향 아씬 옥에 갇혀 이제 곧 죽게 되었으니 살려 주오. 아씨를 살려 주오."

하면서 하소한다.

편지를 받아 급히 떼어 보니, 춘향이 글씨가 분명하다. 글자마다 가슴을 에고 글귀마다 창자를 끊어 내고, 사연을 더듬어 읽어 내릴수록 눈물이 앞을 가리고 목에서 피가 터져 오를 듯하다.

편지의 사연은 이러하였다.

한번 올라가시고는 소식이 끊겨, 도련님 두루 편안하시온지 궁금하옵니다. 기러기는 남북 천 리를 오가건만 어이하여 도련님의 파랑새는 못 오는지. 북녘 하늘 바라보면 구름만 아득하고 도련님 생각하오면 가슴이 찢어지옵니다.

해당화에 두견새 울고 오동잎에 밤비 올 제, 부용당 창문 아래 쓸쓸히 홀로 앉아 님 그려 흐느끼며 울기는 몇 번인지. 내 낭군 그리

워 맺힌 이 설움, 잠들어도 찬 베개 눈물에 젖고 도련님만 기다리며 지내옵더니, 신관 사또 변학도의 수청을 거절타가 참옥한 형을 받고 옥중에 갇힌 이 몸, 눈 속에서도 푸른 소나무같이, 얼음 속의 댓잎같이 정절을 지니옵고, 모진 목숨 아직은 살아 있으나 머지않아 형장 아래 억울히 죽을 몸이 되었나이다.

  세상이 넓다 해도 이 한 몸 살 길 없고, 해와 달이 밝다 해도 이 원한 풀 길 없어 남원 옥중에서 마지막 이 글을 쓰옵나니, 부디 도련님께서는 나 없다 서러워 마시고 만복을 누리시며 오래 건강하옵시고, 이생에서 다하지 못한 인연을 후생에 다시 만나 이별 없이 사옵시다. 이별 없이 사옵시다.

글 끝에는 시 한 수 덧붙어 있다.

  지난해 님은 언제 나를 떠나셨던고.
  엊그제 겨울이더니 어느덧 또 가을이라.
  사나운 바람 몰아치던 밤, 눈 같은 비 내리더니
  어찌하여 남원 옥의 흙이 되는가.

  피로 쓴 글을 보니, 모래밭에 내려앉는 기러기 격으로 그저 툭툭 찍은 것이 모두 다 '애고'로다. 도령은 편지를 보며 그 위에 눈물을 방울방울 떨어뜨린다.
  방자는 울고 있는 이 도령을 물끄러미 바라보다가 거지 중에도 상거지 꼴이라 가슴이 덜컹 내려앉고 눈앞이 캄캄해져,

"아이고, 이게 웬일이오, 도련님. 그 모습이 웬일이오. 과거 급제하여 오실 줄만 알았더니 그 꼴이 웬일이오. 아이고, 세상천지 무정도 하오. 춘향 아씨 이제는 죽었구나. 영락없이 죽었구나."

하며 길섶에 퍼더버리고 앉아 땅을 치며 운다. 도령이 편지를 접어 들고 벌떡 일어나며 하는 말이,

"당장에 어사출또를!"

방자는 그 말을 듣고 놀란다.

"뭐요? 어사출또요? 도련님, 그게 정말이오?"

도령은 앞뒤를 생각지 않고 불쑥 한마디 하여 일이 옹색해지자,

"이놈아, 내가 암행어사가 되었으면 그렇게 하겠단 말이지. 내 꼴을 보면 모르겠느냐?"

하며 아닌 보살을 하였다. 허나 방자는 여러 해 관가 물을 먹어 눈치가 빠하니 절간에 가서도 새우젓을 얻어먹을 놈이라,

"도련님, 저는 못 속이오. 그저 소인을 어사또님의 역졸을 시켜 주시면 도련님 출두하실 때 육모 방망이로 변학도 대갈통을 항아리쪽 박살 내듯 하겠소이다."

하고 덜렁거린다.

"이놈아! 사람 말을 곧이 안 듣고 자꾸 주둥일 놀릴 테냐?"

"헤헤헤, 도련님!"

방자는 버릇없이 이 도령 앞으로 다가들어 허리를 그러안더니 도포 자락 안으로 한 손을 쑥 집어넣어 허리에 찬 명주 전대를 더듬더듬 만져 본다. 제사 때 쓰는 접시 같은 것이 손에 잡히자, 방자는 얼른 물러나며 묻는다.

"도련님, 그게 뭐요? 찬바람이 나는데 바로 그게 마패가······."
"이놈 입 다물지 못할까? 네 만일 이 말을 입 밖에 냈다가는 목이 열이라도 남는 게 없으리라."
"도련님, 그 걱정은 마시옵고, 신관 사또 생일날에 춘향 아씨를 올려 죽인다 하오니······."
"알았다. 사또 생일날이 언제냐?"
"이달 보름날이오이다."
"틀림없냐?"
"온 남원 땅이 다 아오이다."
이 도령은 편지 한 장 얼른 써서 단단히 봉하여 방자를 준다.
"나는 볼일 보며 남원읍으로 갈 것이니, 너는 이 편지를 운봉 관가에 드리고 주는 것을 받아 가지고 이달 보름날 아침에 광한루로 오너라."
"예이."
방자는 편지를 가지고 바삐 운봉으로 떠났다. 무슨 좋은 일이나 생길 줄 알고 기세 좋게 운봉 관가에 들어가 편지를 드렸더니, 운봉 수령은 편지를 보고 적이 놀란다. 글씨와 문체가 남다르고 글에 담긴 뜻이 이렇다고 똑똑히 밝힌 것은 없으되 나랏일에 관계되고 천기에 속하는 것이 분명하였다. 그리하여 운봉 수령은 편지를 가지고 왔다는 것까지도 말을 내지 않도록 단단히 단속하고 형리를 불러,
"이놈 데려다 옥에 단단히 가두고 다만 하루 세끼 잘 먹이되, 다시 분부가 있을 때를 기다리라."

피눈물로 쓴 편지 | 185

하니, 형리는 방자를 데려다 옥에 가두어 버렸다.

  이 도령은 방자를 운봉으로 보낸 뒤에 남원으로 급히 향하였다. 남원 어귀에 있는 박석티에 올라서서 사면을 둘러보니, 산도 예 보던 산이요, 물도 예 보던 물이구나. 고개 아래 굽이굽이 뻗은 길은 춘향이와 헤어지고 말 위에 올라앉아 서울로 떠날 적에 걸음걸음 눈물 뿌리던 그 길이 분명하다. 남문 밖을 나가 보자. 광한루야 잘 있더냐. 오작교는 무사하냐. 객사의 푸른 버들은 나귀 매고 놀던 데요, 구름 비낀 맑은 물은 님을 만난 은하수라, 버들 숲 속 정든 저 길 내가 걷던 길이구나.

  오작교 다리 아래 빨래하는 아낙들은 처녀 아이들과 섞여 앉아 말을 주고받는다.

  "야야."

  "왜 그러오?"

  "아이고 불쌍터라. 춘향이가 불쌍터라."

  "듣자 하니 우리 고을 신관 사또가 모질고 모질더라."

  "절개 높은 춘향이를 우격다짐으로 겁탈하려 든다지만 철석같은 춘향이 마음 죽는 것이 두려울까."

  "서울 간 이 도령은 이런 사정을 아는지 모르는지."

  "무정쿠나, 무정쿠나, 이 도령이 무정쿠나."

  이렇듯 서로 춘향을 가엾이 여기고 이 도령을 원망하며 철썩철썩 빨래를 한다.

  광한루에 올라 사방을 돌아보니 저녁 해는 서산에 기울고 잘새는 숲 속으로 날아든다. 저 건너 버드나무는 춘향이가 그네 뛰며 붉은 치맛자락 하늘로 날리던 그 나무가 아닌가. 못 잊을 그 모양 어제런 듯 반갑고, 동쪽을 바라보니 길길이 자란 푸른 숲 사이로 춘향이 집이 보인다. 저 안의 초당 연못과 꽃밭들은 전에 보던 낯익은 곳이련만 춘향이는 험한 옥중에 갇혀 울고 있지 않는가. 눈에 보이는 모든 것이 가슴 아프구나.

거렁뱅이 사위 웬 말이냐

 서산에 해 떨어지고 황혼이 깃들 무렵 도령이 춘향이 집 앞에 다다랐다. 집 꼴을 보니 행랑채는 무너지고, 몸채는 이엉도 벗겨지고, 오동나무는 수풀 속에 우뚝 섰으나 비바람에 시달려 추레한 모습으로 설렁거리는데, 담장 밑에 흰 두루미는 함부로 다니다가 개한테 물렸는지 깃도 빠지고 다리를 쩔룩거리며 끼룩 뚜루룩 서글피 울고, 창문 앞에 누렁이는 기운 없이 졸다가 낯익은 손님도 몰라보고 컹컹 짖으며 내닫는다.
 "요 개야 짖지 마라. 주인 같은 손님이다. 너희 주인 어디 가고 네가 나와 반기느냐."
 중문을 바라보니 그전에 도령이 써 붙였던 충성 충忠 자가 중中 자는 어데 가고 마음 심心 자만 남아 있고, 입춘 때에 장지문에 써 붙인 글자들은 동남풍에 펄렁펄렁 서글프기 짝이 없다.

집 안으로 들어가서 잠깐 조용한 곳에 몸을 숨기고 살펴보니 안마당은 적막한데 장모가 미음솥에 불을 때며 울음 절반 넋두리 절반 혼잣말로 한탄을 한다.

"아이고, 내 팔자야. 모질도다, 이 서방이 모질도다. 끝내는 우리 딸 아주 잊고 소식조차 끊었구나. 아이고, 설운지고. 향단아, 이리 와 불 넣어라."

장모는 부엌에서 나오더니 울안 개울물에 세수하고 머리 빗고, 맑은 물 한 동이를 칠성단 아래 받쳐 놓고 촛불을 밝히고 엎드려 빈다.

"칠성님께 비옵나이다. 아들 없이 외딸 춘향 금쪽같이 길러 내어 영화 보자 바랐더니, 죄 없이 매를 맞고 옥중에 갇히어서 험한 고생 하옵다가 내일이면 사또 생일잔치 끝에 죽을 판이오니 살릴 길이 없삽니다. 하늘땅 신령님과 칠성님은 불쌍히 여기시어 한양성 이몽룡을 푸른 구름에 높이 올려 이제라도 내 딸 춘향이 살려 주사이다."

어사또는 장모의 정성이 지극함을 보고,

"내가 벼슬을 한 것이 조상 덕인 줄 알았더니 우리 장모 덕이로구나."

하며, 저런 장모를 돌보지 못한 것을 가슴 아프게 생각하였다.

월매는 목이 메어 울며 빌고 또 빌다가 그냥 땅에 엎드린 채 통곡을 한다.

"아이고 춘향아, 천금 같은 내 자식아. 아비 없이 너를 길러 이 지경이 웬일이냐. 태어날 데가 어디 없어 이 몹쓸 년에게 태어나서 어미 죄로 네가 죽느냐. 아이고, 내 새끼야."

향단이가 달려 나와 월매를 일으키며,

"마님, 왜 이러시오. 그만 진정하시오. 마님이 이러시면 옥중에 있는 아씨 마음이 좋으리까?"

위로하는 향단이도 울음을 참지 못하여 서로 붙들고 한참 울다가 월매가 눈물을 거두며,

"향단아, 담배 한 대 붙여 다고."

하니, 향단이가 담배를 붙여 준다. 월매는 후유 한숨을 쉬며 담뱃대를 받아 물고 마루로 올라간다.

이때 이 도령이 중문께로 나서며 불렀다.

"이리 오너라. 이리 오너라."

"거 뉘시오?"

"이 서방일세."

"이 서방이라니? 옳지, 저 건너 사는 이 풍헌 아들 이 서방인가?"

"허허, 장모 망령이로세."

"장모라니? 향단아, 누가 왔나 나가 보아라."

향단이가 중문께로 가서 묻는다.

"뉘신지요?"

"내다!"

향단이가 눈물을 씻고 자세히 보다가,

"아이고, 이게 뉘시오니까!"

하며, 이 도령을 붙잡고 아이고 소리를 내니 안에서 듣던 늙은이,

"어떤 놈이 남의 자식을 때리느냐?"

하며 마당으로 내려온다.

"아이고 마님, 서울 서방님이 오시었소."

"서방님이라니?"

월매는 몹시 반가워서 우르르 달려와 몽룡을 부여잡는다.

"아이고, 이게 웬일인가. 어디 보세. 얼굴 보니 내 사월세. 어디 갔다 인제 왔나? 바람도 세차게 불더니 바람결에 날려 왔나, 구름도 많이 일더니 구름 속에 싸여 왔나, 춘향이 소식 듣고 살리려고 오셨는가. 어서어서 들어가세."

몽룡을 이끌고 방으로 들어가서 등잔불 앞에 앉혀 놓고 그립던 모습을 보려는데, 늙어서 눈이 어두울 뿐 아니라 불이 침침하여 자세히 보이지 않으니 벽장문을 열고 좋은 초 몇 자루를 내어 한꺼번에 불을 켜 놓았다. 방 안이 환히 밝아진다. 삼 년 세월 그동안 얼마나 달라졌나 마주 앉아 물끄러미 바라보니, 얼굴은 옥같이 맑은 옛 모습이 남아 있건만 옷은 낡아 해지고 몰골은 초라하여 거지 중에도 상거지가 되었구나.

월매는 기가 막혔다.

"이게 웬일이오. 어찌하여 이 모양이 되었소?"

"양반이 잘못되면 신세 처량하기 이루 말할 수 없소. 그때 올라가서 과거도 못 하여 벼슬길 끊어지고 집안 재산은 다 불어먹으니, 아버님은 훈장질을 가시고 어머님은 친정으로 가시고 제각기 갈라져서, 나는 춘향이에게 내려와 돈푼이나 얻어 갈까 하였더니 두 집 형편이 다 말이 아니구먼."

월매는 이 말을 들으니 가슴이 꽉 막혀 숨을 쉴 수가 없다.

"아이고, 이 무정한 사람아. 한번 떠난 뒤에 소식조차 끊어지고 그러는 법이 어디 있나? 그래도 뒷날을 바랐더니 이 일이 웬일인가? 쏘아 놓은 화살이요, 엎질러진 물이로다. 누구를 원망할까. 아이고, 이 사람아, 내 딸 춘향이 어쩔 텐가?"

세상이 허망하고 야속한 마음을 참을 수 없어 가슴을 치며 운다.

"아이고아이고."

"허, 장모가 나를 몰라보네. 하늘이 무심타 해도 바람과 구름을 다룰 줄 알고 우레 울리고 번개 치는 신통이 있느니."

도령이 뱃심 좋게 말한다. 월매 더욱 기가 막혀,

"양반이 잘못되면 이렇게 되는가? 농질하는 재간까지 늘었구나."

하며 한탄하는데, 도령은 한술 더 떠서,

"배고파 죽겠네. 나 밥 한술 주소."

하니, 월매는 어이없어 와락 큰 소리로,

"뭐? 밥을 달라? 자네 줄 밥 없네."

한다. 어찌 밥이 없을까마는 홧김에 하는 말이다.

이럴 때 향단이는 가슴이 우둔우둔, 정신이 월렁월렁하여 한쪽 옆에 비켜서 있다가 마님이 한탄하는 소리에 마음을 다잡고 앞에 나서 인사를 드린다.

"서방님, 아까는 향단이 문안드리지 못했나이다. 대감마님 건강은 어떠하옵시며 대부인 안녕하옵시며 서방님께서도 먼 길에 지치지 않으셨사오니이까?"

"오냐. 고생이 어떠하냐?"

"저는 별일 없사옵니다. 서방님, 우리 마님 홧김에 하시는 말씀 노여워 마옵시오."

"오냐, 나도 알 만하다."

"마님, 아무리 화가 난다고 서방님께 그리 마오. 멀고 먼 천 리 길에 누굴 보려고 오셨겠소? 옥중 아씨 아시면 기절하실 일이오니 너무 괄시 마옵시오."

향단이가 부엌으로 들어가더니 먹던 밥에 풋고추, 절이김치, 단간장에 양념을 넣고 냉수 한 대접 가득 떠서 모반에 받쳐 들고 나와 서방님 앞에 놓는다.

"더운 진지 할 동안에 우선 이걸로 배고픔이나 좀 달래시오."

도령이 반가워하며,

"오냐, 밥 본 지 오래구나."

하고는 여러 가지를 한데 비비고 버무려서 마파람에 게 눈 감추듯 먹으니, 월매가 어이없어 한숨을 쉬며 혀를 찬다.

"얼씨구, 밥 빌어먹는 데는 이골이 났구나."

이때 향단이는 아씨 신세를 생각하여 크게 울지는 못하고 훌쩍이며 서방님께 여쭙는다.

"어찌하나요, 어찌하나요. 절개 높은 우리 아씨를 어찌 살리시려오, 서방님."

향단이가 우는 것을 이 도령이 보더니 기가 막혀 위로한다.

"향단아, 울지 마라. 아씨가 설마 죽을쏘냐? 행실만 바르게 하면 사는 날이 있느니라."

월매가 이 말을 듣더니 또 성을 낸다.

"어이구, 양반이라고 속은 살아서. 대체 자네가 왜 그 꼴인가?"
향단이가 다시 도련님께 여쭙는다.
"우리 마님 하시는 말씀 조금도 섭섭히 여기지 마옵시오. 나이 많아 정신이 흐린 중에 이런 일을 당해 기가 막혀 하는 말이니 조금인들 언짢게 생각 마시고 더운 진지 드릴 테니 많이 잡수시오."
"오냐, 많이 먹으마."
향단이는 서둘러 더운밥을 새로 지어 도련님 입에 맞는 반찬도 몇 가지 더 만들어 갖다 드리며 권하였다.
도령이 더운 밥상을 받고 생각하니 분한 마음이 울컥 치솟아 몸이 떨리고 오장이 끓는지라 더는 맛이 없어 향단이에게 상을 물리고 담배를 피워 물었다.
도령은 담뱃재를 툭툭 털며 말하였다.
"여보 장모, 춘향이나 좀 봐야지."
월매는 정신 나간 사람처럼 심드렁하니 대꾸한다.
"그럴 테지요. 서방님이 춘향이를 아니 보아서야 인사가 아니지요."
"지금은 성문을 닫았으니 오경(새벽 네 시쯤)에 바라 치거든 가사이다."
향단이가 따뜻이 여쭙는다.
"오냐. 그새 난 부용당이나 좀 돌아보겠다."
이 도령은 혼자 스적스적 걸어 부용당으로 간다. 낡아 떨어진 채로 쓸쓸하리만치 조용한 가운데 주인 잃은 부용당. 벽오동만 슬픔에 목이 멘 듯 홀로 서 있구나. 달 아래 가야금을 뜯던 그 사람은 어데 가고 그리운 추억만 남아 있는가. 뜰아래 해당화는 험한 비바람 속에서도 고이 피어 옛 도령을 알아보는가. 꽃송이 붉어 옛 주인의 숨결이 느껴진다.

도령은 해당화 곁에 놓인 흰 돌을 만져 본다. 정다운 이와 함께 앉던 돌 걸상이다. 주인이 그동안 얼마나 오래 비웠는지 원망하듯 푸른 이끼가 돋았다. 어느새 왔는지 향단이가 다가왔다.

"서방님!"

"향단아!"

목이 메어 곧 말을 잇지 못하다가 도령이 입을 열었다.

"향단아, 그새 얼마나 나 오기를 기다렸느냐?"

"그 말을 어찌 다 하오리까. 서방님 기다리시던 아씨의 눈물이 부용당 창문턱에 마를 새 없었고, 아씨 눈물 광한루 꽃길에도 젖어 있고, 오리정 숲길에도 젖어 있나이다."

향단이는 흐느낀다.

이때 새벽 바라 소리가 울려온다.

"서방님, 옥으로 가십시다."

향단이가 눈물을 거두며 이 도령을 모시고 안채 마당으로 간다.

어듸 갔다 인제 왔소

향단이는 앞에서 등롱을 들고 월매는 미음 그릇을 들고 그 뒤로 이 도령이 옥으로 들어간다. 옥 문간에 다다르니 사람 자취 없이 고요하다.

이때 춘향이는 어렴풋이 잠이 들어 꿈인지 아닌지 알 수 없는데 서방님이 오시어 옆에 와 앉는다. 자세히 살펴보니 머리에는 관을 쓰고 몸에는 붉은 옷을 입었다. 그립고 그립던 마음에 목을 안고 쌓이고 쌓였던 천만 가지 회포를 풀고 있는 중이었다. 그러니 어머니가 옥문 앞으로 들어와서 부른들 알 리 없고 대답이 있을 리 없었다.

몽룡이 답답한 듯 장모에게 재촉한다.

"장모, 크게 한번 불러 보오."

"모르는 말씀이오. 예서 동헌이 멀지 않은데 소리가 크게 나면 사또가 알아차릴 터이니 잠깐 기다리오."

"그러면 내가 부를 테니 가만있소. 춘향아!"

큰 소리로 부르니 옥방 안의 춘향이 깜짝 놀라 눈을 뜨며 일어나,

"이상하다. 그 목소리 잠결인가 꿈결인가? 귀에 익은 목소리구나."

하며 목에 쓴 칼을 잡고 창문께로 머리를 드니, 이 도령은 기가 막혀 장모에게 조용히 말하였다.

"내가 왔다고 말을 하소."

"도련님 왔다고 말을 하면 너무 놀라 기절할 것이니 가만히 계시오."

이때 춘향이가 어머니 목소리는 알아들었다.

"어머니 오셨소?"

"오냐, 내가 왔다."

"향단이도 왔소?"

향단이가 옥문 앞으로 가까이 간다.

"아씨, 향단이도 여기 왔소."

월매는 미음 그릇을 넣어 주며,

"미음 가져왔다. 좀 먹어라."

하니, 춘향은 미음 그릇을 받아 놓고 금세 목이 메어 울먹인다.

"어머니, 이 몹쓸 딸자식을 옥에 넣어 놓고 고생만 하시니……. 늙으신 몸으로 허둥지둥 다니시다가 넘어지기 쉽사오니 이제부턴 자주 오시지 마오."

"이 어미는 걱정 말고 정신 좀 차려라. 왔다, 왔어."

"오다니 누가 와요?"

"그저 왔다."

"갑갑해 나 죽겠소. 어서 일러 주오. 꿈 가운데 서방님 만나 천만 가지 회포를 풀었더니 혹시 서울에서 기별이 왔소? 날 데리러 사람이 왔소? 벼슬하고 내려온단 소식이 왔소? 아이고, 답답해라."

"너희 서방인지 남방인지 잘되고 귀히 되어 거지 중에도 상거지가 되어 내려왔다."

"아이고, 이게 웬 말이오. 서방님이 오시다니, 꿈속에 보던 님을 생시에 본단 말인가. 서방님, 어데 오셨소?"

몽룡이 옥창으로 다가서며,

"춘향아!"

하고 부르니, 춘향이 목에 쓴 칼을 드르르 끌면서 창살 앞으로 다가앉는다.

"서방님, 오셨으면 얼굴을 보옵시다."

팔을 들어 문틈으로 손을 뻗치니 몽룡이 그 손을 덥석 잡는다.

"춘향아."

"아이고, 이게 누구요?"

춘향은 목이 메어 말도 못 하고 숨이 막혀 흑흑 느끼며 운다. 몽룡도 춘향이 손을 어루만지며 목이 멘다.

"춘향아, 이게 웬일이냐? 섬섬옥수 곱던 손이 가랑잎이 되었구나."

"서방님, 어데 갔다 인제 왔소? 서방님 떠나신 뒤 기나긴 삼 년 세월 서방님만 그리다가 내 신세 기구하여 형장 아래 죽게 된 걸

알고 오시었소, 모르고 오시었소?"

"춘향아, 죄 없는 네가 어찌 죽으랴."

춘향은 몽룡을 차츰 살펴보며 더욱 기가 막혀 눈물을 흘린다.

"이 몸 하나 죽는 것은 섧지 않으나 천금 같은 서방님의 옛 모습은 어디로 갔소? 이 꼴이 웬일이오?"

"그 말을 어찌 다 하랴. 양반이 잘못되면 이렇게도 되느니라. 내 너를 믿고 찾아왔더니 네 형편이 이러한 줄 몰랐구나. 너무도 모진 세상, 가슴이 천 갈래로 찢어지는구나."

"서방님, 슬퍼 마오. 살아서 못 보리라 생각던 서방님을 이렇게 만나 보니 춘향이는 이제 죽어도 한이 없소. 슬퍼 마오, 서방님!"

옥창 앞 토방에 앉아 이 말을 들은 월매는 땅이 꺼지도록 한숨을 짓는다.

"아이고, 저년이 환장을 하는구나. 그래도 제 서방이라고, 아이고……."

춘향이가 목이 메어 말한다.

"어머니, 그런 말씀 마오. 잘되어도 내 낭군, 못되어도 내 낭군, 높은 벼슬도 내사 싫소. 천금 만금도 내사 싫소. 어머니가 정한 배필 좋고 그르고가 있으리까."

"에그 이것아, 낸들 어이 네 서방이 귀하지 않으랴만 속이 터져 그런다!"

"어머니, 내가 집에 없으니 천 리에 오신 낭군 그 누가 따뜻이 섬기리까. 어머니가 맡아서 아침저녁이며 옷차림까지 섭섭지 않게 살펴 주오. 내 죽은 넋이라도 눈을 감게."

"아이고 이것아, 어찌 그런 소릴 하느냐!"

어머니는 제 가슴을 쥐어뜯으며 어쩔 줄 몰라 한다. 춘향은 조용히 향단이를 부른다.

"향단아."

향단이가 옥 창살을 잡고 춘향이 쪽으로 다가서며,

"아씨."

하고 대답하는데 울음이 곧 터질 것만 같다.

춘향이가 차근차근히 말을 한다.

"내가 집에 없더라도 네가 나를 대신하여 서방님을 잘 모셔라. 나 입던 비단 장옷 봉장 안에 들었으니 어머니와 의논하여 그 옷 팔아 한산 모시 바꾸어서 물색 좋게 도포 짓고, 삼층장에 내가 지은 명주옷 들었으니 그것 찾아 내드리고, 내가 입던 백방사 비단 치마 아끼지 말고 팔아다가 갓망건도 사 드리고 신발도 사 드리고, 밀화장도, 옥가락지 함 속에 들었으니 그것도 팔아 다오. 오늘내일 죽을 이 몸 세간 두어 무엇 할까. 용장, 봉장 아끼지 말고 팔아다가 따뜻한 진지에 맛있는 찬으로 아침저녁 대접할 제, 불쌍하신 어머니께도 권하면서 위로해 드려라."

"아씨, 그런 걱정은 마오. 하지만 나는 싫소. 아씨 없는 빈집에서 우리만 어찌 살라 하오. 나는 싫소."

향단이는 옥 창살을 부여잡고 운다. 월매는 춘향이 유언을 하는구나 생각하니 더욱 눈앞이 캄캄해져 가슴을 쾅쾅 친다.

"이것아, 늙은 어미 앞에서 그게 무슨 말이냐? 아이고!"

잠시 옥사 뜰 앞에 울음소리가 사무쳤다가 옥사쟁이가 쩔렁 쇠창

대를 잡고 지나가는 바람에 다시 잦아들었다.

　춘향은 서방님을 불러 마지막 말을 한다.

"서방님께 부탁이오. 내일 본관 사또 잔치 끝에 나를 올려 죽인다니, 서방님 부디 멀리 가지 마시고 삼문 밖에서 기다렸다가 칼머리나 들어 주고, 나를 죽여 내치거든 다른 사람이 손대기 전에 삯꾼인 체 달려들어 나를 업고 물러 나와 우리 둘이 인연 맺던 부용당에 누인 뒤에 서방님의 적삼 벗어 내 가슴을 덮어 주오. 꽃상여에 나를 실어 북망산 찾아갈 제, 소나무, 대나무 푸른 데 잠시 나를 묻었다가, 서방님 세월 만나 벼슬길에 오르거든 육진장포 좋은 베로 다시 싸서 서방님 댁 선산 아래 깊이 파고 묻은 뒤에 무덤 앞에 비를 세워 '절개 지키다 억울하게 죽은 춘향의 무덤'이라 새겨 주오. 설날, 한식, 단오, 추석 명절마다 찾아와서 서방님 손으로 술 한잔 따라 놓고 내 무덤 잔디에 올라서서 발 툭툭 세 번 굴러 '춘향아 청초 우거진 데 자느냐 누웠느냐. 내가 와서 주는 술이니 물리치지 말고 받아 다오.' 이 말씀만 하여 주시면 내 죽은 넋이라도 원 없겠소."

"오냐, 춘향아 울지 마라. 내일 날이 밝으면 상여를 탈지 가마를 탈지 뉘 알랴만, 하늘이 무너져도 솟아날 구멍이 있다 하였느니라. 춘향아, 그리 울지 마라."

"서방님, 또 한 가지 부탁 있소. 이 몸 하나 없어지면 불쌍한 우리 어머니 그 누구를 믿으리까. 서방님께서 우리 어머니 돌봐 주시면 황천에 가서라도 그 은혜를 갚으오리다."

월매 기가 막혀,

"에그 이것아, 가슴 터진다. 너 하나 없어지면 그만이다. 다 늙은 이년이 살아 있을 줄 아느냐?"

하고 우니, 향단이도 옥 창살을 부여잡고 몸부림치며 운다.

이때 옥사쟁이가 가까이 와서 눈물을 머금고서 이른다.

"그만들 돌아가소. 이제 옥 형리가 올 때 됐으니."

춘향은 태연하게 어머니와 향단이에게 이른다.

"어머니, 그만 돌아가시오. 향단아, 서방님과 어머님 모시고 가거라."

옥사쟁이가 재촉하니 어찌하리오. 향단이는 마님을 모시고 초롱불을 들고 옥문께로 나아간다. 도령은 몇 걸음 나가다 다시 돌아서 춘향에게 이른다.

"춘향아, 네가 나를 다시 보려거든 다른 마음 먹지 말고 내가 한 말 잊지 마라."

도령은 급한 걸음으로 옥문께로 사라져 나간다.

"서방님!"

춘향은 눈물 속에 옥창 밖을 내다본다. 서방님 모습은 어느덧 보이지 않고, 통곡하던 어머니도 흐느끼던 향단이도 옥문 밖으로 나가고, 어둠침침한 깊은 밤에 서방님을 잠시 보고 옥방 안에 홀로 앉았으니 세상일이 헛되고 헛되도다.

"밝으신 하늘이 사람 낼 제 후하고 박함이 없었으련만, 내 신세는 무슨 죄로 옥중에 고생타가 죽을 목숨이 되고, 그처럼 그립고 기다리던 서방님은 어쩌다가 잘못되어 걸인 꼴이 되었는가. 정녕 서방님이 패가망신을 하였다면 내 죽은들 어찌 눈을 감으리오.

하늘도 신령님도 무심하도다. 정녕 믿는 나무 꺾어지고 공든 탑이 무너졌구나."

춘향이 칼을 안고 울다 샷자리 위에 쓰러지니, 거친 바람에 시달려 떨어진 한 송이 꽃이로다.

노랫소리 높으니 원망 소리 더욱 높구나

옥에서 돌아온 어사또는 그날 밤 성문 안 관아 거리에 들어가 몰래 살펴보았다. 길청에 가서 들으니 이방이 관속들과 수군거린다.

"여보소, 수의사또가 새문밖 이 씨라 하더니, 아까 한밤중에 등불 켜 들고 춘향 어미 앞세우고 옥사 쪽으로 가던, 헌 갓에 다 해진 도포 입은 그이가 수상쩍단 말이네. 내일 본관 생일잔치 끝에 모든 일을 잘 가려 잘못되는 일이 없도록 조심하소."

어사또는 그 말을 듣고 적이 놀랐다.

"그놈들, 알기는 잘 안다."

또 장청에 가서 들으니 행수 군관이,

"여러 군관님네, 아까 옥 안을 어정거리던 거렁뱅이가 아주 수상하데. 아무래도 분명 어사또인 듯하니 용모파기를 내놓고 자세히 보소."

하며 수군거린다.

　어사또 이 말을 듣고,

　"그놈들 하나같이 귀신이로구나."

하고, 호장이 있는 곳에 가서 귀를 기울이니 호장도 그러한 말을 한다. 육방을 두루 돌아 염탐하고 춘향이 집에 돌아와서 밤을 드샜다.

　이튿날은 본관 사또 변학도의 생일잔치 날이라. 어사또는 새벽안개가 걷히기 전에 광한루로 올라가서 이리저리 거닌다. 큰일을 앞두고 생각이 많은데, 장꾼으로 변장한 서리, 중방, 역졸 들이 숲길 여기저기 언뜻번뜻 나타난다. 서리, 중방이 광한루로 넌지시 올라와 문안을 드리고 알아본 사연들을 여쭙는다.

　"가는 곳마다 남원 부사를 원망하는 소리가 높사옵니다. 백성들에게 봄에 달걀 한 개씩 나누어 주고 가을에 씨암탉 한 마리씩 거둬들여, 별명이 갈고랑쇠라 하더이다."

　"뿐만 아니라 이번 잔치에만도 집집마다에서 쌀 석 되, 달걀 세 알, 돈 석 냥, 베 석 자씩 거둬들여 안뜰 창고들이 미어터질 지경이라 하오이다."

　어사또는 염탐한 사연들을 대충 들은 다음 삼문 밖에서 기다렸다가 군호에 따라 어사출또를 거행하도록 자세히 일러서 보내고, 운봉에서 돌아온 방자를 만났다.

　"도련님, 제가 무슨 죄가 있다고 운봉 옥중에 가둔단 말이오이까?"

　"수고했다. 네 입이 너무 가벼워서 그런 게니 탓하지 말고 삼문 밖에서 기다렸다 내 군호를 따라 행동하되 본관 사또가 뒷구멍으로 빠져나가지 못하도록 잘 살펴라.”

“분부대로 하오리다.”

방자는 세상 만난 기쁨을 참을 길 없어 춤을 추듯 날아가듯 숲 속으로 사라졌다.

어사또 모두에게 분부를 내린 다음 삼문 앞으로 가서 동정을 살폈다. 벌써 각 고을 원들이 모여들기 시작한다.

“쉬! 임실이오.”

“쉬! 곡성이오.”

“어헛! 물렀거라. 손님 왔다고 일렀거라.”

말 모는 소리 요란스럽게 담양 부사가 들어오고 순창 군수며 구례 현감 들이 차례로 들어오는데 나팔 소리 낭랑히 울린다.

“따따 에이 찌름 에이 찌름.”

무관 옷을 호사롭게 입고 손에 등채를 들고 팔자수염에 금붕어 눈초리가 쩍 올려 째진 운봉 수령이 들어온다.

한편 본관 사또 변학도는 주인으로서 각 청의 책임들을 불러 단속하고 하인들을 불러 분부하는데, 잡일 맡은 승발承發을 불러 흰 눈 같은 차일을 높다랗게 치도록 하고, 예방을 불러 악공들과 광대들을 대령시키고, 육고자肉庫子 불러 살진 암소를 더 잡으라 하고, 음식 맡아보는 아전을 불러 손님 음식상을 볼품 있게 차려 올리라 하고, 사령들을 불러 잡인을 금하도록 하며 요란스레 잔치 채비를 한다.

잔치 마당엔 갖가지 색 병장기와 깃발 들이 호사롭게 바람에 펄럭이며, 삼현 육각 풍악 소리 하늘에 떠 있고, 초록 저고리에 붉은 치마 떨쳐입은 고운 기생들이 색동 소매 흰 손 높이 들어 춤을 추니 지화자 둥덩실 소리가 본관 사또 마음에 흡족하다.

여러 고을 원들이 동헌 대청 위아래로 직품에 따라 벌여 앉아 음식상들을 받는데, 어찌나 요란히 차렸는지 상다리가 부러질 지경이다.

좋은 술 어찌 그냥 마시랴. 본관이 권주가를 부르라 하니,

"한잔 드오이다, 이 한잔 드오이다."

하는 노랫소리 풍악 따라 울리고 웃음소리 한데 어우러지며 취흥이 높아진다.

이때 이 도령이 동헌 마당으로 썩 들어선다.

"여봐라 사령들아, 너희 원님 앞에 여쭈어라. 먼 길 가던 나그네가 좋은 잔치를 만났으니 안주 한 점, 술 한잔 얻어먹잔다고 여쭈어라."

소리를 지르니 사령이 달려 나온다.

"어디 양반이관데 이러시오? 우리 사또께선 거렁뱅인 얼씬 못 하게 하라셨으니 썩 나가오."

등을 밀쳐 내니 이런 분부를 내린 본관 사또야말로 어찌 아니 명관이냐.

"나를 쫓아내라는 놈도 내 아들이고 쫓겨 가는 놈도 인사를 모르는 놈이라고 다시 여쭈어라!"

사령은, 못 들어간다, 도령은, 들어가자, 하며 서로 옥신각신할 때 대청 위에서 운봉 수령이 이 광경을 보고 본관에게 청한다.

"저 사람이 차림새는 허줄하나 양반인 듯하니 저 끝자리에 앉히고 술잔이나 대접해 보냄이 어떠하오?"

본관 사또는 운봉의 말이 못마땅해서 잔뜩 얼굴을 찌푸리고 마지못해,

"운봉의 소견대로 하오마는……."

하고 대답을 한다. 역시 말끝을 맺지 못하는 것은 입맛이 쓰거워서가 틀림없다.

"여봐라, 저 양반 이리로 듭시래라."

운봉이 분부를 하니, 통인이 층층층 내려가 그 말을 전한다. 도령은 허허 웃으며,

"운봉이 사람 볼 줄 아는구나."

하며 마루 위로 올라가 자리 끝에 앉는다.

본관 사또는 입맛이 써서 고개를 내저으며 말을 한다.

"운봉은 오늘따라 망령이오. 저런 것들을 가까이하면 담뱃대나 부채 도둑맞기 일쑤인데 대접을 하라니……. 허허 참."

'오냐, 도둑질은 내가 하고 오랏줄은 네가 질 줄 알아라.'

이 도령이 이렇게 생각하며 둘레를 살펴보니, 마루 위에 수령들이 음식상을 앞에 놓고 기생들이 부르는 느릿한 진양조 소리에 한창 흥겹다. 이 도령 앞에도 음식상이 나왔다. 헌데 음식상을 보니 참으로 괘씸하기 짝이 없다. 모 떨어진 개다리소반에 닥나무 젓가락 한 쌍, 콩나물 한 접시, 떡 부스러기 한 접시, 막걸리 한 사발이 놓였을 뿐이다. 발길로 탁 차려다가 운봉이 앉은 옆으로 가서 옆구리를 꾹 찔렀다.

"갈비 한 대 먹읍시다."

"이 양반 갈비를 달라면 그저 달라 하지, 생사람의 갈비를 먹으려오?"

운봉이 이렇듯 말하며 통인을 불렀다.

"여봐라, 이 양반한테 갈비 한 접시 갖다 드려라."

"아니, 그럴 거 없소. 얻어먹는 사람이 제 손으로 갖다 먹지."

이 도령은 운봉의 상에 놓인 갈비 접시를 번쩍 들어 제 상에 갖다 놓고 이리저리 다니며 맛있는 음식들을 거둬 모으니 장내가 어수선해졌다.

"허, 이런 법이 있나."

"고약하군."

"어른을 몰라보는군."

"어, 남의 떡함지에 엎어져 죽을 놈이로고."

욕을 하거나 말거나 이 도령은 걷어 모은 음식을 개다리소반에 놓고는,

"티끌 모아 큰 산이로다!"

하며 갈비를 뜯는 체하다가 운봉에게 또 청을 하였다.

"저기 앉은 기생이 행수 기생인 것 같은데 이런 잔치에 왔으니 저런 고운 손에 술 한 잔 마시며 권주가 한마디 들읍시다."

운봉은 이번에도 거절하지 않고 행수 기생을 부른다.

"여봐라, 네 이 양반께 술 한잔 붓고 권주가 한마디 하여라."

관장들은 세상에 별일을 다 본다 하고, 본관 사또는 운봉이 미쳤다 하고, 행수 기생은 고개를 외로 꼬고 앉았을 뿐이다. 운봉이 행

수 기생을 잠시 보다가 커다란 눈을 부릅뜨며 호령을 한다.

"이년 고약한 년, 어떠한 양반이든지 시키는 대로 할 일이지 앉아만 있어?"

운봉이 호령을 하니 행수 기생은 할 수 없이 이 도령 앞으로 와서 술 한 잔을 부었다. 도령은 술잔을 들고 권주가를 기다리는데 행수 기생은 목이 아파 못 하겠다고 한다. 하라거니 못 하겠다거니 하는 바람에 술이 쏟아진다.

"허, 이거 아까운 술 쏟아져 쓰겠느냐?"

이 도령은 쏟아진 술을 도포 자락에 묻혀 휘휘 뿌리니 술이 방울방울 아무 데나 떨어지고 본관 사또 갓머리에까지 날아가서 장내가 또 술렁거린다.

"허, 이런 변을 보겠나."

"저놈이 정녕 미친놈이로군!"

"저놈을 당장!"

쫓아내자는 말까지 나온다. 허나 적지 않은 관장들이 암행어사가 났다는 소문도 들은 터라 속으로 켕기고 저리는 데가 있어 그저 눈치만 보는 판이다.

당장 쫓아내자고 하던 순창 군수가 본관 사또에게 수군거리더니, 본관이 손님들에게 말을 한다.

"우리 오래간만에 이렇게 만났는데 운을 달아 글 한 수씩 짓는 것이 어떠하오?"

"좋은 말씀이외다."

관장들이 호응하니, 순창 군수가 한마디 덧붙인다.

"글을 짓지 못하는 자가 있으면 큰 벌을 주기로 합시다."
"옳은 말씀이외다. 운자는 내가 내겠소."
본관 사또가 운자를 낸다.
"기름 고膏, 높을 고高."
관장들은 운자가 좋다고 하면서 글귀를 생각하며 웅얼거리기 시작한다.
이때 이 도령이 나앉으며,
"이 사람도 부모님 덕으로 책권이나 읽었으니 운을 달아 글 한 수 지을까 하오이다."
하니, 운봉이 반가이 듣고 붓과 벼루를 내준다.
아직 누구도 글을 짓지 못하고 있는데, 이 도령이 글 한 수를 먼저 지었다. 도령은 지은 글을 운봉 옆에 던져 주고,
"사령아, 먼 길 가던 나그네가 본관 사또의 큰 잔치를 만나 술과 안주를 배불리 먹었으니 이 은혜 백골이 된들 어찌 잊으리까 하고 여쭈어라."
한마디 인사를 남기고 동헌 대청을 내려 성큼성큼 걸어 나갔다.
본관이며 순창이며 한마디씩 한다.
"거 배우지 못한 후레아들 놈이로군."
"좌우간 쫓아냈으니 시원하외다."
"자, 술 다시 들고 춘향이를 올려 좀 봅시다."
장내는 잠시 술 마시는 소리, 춘향이 이야기로 술렁거린다.

어사또 듭시오!

운봉이 이 도령이 던지고 간 글을 보니 심상치 않은 글이라.

금동이의 아름다운 술은 천 사람의 피요
옥 소반의 좋은 안주는 만백성의 기름이라.
촛불 눈물 떨어질 때 백성 눈물 떨어지고
노랫소리 높은 곳에 원망 소리 높더라.
金樽美酒千人血　玉盤佳肴萬姓膏
燭淚落時民淚落　歌聲高處怨聲高

"아뿔싸! 일이 났구나."
글씨와 문체가 며칠 전에 총각 놈이 가지고 왔던 편지와 조금도 다름이 없다. 뿐만 아니라 그 글이 탐관오리들 목에 떨어지는 시퍼런 칼날 같은 글이니 간이 털렁 떨어지는 듯하다.

　운봉은 그 글을 임실에게 보이고 임실은 그것을 구례에게 보였다. 글을 보는 손들이 사시나무처럼 떨렸다.

　"허허, 이거 하늘이 무너지는구나."

　운봉이 먼저 일어섰다.

　"나는 일이 있어 먼저 좀 가겠소이다."

　임실이 뒤따라 일어섰다.

　"나는 오늘이 백성들에게 환자쌀 줄 날이라서······."

　술 취한 변학도의 눈이 휘둥그레졌다.

　"아니, 왜들 이러시오?"

　구례가 임실을 따라 일어섰다.

　"나는 어머님께서 다치셔서 아무래도 가 봐야겠기에······."

　"허허, 왜들 이러시오? 이제 절세미인 춘향이를 올려 매 치는 구경을 하시겠는데. 여봐라, 춘향이를 급히 올려라!"

　"예이. 사령아, 춘향이를 급히 올리랍신다!"

　"예이!"

　군노 사령들이 옥으로 달려 나간다.

　동헌에서 나온 이 도령이 삼문 앞에서 잠시 서성거리다가 군호를 하니, 서리와 중방이 재빠르게 움직이기 시작하였다. 역졸들을 불러 단속하는데 이리 가며 수군, 저리 가며 수군수군. 서리 역졸 들은 공단으로 싼 외올망건에 새 패랭이를 눌러쓰고, 석 자 천으로 감발하고, 새 짚신에 한산 고의를 입고, 육모 방망이에 노루 가죽 끈을 달아 손목에 걸어 쥐고, 예서 번뜻 제서 번뜻 하니, 남원 고을이

우군우군 흔들린다. 역졸이 달 같은 마패를 번쩍 들며 큰소리로,
"암행어사 출두야!"
하고 외치니, 강산이 무너지고 하늘땅이 엎눌리는 듯 산천초목이며 날짐승 길짐승들 그 어이 떨지 않으랴. 남문에서 "출두야!" 북문에서도 "출두야!" 동서문에서 "출두야!" 소리 푸른 하늘에 진동한다.

서리, 중방, 역졸 들이 동헌 마당으로 달려 들어가니 잔칫상들이 우지끈 와지끈 박산이 난다.
"공형* 들라!"
외치는 소리에 육방이 모두 넋을 잃고 벌벌 떤다.
"공형이오!"
세 구실아치가 대령하자, 역졸이 육모 방망이를 들어 후려갈기니,
"아이쿠 나 죽는다."
비명을 지르며 엎어진다.
"공방! 공방!"
외쳐 부르는 소리 듣고 공방이 들어온다.
"싫다는 공방을 하라더니 이 일을 어찌하랴. 내 신세 망했구나."
허둥지둥 정신을 차리지 못하는데, 육모 방망이로 후려갈기니,
"어이쿠, 대갈빡 터진다!"
하며 거꾸러진다.

---

* 공형은 고을의 이방, 호장, 수형리를 이른다.

어찌 공방뿐이랴. 좌수, 별감이 넋을 잃고 예방, 형방이 혼이 빠지고, 온갖 사령들이 이리 뛰고 저리 뛴다. 술과 계집 속에 지화자를 부르던 고을 원들이 날 살려라 도망을 치는데 그 꼴이 볼만하다.

인뒤웅이˙를 잃고는 찹쌀 과줄을 들고, 탕건을 잃고는 술 거르는 용수를 쓰고, 갓을 잃고는 소반을 쓰고 이리 뛰고 저리 뛴다. 거문고도 부서지고 북 장구도 깨어진다.

어찌나 혼이 났는지 변학도는 겁에 질린 두 눈깔을 멍석 구멍에 생쥐 새끼 눈 뜨듯 하면서 안채로 뛰어 들어가며 소리친다.

"어 추워라. 문 들어온다, 바람 닫아라. 물 마르다, 목 좀 다고."

이렇게 허둥지둥 덤벼치며 쥐구멍을 찾는데, 음식 맡은 아전들은 상인 줄 알고 문짝을 이고 도망치느라 야단났다. 서리, 역졸 들이 달려들어 후다닥 갈기니,

"아이고, 나 죽네."

소리치며 꼬꾸라진다.

이윽고,

"어사또 듭시오!"

하는 소리 요란스럽게 울린다.

온 동헌이 금세 조용해진다. 기패관을 따라 갖가지 색 깃발들이 들어서고 조용히 하라는 숙정패가 꽂히고, 육방 관속들이 대청 아래 좌우로 늘어서서 벌벌 떤다. 어사또가 관복을 입고 대청 위로 올라 자리를 정하고 높이 앉으니 그 위엄이 온 남원 땅을 누르는 듯하다.

˙ 관아에서 쓰는 도장을 넣어 두는 상자. 인궤라고도 한다.

어사또는 우선 이방, 호장, 수형리 들의 죄상을 자세히 따져 처리하고, 본관 사또 변학도는 남원 부사의 관직에서 파면시키되 관가 창고들은 모두 봉인하도록 분부하니, '본관은 봉고파직封庫罷職'이라는 방이 사대문에 나붙었다. 그리하여 변학도가 거적에 둘둘 말려서 남원 고을 밖으로 내쳐졌다.

어사또는 다음으로 옥 형리를 불러 분부하였다.

"너희 고을 옥에 갇힌 죄수들을 다 올리라."

옥 형리가 죄수들을 옥에서 내어 올리니, 어사또는 한 사람 한 사람 죄상을 따져 물어 다시 가둘 놈은 가두고 풀어 줄 이들은 놓아주었다.

마지막으로 춘향이 옥에서 나와 동헌 마당으로 비틀비틀 걸어 들어와서 어사또에게 절을 하더니 그 자리에 혼절하듯 쓰러졌다.

춘향은 삼문께를 들어오면서 길 양옆에 늘어서서 웅성거리는 사람들 속에 간밤에 오셨던 서방님이 계시지나 않은가 눈여겨보며 돌아보고 다시 보고 하였으나, 서방님 모습은 어디에도 보이지 않았다.

'어찌 된 일일까? 무정도 하지. 형장 아래 죽을 목숨 마지막으로 서방님 얼굴 한 번 더 보지도 못한단 말인가. 밝은 날에 나를 볼 낯이 없고 사람들 앞에 나설 얼굴이 없어 차라리 먼 데로 가자 하고 가셨는가.'

옮기는 걸음마다 눈물이 쏟아지고 땅이 꺼지는 듯, 하늘이 도는 듯하여 동헌 마당에 들어오자마자 혼절하고 만 것이다.

어사또가 춘향의 죄를 물었다.

"저 계집은 무슨 죄로 갇혔느냐?"

형리가 허리를 굽히며 떨리는 목소리로 여쭈었다.

"저희 고을 월매라 하는 기생의 딸이온데 춘향이라 하오며, 관장의 분부를 듣지 않고 발악한 죄로 옥에 갇힌 계집이로소이다."

"무슨 분부를 듣지 않았느냐?"

"본관 사또의 수청을 들라고 불렀더니, 수절이라 정절이라 하면서 관정에서 발악을 하였소이다."

"관장의 분부를 거역하고 또 관정에서 발악을 하였으니 그 죄 어찌 살기를 바랄쏘냐. 그래, 네 마지막 소원이 무엇이냐?"

춘향은 정신을 차려 대답하였다.

"내려오는 관장마다 어찌 그리 명관이시오이까. 수의사또 들으시오. 억울히 죽을 몸이 무슨 소원이 있으리오마는, 새벽에 꿈결같이 잠깐 만난 제 낭군, 저 죽은 시체라도 받아 안고 가겠노라 거렁뱅이 모습으로 삼문 밖에 기다릴지 모르오니, 죽기 전에 마지막으로 한 번 더 만나 보면 소원이 없겠소이다."

말을 마치고 다시 쓰러져 흐느낀다.

이때 남원읍 부인네들이 몰려 들어온다.

"어사님께 발원이오."

"어사님께 소원이오."

군노 사령들이 쫓아내려 하였으나, 어사또가 부인네들을 들어오게 하였다. 부인네들은 죄다 울며 여쭈었다.

"살려 주오, 살려 주오, 우리 고을 춘향이를 살려 주사이다. 수절이면 이런 수절이 어데 있고, 정절이면 이런 정절이 어데 있으리까. 진흙에 묻힌 옥인들 춘향이 마음에 비기오며, 가시 속에 핀 꽃인들 춘향이 곧은 뜻에 비기오리까. 층암절벽 높은 바위 바람 분들 무너지며, 푸른 대와 솔이 눈이 온들 변하리까. 춘향이 높은 절개 세상에 비길 데 없사오니 어사님의 넓으신 처분으로 살려 주사이다."

어사또는,

"알겠노라."

대답을 하고 품에서 옥가락지 하나를 꺼내 통인에게 준다.

"이것을 춘향이한테 갖다 주어라."

통인이 가락지를 가지고 내려가 춘향이 손바닥 위에 놓아 준다. 춘향이 울음을 멈추고 손바닥에 놓인 것을 자세히 보며 놀란다.

"아니, 서방님께 드린 옥가락지가 어찌 여기 있는가?"

춘향은 혹시 서방님이 여기 어디 오시지나 않았나 하여 마당 둘레도 살펴보고 문간 쪽도 살펴보았건만 서방님 모습은 보이지 않는다.

"이 옥가락지가 하늘에서 떨어졌나 땅에서 솟았나. 옥가락지만 남겨 두고 서방님은 어디 가셨나?"

춘향이 눈에서는 눈물이 비 오듯 한다.

이때 어사또의 목소리가 울렸다.

"춘향이는 고개를 들어 나를 보라!"

춘향이 고개를 들어 올려다보니 거렁뱅이 꼴로 간밤에 오셨던 서방님이 어사또로 뚜렷이 앉아 있지 않는가.

"서방님! 서방님!"

웃음 절반 울음 절반으로 서방님을 불렀다.

"우리 서방님이 어사 낭군 되셨구나. 남원 옥중에 때 아닌 가을이 들어 속절없이 떨어져 죽을 한 송이 꽃이러니, 객사에 봄이 들어 배꽃 흩날리는 봄바람이 날 살렸구나. 꿈인가 생시인가. 꿈이라면 깨지 마라."

어사또 대청에서 내려와 춘향이 손을 잡아 일으켜 함께 대청으로 오르니 이 아니 기쁜 일이랴.

이럴 때 월매가 향단이와 방자와 함께 들어온다.

"어디 보세, 어디 보세, 내 사위가 어사라니 그 모습 어디 보세."

동헌 대청 앞을 바라보니 춘향이가 도련님을 만나 나란히 서 있구나. 얼씨구, 이런 경사가 어데 있으랴. 원한과 설움으로 눈물만 흘리던 월매 눈에서 기쁨과 감격의 눈물이 주르르 흐른다. 하소연하러 왔던 남원읍 부인네들은 월매를 잡고 입에 침이 마르도록 치하하며 함께 기뻐한다.

춘향 같은 딸을 낳아
어사 장모 되었구나.
고생 끝에 낙이로다.
어헐씨구 절씨구.

부인네들은 동헌 마당인 줄도 잊고 덩실덩실 춤을 추고 월매도 팔소매를 들어 으쓱으쓱하며,

"춤을 추세. 이 궁둥이는 두었다 무엇 할까. 논을 살까 밭을 살

까. 이럴 때 춤을 추세."

온몸을 덩실거린다.

방자도 향단이 곁에서 더욱 좋아 히벌쭉거린다.

이 기쁨을 어찌 다 말로 하랴. 춘향의 높은 절개를 세상 사람 그 누가 칭찬하지 않으리오.

잘 있어라, 광한루야

 어사또가 남원의 공사를 다 보고 춘향 모녀와 향단이, 방자까지 모두 서울로 행장을 차려 올려 보낼 제, 행차가 어찌나 호사로운지, 세상 사람들 모두 칭찬하고 감탄하였다.
 춘향이 남원을 떠나려니 귀히 되어 가는 길이지만, 정들고 못 잊을 사연 많은 고향이라 기쁘면서도 서글픈 생각을 거둘 길 없다.
 "내가 놀고 자던 부용당아, 너 부디 잘 있어라. 못 잊을 봄날의 이야기 깃든 광한루 오작교야, 잘 있어라. 봄풀은 해마다 푸르건만 정든 사람 한번 가서 돌아오지 않는다는 옛말을 내 이제 듣겠구나."
 이렇듯 아쉬운 마음을 가지고 춘향이는 고향 사람들과 인사를 나누었다.
 "백세 천세 부디 평안하옵소서. 다시 만나 보기는 쉽지 않으오리니……."
 가는 사람도 보내는 사람도 섭섭하여 눈물을 흘리니 어찌 아름다운 마음들이 아니랴. 사람들은 춘향을 '남원의 열녀'라 칭찬하며 기쁘게 보냈다.

열녀춘향수절가 원문
〈열녀춘향수절가〉에 관하여

열녀춘향수절가

상

　숙종 대왕 즉위 초에 성덕이 넓으시사 성자성손聖子聖孫은 계계승승繼繼承承하사 금구옥촉金甌玉燭[1]은 요순시절이요, 의관문물은 우탕禹湯[2]의 버금이라. 좌우 보필은 주석지신柱石之臣이요, 용양 호위龍驤虎衛[3]는 간성지장干城之將[4]이라. 조정에 흐르는 덕화德化 향곡鄕曲에 펴였으니 사해四海 굳은 기운이 원근에 어려 있다. 충신은 만조滿朝하고, 효자 열녀 가가재家家在라. 미재미재美哉美哉라, 우순풍조雨順風調하니 함포고복含哺鼓腹[5] 백성들은 처처에 격양가擊壤歌라.
　이때 전라도 남원부에 월매라 하는 기생이 있으되 삼남三南의 명기로서 일찍 퇴기退妓하여 성成가라 하는 양반을 데리고 세월을 보내되 연장 사순年將四旬에 당하여[6] 일점혈육이 없어 이로 한이 되어 장탄수심長嘆愁心에 병이 되겠구나.
　일일一日은 크게 깨쳐 옛사람을 생각하고 가군家君을 청입請入하여 여쭈오되 공손히 하는 말이,
　"들으시오. 전생에 무슨 은혜 지쳤던지(끼쳤던지) 이생에 부부 되어 창가娼家 행실 다 버리고 예모도 숭상하고 여공女功[7]도 힘썼건만 무슨 죄가 진중하여 일점혈육 없었으니, 육친 무족六親無族 우리 신세 선영향화先塋香火 뉘라 하며 사후 감장死後勘葬[8] 어이하

---

1) 금구金甌는 나라 땅을 말하고, 옥촉玉燭은 사철 기운이 따사롭고 밝음을 말하는 것. 곧 세상이 화평하다는 뜻.
2) 중국 고대의 하나라 우왕과 은나라 탕왕. 모두 어질고 덕이 뛰어난 임금들이었다 한다.
3) 조선 시대 군사 조직인 오위五衛 가운데 용양위龍驤衛와 호분위虎賁衛를 합쳐 부르는 말. 가장 용맹한 무관이라는 뜻.
4) 나라를 지키는 장수.
5) 먹을 것이 넉넉해 백성들이 배를 두드리며 잘사는 것.
6) 나이가 곧 마흔이 된다는 뜻.
7) 바느질, 베 짜기, 길쌈같이 여자들이 하는 일.

리. 명산대찰에 신공神供이나 하여 남녀 간 낳거드면 평생 한을 풀 것이니 가군의 뜻이 어떠하오?"
성 참판 하는 말이,
"일생 신세 생각하면 자네 말이 당연하나 빌어서 자식을 낳을진대 무자無子할 사람이 있으리오."
하니, 월매 대답하되,
"천하대성天下大聖 공부자孔夫子도 이구산尼丘山[9]에 비시고, 정나라 정자산鄭子産[10]은 우성산에 빌어 나 계시고, 아동방我東方 강산을 이를진댄 명산대천이 없을쏜가. 경상도 웅천 주천의는 늦도록 자녀 없어 최고봉에 빌었더니 대명大明 천자 나 계시사[11] 대명천지 밝았으니 우리도 정성이나 드려 보사이다."

공든 탑이 무너지며 심근 남기 꺾일쏜가. 이날부터 목욕재계 정히 하고 명산 승지 찾아갈 제, 오작교 썩 나서서 좌우 산천 둘러보니, 서북의 교룡산은 술해방(戌亥方, 서북쪽)을 막아 있고, 동으로는 장림長林 수풀 깊은 곳에 선원사는 은은히 보이고, 남으로는 지리산이 웅장한데, 그 가운데 요천수蓼川水[12]는 일대 장강長江 벽파碧波 되어 동남으로 둘렀으니 별유건곤別有乾坤 여기로다. 청림青林을 더위잡고 산수를 밟아 들어가니 지리산이 여기로다.

반야봉 올라서서 사면을 둘러보니 명산대천 완연하다. 상봉에 단을 무어 제물을 진설하고 단하壇下에 복지복지伏地하여 천신만고 빌었더니 산신님의 덕이신지.

이때는 오월 오일 갑자甲子라. 한 꿈을 얻으니 서기瑞氣 반공半空하고 오채五彩 영롱하더니 일위一位 선녀 청학青鶴을 타고 오는데, 머리에 화관이요 몸에는 채의彩衣로다. 월패月佩[13] 소리 쟁쟁하고, 손에는 계화桂花 일지一枝를 들고 당堂에 오르며 거수장읍擧手長揖[14]하고 공순히 여쭈오되,

---

8) 죽은 뒤에 주검을 거두어 장사 지내는 일.
9) 중국 산동성에 있는 산. 이 산에서 빌어 공자를 낳았다고 한다.
10) 중국 춘추 시대 정鄭나라 사람 공손교公孫僑. 자산은 자.
11) 경상도 웅천(진해)에 있는 웅산 천자봉에 얽힌 전설이다. 옛날에 주씨 부부가 웅산 기슭에 살았는데, 일흔이 다 되도록 자식이 없었다. 하루는 도승이 찾아와 귀한 아들이 태어나리라 하더니, 과연 곧 아들을 낳았다. 그 아이의 오른손 손바닥에 '대명천자 주원장'이라 쓰여 있었는데, 뒷날 명나라를 세웠다고 한다.
12) 지리산 속에서 길게 흘러내리는 물 이름.
13) 금, 은, 옥으로 만든 달 모양의 노리개.
14) 두 손을 들어서 깊이 절을 하는 예.
15) 낙포는 낙수洛水로, 낙수의 여신인 복비宓妃. 전설에 복희씨伏羲氏의 딸 복비가 낙수를 건너다 물에 빠져 죽어 신선이 되었다 한다.

"낙포洛浦의 딸[15]이러니 반도蟠桃[16] 진상進上 옥경玉京 갔다 광한전廣寒殿[17]에서 적송자赤松子[18] 만나 미진정회未盡情懷 하올 차에, 시만時晚함이 죄가 되어 상제上帝 대로하사 진토塵土에 내치시매 갈 바를 몰랐더니, 두류산 신령께서 부인 댁으로 지시하기로 왔사오니 어여삐 여기소서."

하며 품으로 달려들새, 학지고성鶴之高聲은 장경고장고故라[19] 학의 소리 놀라 깨니 남가일몽南柯一夢이라.

황홀한 정신을 진정하여 가군家君과 몽사夢事를 설화說話하고 천행으로 남자를 낳을까 기다리더니, 과연 그달부터 태기 있어 십 삭朔이 당하매, 일일은 향기 만실滿室하고 채운彩雲이 영롱하더니 혼미 중에 생산하니 일개 옥녀를 낳았나니, 월매의 일구월심日久月深 기루던(그리던) 마음 남자는 못 낳았으되 저근덧(잠깐) 풀리는구나. 그 사랑함을 어찌 다 형언하리.

이름을 춘향이라 부르면서 장중보옥掌中寶玉같이 길러 내니 효행이 무쌍無雙이요, 인자함이 기린麒麟[20]이라. 칠팔 세 되매 서책에 착미着味하여 예모 정절禮貌貞節을 일삼으니 효행을 일읍一邑이 칭송 아니 할 이 없더라.

이때 삼청동 이 한림李翰林이라 하는 양반이 있으되 세대명가世代名家요 충신의 후예라. 일일은 전하께옵서 충효록忠孝錄을 올려 보시고 충효자를 택출擇出하사 자목지관字牧之官[21] 임용하실새, 이 한림으로 과천 현감에 금산 군수 이배移拜[22]하여 남원 부사 제수하시니, 이 한림이 사은숙배謝恩肅拜 하직하고 치행治行 차려 남원부에 도임하여 선치민정善治民政하니, 사방에 일이 없고 방곡坊曲의 백성들은 더디 음을 칭송한다. 강구연월문동요康衢烟月聞童謠라[23], 시화연풍時和年豐[24]하고 백성이 효도하니 요순시절이라.

이때는 어느 때뇨. 놀기 좋은 삼춘三春이라. 호연胡燕 비조翡鳥[25] 뭇 새들은 농춘화답弄

---

16) 삼천 년에 한 번 열리는 신선의 복숭아, 선도仙桃.
17) 달나라에 있다는 궁전.
18) 중국 고대 신농씨神農氏 때 신선.
19) 학의 소리가 높은 것은 목이 긴 탓이라.
20) 기린은 어질고 착한 것의 상징으로, 어진 성인이 나타나 임금이 될 때면 기린이 먼저 나타난다는 전설이 있다.
21) 자목은 백성들을 사랑으로 다스린다는 뜻으로, 자목지관은 고을을 다스리는 지방관을 달리 이르는 말.
22) 다른 벼슬로 옮겨 가는 것.
23) 안개 어린 달밤 큰 거리에서 아이들의 노래를 듣는다. 천하가 태평하다는 뜻.
24) 세월과 기후가 좋고 좋아 풍년이 들었다는 뜻.
25) 호연胡燕은 칼새, 명매기라고 하는 새, 비조翡鳥는 청호반새.

春和答[26) 짝을 지어 쌍거쌍래雙去雙來 날아들어 온갖 춘정 다투는데, 남산화발南山花發 북산홍北山紅[27)과 천사만사千絲萬絲 수양지垂楊枝의 황금조黃金鳥[28)는 벗 부른다. 나무 나무 성림成林하고 두견 접동 낮이 나니 일년지가절一年之佳節이라.

이때 사또 자제 이 도령이 연광年光은 이팔이요 풍채는 두목지杜牧之[29)라. 도량은 창해 滄海 같고, 지혜 활달하고, 문장은 이백李白이요, 필법은 왕희지王羲之라.

일일은 방자房子[30) 불러 말씀하되,

"이 골 경처景處 어드메냐? 시흥詩興 춘흥春興 도도하니 절승 경처 말하여라."

방자 놈 여쭈오되,

"글공부하시는 도련님이 경처 찾아 부질없소."

이 도령 이른 말이,

"너 무식한 말이로다. 자고로 문장재사文章才士도 절승 강산 구경키는 풍월작문風月作 文 근본이라. 신선도 두루 돌아 박람博覽하니 어이하여 부당하랴.

사마장경司馬長卿이 남으로 강회江淮에 떴다[31) 대강大江을 거스를 제 광랑성파狂浪 盛波에 음풍陰風이 노호怒號하여 예로부터 가르치니 천지간 만물지변萬物之變이 놀랍 고 즐겁고도 고운 것이 글 아닌 게 없느니라. 시중 천자詩中天子 이태백은 채석강采石 江[32)에 놀아 있고, 적벽강赤壁江 추야월秋夜月에 소동파 놀아 있고, 심양강潯陽江 명월 야明月夜에 백낙천白樂天 놀아 있고, 보은 속리 문장대文藏臺에 세조 대왕 노셨으니 아 니 노든 못하리라."

이때 방자, 도련님 뜻을 받아 사방 경개 말씀하되,

"서울로 이를진대 자하문 밖 내달아 칠성암, 청련암, 세검정과 평양 연광정, 대동루, 모 란봉, 영양 낙선대, 보은 속리 문장대, 안의 수승대, 진주 촉석루, 밀양 영남루가 어떠한 지 몰라와도, 전라도로 이를진대 태인 피향정, 무주 한풍루, 전주 한벽루 좋사오나, 남원 경처 들조시오.

동문 밖 나가오면 장림 숲 선원사 좋삽고, 서문 밖 나가오면 관왕묘關王廟는 천고 영 웅 엄한 위풍 어제오늘 같삽고, 남문 밖 나가오면 광한루, 오작교, 영주각 좋삽고, 북문

---

26) 봄을 희롱하며 소리를 주고받는 것.
27) 남쪽 산에 꽃이 피니 북녘 산이 붉는구나.
28) 천실 만실 늘어진 버들가지의 꾀꼬리.
29) 당나라 시인 두목杜牧, 자는 목지. 외모가 잘생기기로 이름 높다.
30) 지방 관아의 남자 종.
31) 사마장경은 사마자장(司馬子長, 사마천)의 잘못. 사마천이 '나이 스물에 남으로 양자강 과 회수를 거슬러 올라가 노닐었다.' 고 하였다.
32) 이백이 놀던 강. 이백이 술에 취하여 물에 잠긴 달을 잡으려다가 죽었다는 이야기가 있다.

밖 나가오면 청천삭출금부용靑天削出金芙蓉[33] 기벽奇僻하여 우뚝 섰으니 기암奇巖 둥실 교룡산성蛟龍山城 좋사오니 처분대로 가사이다."

도련님 이른 말씀,

"이애, 말로 듣더라도 광한루 오작교가 경개로다. 구경 가자."

도련님 거동 보소. 사또 전 들어가서 공순히 여쭈오되,

"금일 일기 화난和暖하오니 잠깐 나가 풍월음영風月吟咏 시詩 운목韻目[34]도 생각하고자 싶으오니 순성巡城이나 하여이다."

사또 대희大喜하여 허락하시고 말씀하시되,

"남주南州 풍물을 구경하고 돌아오되 시제詩題를 생각하라."

"부교父敎대로 하오리다."

도령은 대답하고 물러나와,

"방자야, 나귀 안장 지어라."

하니, 방자 분부 듣고 나귀 안장 지운다. 나귀 안장 지울 제, 홍영자공산호편紅纓紫鞚珊瑚鞭[35], 옥안금천황금륵玉鞍錦韉黃金勒[36], 청홍사 고운 굴레 주락상모珠絡象毛[37] 덤벅 달아 청청다래[38]는 은입등자銀入鐙子[39] 호피돋움[40]의 전후 걸이[41] 줄방울을 염불 법사法師 염주 매듯.

"나귀 등대等待하였소."

도련님 거동 보소. 옥안선풍玉顔仙風 고운 얼굴 전판剪板[42] 같은 채머리 곱게 빗어 밀기름에 잠재워 궁초宮綃 댕기 석황石黃 물려 맵시 있게 잡아 땋고, 성천成川 수주水紬 겹등배[43], 세백저細白苧 상침 바지[44], 극상 세목極上細木 겹버선에 남갑사藍甲紗 대님 치고,

---

33) 푸른 하늘에 금빛 연꽃을 깎아 세운 듯하다는 뜻으로, 교룡산성이 솟은 모양을 말한다.
34) 시의 글귀 끝에 다는 운자.
35) 홍영紅纓은 붉은 굴레, 자공紫鞚은 자줏빛 재갈, 산호편珊瑚鞭은 산호로 만든 채찍.
36) 옥안玉鞍은 옥으로 만든 안장, 금천錦韉은 비단으로 만든 언치, 황금륵黃金勒은 황금 실로 만든 굴레.
37) 벼슬아치가 타는 말의 꾸밈새. 갈기를 땋아 붉은 줄을 드리우고 끝에 털로 술을 댄 것.
38) 말의 배 양쪽에 층층으로 달아서 흙이 튀는 것을 막는 것.
39) 쇠로 만든 등자에 은줄을 새겨 넣어 화려하게 꾸민 발걸이.
40) 호랑이 가죽으로 만든 두꺼운 깔개.
41) 말안장을 앉히는 데 쓰는, 말 앞뒤에 늘이는 도구.
42) 종이를 가지런히 자를 때 쓰는 좁다랗고 얇고 긴 나뭇조각.
43) 성천 물명주로 만든 겹으로 된 등배. 등배저고리라고도 하며 마고자와 비슷하다.
44) 정성을 많이 들여 바느질을 곱게 해 만든 바지.

육사단六絲緞 겹배자 밀화蜜花⁴⁵⁾ 단추 달아 입고, 통행전⁴⁶⁾을 무릎 아래 넌짓 매고, 영초단英綃緞 허리띠, 모초단毛綃緞 도리낭⁴⁷⁾을 당팔사唐八絲 갖은 매듭 고를 내어 넌짓 매고, 쌍문초雙紋綃 진 동정 중치막⁴⁸⁾에 도포道袍 받쳐 흑사黑紗 띠를 흉중에 눌러 매고 육분당혜肉粉唐鞋⁴⁹⁾ 끌면서,

"나귀를 붙들어라."

등자 딛고 선뜻 올라 뒤를 싸고 나오실 제, 통인通引 하나 뒤를 따라 삼문三門 밖 나올 적에 쇄금鎖金 부채 호당선胡唐扇으로 일광日光을 가리고 관도성남官道城南⁵⁰⁾ 넓은 길에 생기 있게 나갈 제, 취래양주醉來楊州하던 두목지의 풍채런가⁵¹⁾, 시시오불時時誤拂하던 주랑周郎의 고음顧音이라⁵²⁾.

향가자맥춘성내香街紫陌春城內요, 만성견자수불애滿城見者誰不愛랴⁵³⁾. 광한루에 섭적 올라 사면을 살펴보니 경개가 장히 좋다. 적성赤城 아침날에⁵⁴⁾ 늦은 안개 띠어 있고, 녹수의 저문 봄은 화류동풍花柳東風 둘러 있다. '자각단루분조요紫閣丹樓紛照耀요, 벽방금전상영롱璧房錦殿相玲瓏'⁵⁵⁾은 임고대臨高臺를 일러 있고, '요헌기구하최외瑤軒綺構何崔嵬'⁵⁶⁾는 광한루를 이름이라.

---

45) 호박琥珀의 한 가지.
46) 행전은 바지 정강이에 꿰어 무릎 아래 발목까지 매는 것. 통행전은 아래에 귀가 없고 통이 넓은 보통 행전.
47) 동그랗게 생긴 주머니.
48) 소매가 넓고 네 폭으로 된 웃옷.
49) 육분은 신코가 흰 것을 말하고, 당혜는 울이 좀 깊고 코가 작은 가죽신.
50) 성 남쪽 길.
51) 잘생긴 두목지가 술에 취해 수레를 타고 양주를 지나갈 때 기생들이 그 풍채를 연모하여 귤을 던져 수레에 가득 찼다는 옛이야기에서 온 말.
52) 주랑이 돌아보도록 때때로 곡조를 틀리게 연주한다는 뜻. 주랑은 중국 오나라 때 주유周瑜. 어릴 때부터 음악에 밝아 곡조가 틀리면 꼭 돌아보았다고 하는데, 여자들이 잘생긴 주유에게 반하여 그가 돌아보도록 일부러 곡조를 틀리게 연주했다는 이야기가 있다.
53) 성안 거리는 향기롭고 언덕엔 붉은 꽃 피는 봄이라, 이를 본 성안 사람마다 그 누가 사랑하지 않으랴. 당나라 시인 잠삼岑參의 시구에서 온 말.
54) 적성은 광한루 근처에 있는 성. 당나라 문장가인 왕발王勃의 시 '임고대臨高臺' 가운데 '적성에 아침 해 밝게 비치는데, 푸른 물은 봄바람 설렌다.〔赤城映朝日 綠水搖春風〕'는 시구에서 온 것.
55) 붉은 집 단장한 누각은 어지러이 비쳐 빛나고, 화려한 궁전과 방들은 서로 어려 영롱하다. 왕발의 시구.
56) 구슬 같고 비단같이 고운 집 누각은 어찌 이리 높은가. 왕발의 시구.

악양루岳陽樓 고소대姑蘇臺와 오초 동남수吳楚東南水[57]는 동정호洞庭湖로 흘러 지고, 연자燕子[58] 서북의 패택沛澤이 완연한데, 또 한 곳 바라보니 백백홍홍白白紅紅 난만 중에 앵무 공작 날아들고, 산천경개 둘러보니 예굽은 반송盤松[59] 솔, 떡갈잎은 아주 춘풍 못 이기어 흐늘흐늘, 폭포 유수 시냇가의 계변화溪邊花는 뺑긋뺑긋, 낙락장송 울울하고, 녹음방초승화시綠陰芳草勝花時[60]라. 계수桂樹, 자단紫檀, 모란, 벽도碧桃의 취한 산색 장강長江 요천蓼川에 풍덩실 잠겨 있고, 또 한 곳 바라보니 어떠한 일 미인이 봄 새 울음 한 가지로 온갖 춘정 못 이기어 두견화 질끈 꺾어 머리에도 꽂아 보며, 함박꽃도 질끈 꺾어 입에 함쑥 물어 보고, 옥수玉手 나삼羅衫 반만 걷고 청산유수 맑은 물에 손도 씻고 발도 씻고 물 머금어 양수養漱[61]하며, 조약돌 덥석 쥐어 버들가지 꾀꼬리를 희롱하니 타기황앵打起黃鶯[62]이 아니냐. 버들잎도 주루룩 훑어 물에 훨훨 띄워 보고, 백설 같은 흰 나비 웅봉 자접雄蜂雌蝶[63]은 화수花鬚 물고 너울너울 춤을 춘다. 황금 같은 꾀꼬리는 습습이(훨훨) 날아든다. 광한廣寒 진경眞景 좋거니와 오작교가 더욱 좋다. 방가위지方可謂之[64] 호남의 제일루第一樓로다. 오작교 분명하면 견우직녀 어데 있나. 이런 승지에 풍월이 없을쏘냐.

도련님이 글 두 귀를 지었으되,

고면오작선顧眄烏鵲仙이요, 광한옥계루廣寒玉界樓라.
차문천상수직녀借問天上誰織女요, 지응금일아견우知應今日我牽牛라.[65]

하니라.

이때 내아內衙에서 잡술 상이 나오거늘, 일배주一杯酒 먹은 후에 통인, 방자 물려주고,

---

57) 오吳나라 초楚나라를 동남으로 나누어 흐르는 물.
58) 중국 강소성 동산현 서북쪽에 있는 연자루燕子樓. 백거이의 '연자루시燕子樓詩' 서문에 따르면 서주徐州의 장張 상서라는 사람에게 사랑하는 기생이 있었는데, 장 상서가 죽자 그 기생은 장 상서를 생각하며 연자루에서 혼자 살았다고 한다. 뒤에 연자루는 여자가 거처하는 곳을 이르는 말로 썼다.
59) 키가 작고 가지가 가로 퍼진 소나무.
60) 푸른 나무와 향기로운 풀의 계절은 꽃 피는 시절보다 좋다는 뜻.
61) 양치질.
62) 꾀꼬리를 쳐 가지 위에서 울지 못하게 하라는 뜻.
63) 수벌과 암나비.
64) 바야흐로 말할 수 있으리니.
65) 둘러보니 오작의 신선이요, 차고 넓은 하늘 누각이라. 묻노니 하늘 위 직녀는 그 누구인고, 오늘은 내가 견우임을 알리로다.

취흥이 도도하여 담배 피워 입에다 물고 이리저리 거닐 제 경처景處에 흥에 겨워,

"충청도 고마⁶⁶⁾ 수영水營 보련암寶蓮菴을 일렀던들 이곳 경처 당할쏘냐. 붉을 단, 푸를 청, 흰 백, 붉을 홍, 고물고물히 단청, 유막황앵환우성柳幕黃鶯喚友聲⁶⁷⁾은 나의 춘흥 도와낸다. 황봉 백접黃蜂白蝶 왕나비는 향기 찾는 거동이라, 비거비래춘성내飛去飛來春城內요, 영주瀛洲, 방장方丈, 봉래산蓬萊山⁶⁸⁾이 안하眼下에 가차우니 물은 본이 은하수요, 경개는 잠깐 옥경이라. 옥경이 분명하면 월궁月宮 항아姮娥 없을쏘냐."

이때는 삼월이라 일렀으되 오월 단오일이렷다. 천중지가절天中之佳節이라. 이때 월매 딸 춘향이도 또한 시서음률詩書音律이 능통하니 천중절을 모를쏘냐.

추천鞦韆⁶⁹⁾을 하려 하고 향단香丹⁷⁰⁾이 앞세우고 내려올 제, 난초같이 고운 머리 두 귀를 눌러 곱게 땋아 금봉채金鳳釵⁷¹⁾를 정제整齊하고, 나군羅裙⁷²⁾을 두른 허리 미앙未央⁷³⁾의 가는 버들 힘이 없이 드리운 듯 아름답고 고운 태도 아장거려 흐늘거려 가만가만 나올 적에, 장림 속으로 들어가니, 녹음방초 우거져 금잔디 좌르륵 깔린 곳에 황금 같은 꾀꼬리는 쌍거쌍래 날아들 제, 무성한 버들 백척장고百尺丈高 높이 매고 추천을 하려 할 제, 수화유문水禾有紋⁷⁴⁾ 초록 장옷, 남방사藍方絲 홑단치마 훨훨 벗어 걸어 두고, 자주 영초英綃⁷⁵⁾ 수당혜繡唐鞋를 석석 벗어 던져두고, 백방사白紡絲 진솔 속곳 턱 밑에 훨씬 추고, 연숙마軟熟麻⁷⁶⁾ 추천 줄을 섬섬옥수 넌짓 들어 양수兩手에 갈라 잡고, 백릉白綾 버선 두 발길로 섭적 올라 발 구를 제, 세류細柳 같은 고운 몸을 단정히 놀리는데, 뒷단장 옥비녀 은죽절銀竹節⁷⁷⁾과 앞치레 볼작시면 밀화장도蜜花粧刀, 옥장도며 광원사光原紗 겹저고리 제 색 고름에 태가 난다.

---

66) 충청남도 공주 북쪽의 곰뫼.
67) 버들 장막의 황금 꾀꼬리가 벗 부르는 소리.
68) 신선이 산다는 삼신산三神山을 말한다.
69) 그네.
70) 전주토판에는 '상단' 이다. 판본에 따라 향단香丹 또는 상단으로 되어 있는데, 흔히 향단을 상단으로 발음했기 때문이다.
71) 봉황을 새겨 만든 금비녀.
72) 비단 치마.
73) 한漢나라의 궁전 미앙궁未央宮. 백거이白居易의 '장한가長恨歌' 에 '미앙의 버들〔未央柳〕' 이란 시구가 있다.
74) 무늬 있는 수화주水禾紬라는 비단. 수화주는 흔히 수아주라고도 한다.
75) 비단 이름.
76) 보드랍게 누인 삼 껍질. 여기서는 삼 껍질을 보드랍게 삶아 꼰 삼밧줄을 말한다.
77) 은으로 만든 대마디 모양의 머리꽂이.

"향단아, 밀어라."

 한 번 굴러 힘을 주며 두 번 굴러 힘을 주니, 발밑에 가는 티끌 바람 쫓아 펄펄, 앞뒤 점점 멀어 가니 머리 위에 나뭇잎은 몸을 따라 흔들흔들. 오고 갈 제 살펴보니 녹음 속에 홍상紅裳 자락이 바람결에 내비치니 구만장천九萬長天 백운白雲 간에 번갯불이 쐬는 듯 첨지재전홀언후瞻之在前忽焉後[78]라.

 앞에 얼른하는 양은 가벼운 저 제비가 도화桃花 일 점 떨어질 제 차려 하고 쫓는 듯, 뒤로 반듯하는 양은 광풍에 놀란 호접 짝을 잃고 가다가 돌치는(돌이키는) 듯, 무산선녀巫山仙女 구름 타고 양대陽臺[79] 상에 내리는 듯, 나뭇잎도 물어 보고 꽃도 질끈 꺾어 머리에다 실근실근.

 "이애 향단아, 그네 바람이 독하기로 정신이 어질한다. 그넷줄 붙들어라."

 향단이 붙들려고 무수히 진퇴하며 한창 이리 노닐 적에, 시냇가 반석 상에 옥비녀 떨어져 쟁쟁하고 "비녀, 비녀." 하는 소리 산호채를 들어 옥반을 깨치는 듯 그 태도 그 형용은 세상 인물 아니로다. 연자삼춘비거래燕子三春飛去來라[80], 이 도령 마음이 울적하고 정신이 어질하여 별생각이 다 나것다. 혼잣말로 섬어譫語[81]하되,

 "오호五湖에 편주扁舟 타고 범소백范少伯을 좇았으니 서시西施도 올 리 없고[82], 해성垓城 월야月夜에 옥장비가玉帳悲歌[83]로 초패왕楚霸王을 이별하던 우미인虞美人도 올 리 없고, 단봉궐丹鳳闕 하직하고 백룡퇴白龍堆 간 연후에 독류청총獨留靑塚하였으니 왕소군王昭君도 올 리 없고[84], 장신궁長信宮 깊이 닫고 백두음白頭吟[85]을 읊었으니 반첩여班婕妤[86]도 올 리 없고, 소양궁昭陽宮[87] 아침 날에 시측侍側[88]하고 돌아오니 조비연趙

---

78) 앞에 보이듯 하다가 어느덧 뒤에 보인다는 뜻.
79) 무산 남쪽에 있다는 높은 대臺.
80) 제비가 봄에 날아오고 날아간다.
81) 헛소리.
82) 범소백은 춘추 시대 월越나라 재상 범려范蠡. 소백은 자이다. 월왕 구천句踐을 도와 오吳나라를 멸망시켰다. 범려가 월나라 미인 서시를 뽑아 오나라 왕 부차夫差에게 바쳤다가 오나라가 망한 뒤에 다시 서시를 데리고 오호에 가서 돌아오지 않았다 한다.
83) 초패왕의 장막에서 부르는 슬픈 노래.
84) 한나라 궁궐을 하직하고 흉노匈奴 땅 백룡퇴로 간 궁녀 왕소군도 푸른 무덤에 홀로 머물러 있으니 올 리 없고. 흉노 땅에는 흰 풀이 많은데 왕소군의 무덤에는 홀로 푸른 풀이 무성해 그의 무덤을 청총靑塚이라 하였다 한다.
85) 탁문군이 지은 것으로, 남편 사마상여가 젊은 첩을 얻으려 하자, 머리 희어짐을 한탄하여 읊은 글이라고 한다.
86) 첩여는 궁궐에서 여인이 받는 벼슬 이름으로, 비妃와 빈嬪의 다음 자리. 반첩여는 재주

飛燕[89]도 올 리 없고, 낙포 선녀가 무산선녀가."
도련님 혼비중천魂飛中天하여 일신이 고단이라 진실로 미혼지인未婚之人이로다.
"통인아."
"예."
"저 건너 화류花柳 중에 오락가락 휘뜩휘뜩 얼른얼른하는 게 무엇인지 자세히 보아라."
통인이 살펴보고 여쭈오되,
"다른 무엇 아니오라 이 골 기생 월매 딸 춘향이란 계집아이로소이다."
도련님이 엉겁결에 하는 말이,
"장히 좋다. 훌륭하다."
통인이 아뢰되,
"제 어미는 기생이오나 춘향이는 도도하여 기생 구실 마다하고 백화초엽百花草葉의 글자도 생각하고 여공女功 재질이며 문장을 겸전兼全하여 여염 처자와 다름이 없나이다."
도련님 허허 웃고 방자를 불러 분부하되,
"들은즉 기생의 딸이라니 급히 가 불러오라."
방자 놈 여쭈오되,
"설부화용雪膚花容[90]이 남방에 유명키로 방첨사方僉使[91], 병부사兵府使[92], 군수, 현감 관장官長님네 엄지발가락이 두 뼘가웃씩 되는 양반 오입쟁이들도 무수히 보려 하되, 장강莊姜[93]의 색과 임사任姒[94]의 덕행이며, 이두李杜[95]의 문필이며, 태사太姒의 화순심和順心과 이비二妃[96]의 정절을 품었으니 금천하지절색今天下之絶色이요, 만고 여중군자女中君子오니 황공하온 말씀으로 초래招來하기 어렵나이다."

와 학문이 있는 여자로 한나라 성제成帝의 후궁이 되어 크게 사랑을 받다가 조비연에게 사랑을 빼앗기고 태후가 거처하는 장신궁에서 세월을 보냈다.
87) 한나라 성제의 후비 조비연이 살던 소양전昭陽殿.
88) 임금을 옆에서 모심.
89) 이름은 의주宜主. 가는 몸매로 나는 제비처럼 춤을 잘 추어 비연飛燕이라 하였다.
90) 눈같이 흰 살결과 꽃같이 아름다운 얼굴.
91) 방백方伯, 곧 관찰사와 첨절제사僉節制使를 아울러 이르는 말.
92) 병마절도사兵馬節度使와 도호부사都護府使.
93) 장강은 위衛나라 장공莊公의 처로, 매우 아름다웠다고 한다.
94) 태임太任과 태사太姒. 태임은 주나라 문왕의 어머니, 태사는 문왕의 안해이자 무왕武王의 어머니로, 모두 어질고 덕스러운 여인.
95) 이백과 두보.
96) 순임금의 두 안해 아황娥皇과 여영女英.

도령 대소大笑하고,

"방자야, 네가 물각유주物各有主[97]를 모르는도다. 형산荊山 백옥白玉과 여수麗水 황금이 임자 각각 있느니라. 잔말 말고 불러오라."

방자 분부 듣고 춘향 초래 건너갈 제, 맵시 있는 방자 녀석 서왕모西王母 요지연瑤池宴[98]에 편지 전턴 청조靑鳥같이 이리저리 건너가서,

"여봐라, 이애 춘향아."

부르는 소리 춘향이 깜짝 놀라,

"무슨 소리를 그따위로 질러 사람의 정신을 놀래느냐?"

"이애야, 말 말아라. 일이 났다."

"일이라니, 무슨 일?"

"사또 자제 도련님이 광한루에 오셨다가 너 노는 모양 보고 불러오란 영이 났다."

춘향이 화를 내어,

"네가 미친 자식이다. 도련님이 어찌 나를 알아서 부른단 말이냐? 이 자식 네가 내 말을 종지리새 열씨(삼씨) 까듯 하였나 보다."

"아니다. 내가 네 말을 할 리가 없으되, 네가 그르제 내가 글랴. 너 그른 내력을 들어 보아라. 계집아이 행실로 추천을 할 양이면 네 집 후원 단장短墻 안에 줄을 매고 남이 알까 모를까 은근히 매고 추천하는 게 도리에 당연함이라. 광한루 멀지 않고 또한 이곳을 논지論之할진대 녹음방초승화시라, 방초는 푸르렀는데 앞내 버들은 초록장草綠帳 두르고, 뒷내 버들은 유록장柳綠帳 둘러, 한 가지 늘어지고 또 한 가지 펑퍼져 광풍을 겨워 흔늘흔늘 춤을 추는데, 광한루 구경처에 그네를 매고 네가 뛸 제, 외씨 같은 두 발길로 백운간에 노닐 적에 홍상 자락이 펄펄, 백방사 속곳 가래 동남풍에 펄렁펄렁, 박속같은 네 살결이 백운 간에 희뜩희뜩, 도련님이 보시고 너를 부르시지 내가 무슨 말을 한단 말가. 잔말 말고 건너가자."

춘향이 대답하되,

"네 말이 당연하나 오늘이 단오일이라 비단 나뿐이랴. 다른 집 처자들도 예 와 함께 추천하였으되, 그럴 뿐 아니라 설혹 내 말을 할지라도 내가 지금 시사時仕[99]가 아니거든 여염 사람을 호래초거呼來招去로 부를 리도 없고 부른대도 갈 리도 없다. 당초에 네가 말을 잘못 들은 바이라."

방자 이면耳面에 복이어[100] 광한루로 돌아와 도련님께 여쭈오니, 도련님 그 말 듣고,

---

97) 세상 만물은 다 각각 주인이 있음.
98) 서왕모가 요지에서 연 잔치.
99) 지방 관아에 속한 아전이나 기생이 현직에 있는 것.
100) 체면에 속이 편안치 않아.

"기특한 사람이다. 언즉시야言則是也로되, 다시 가 말을 하되, 이리이리하여라."

방자, 전갈 모와(받들어) 춘향에게 건너가니 그새에 제집으로 돌아갔거늘 제집을 찾아가니 모녀간 마주앉아 점심밥이 방장方將이라[101], 방자 들어가니,

"너 왜 또 오느냐?"

"황송타. 도련님이 다시 전갈하시더라. 내가 너를 기생으로 앎이 아니라, 들으니 네가 글을 잘한다기로 청하노라. 여가閭家에 있는 처자 불러 보기 청문聽聞에 괴이하나 혐의로 알지 말고 잠깐 와 다녀가라 하시더라."

춘향의 도량度量한 뜻이 연분이 되려고 그러한지 홀연히 생각하니 갈 마음이 나되, 모친의 뜻을 몰라 침음양구沈吟良久[102]에 말 않고 앉았더니, 춘향 모 썩 나앉아 정스럽게 말을 하되,

"꿈이라 하는 것이 전수全數가 허사가 아니로다. 간밤에 꿈을 꾸니 난데없는 청룡 하나 벽도지碧桃池[103]에 잠겨 보이거늘 무슨 좋은 일이 있을까 하였더니 우연한 일 아니로다. 또한 들으니 사또 자제 도련님 이름이 몽룡夢龍이라 하니 꿈 몽 자, 용 용 자 신통하게 맞추었다. 그러나저러나 양반이 부르시는데 아니 갈 수 있겠느냐? 잠깐 가서 다녀오라."

춘향이가 그제야 못 이기는 체로 겨우 일어나 광한루 건너갈 제, 대명전大明殿 대들보의 명매기[104] 걸음으로, 양지 마당에 씨암탉걸음으로, 백모래 바탕 금자라 걸음으로, 월태화용月態花容 고운 태도 완보緩步로 건너갈새, 호늘호늘 월 서시越西施 토성습보土城習步[105] 하던 걸음으로 흐늘거려 건너올 제, 도련님 난간에 절반만 비껴 서서 완완히 바라보니 춘향이가 건너오는데, 광한루에 가차우지라. 도련님 좋아라고 자세히 살펴보니 요요정정夭夭貞靜[106]하여 월태화용이 세상에 무쌍이라. 얼굴이 조촐하니 청강淸江에 노는 학이 설월雪月에 비침 같고 단순호치丹脣皓齒 반개半開하니 별도 같고 옥도 같다.

연지臙脂[107]를 품은 듯, 자하상紫霞裳[108] 고운 태도 어린 안개 석양에 비친 듯 취군翠裙[109]이 영롱하여 문채文采는 은하수 물결 같다. 연보蓮步[110]를 정히 옮겨 천연히 누에 올라

---

101) 막 점심을 먹으려던 참이라.
102) 깊이 생각하며 한참 동안.
103) 벽도화碧桃花 피는 못. 벽도나무에 열리는 복숭아는 신선이 먹는다는 선도仙桃이다.
104) 제비보다 좀 크고 배에 노란 얼룩이 있는 새. 칼새, 호연胡燕이라고도 한다.
105) 토성에서 걸음걸이를 익힌다는 뜻. 월나라 왕 구천이 미인 서시를 골라 오나라 왕에게 보낼 때 토성에서 걸음걸이와 예를 익혀 보냈다.
106) 얼굴이 어여쁘고 젊은 빛이 넘치며, 마음이 바르고 정숙한 모습.
107) 고운 붉은빛.
108) 자줏빛 안개 같은 비단 치마. 선녀가 입었다는 옷.
109) 비취색 치마.

부끄러이 서 있거늘, 통인 불러,

"앉으라고 일러라."

춘향의 고운 태도 염용斂容[111]하고, 앉는 거동 자세히 살펴보니 백석창파白石蒼波 새 비 뒤에 목욕하고 앉은 제비 사람을 보고 놀라는 듯 별로 단장한 일 없이 천연한 국색國色이라. 옥안玉顏을 상대하니 여운간지명월如雲間之明月[112]이요, 단순丹脣을 반개半開하니 약수중지연화若水中之蓮花[113]로다. 신선을 내 몰라도 영주에 놀던 선녀 남원에 적거謫居[114]하니 월궁에 뫼던 선녀 벗 하나를 잃었구나. 네 얼굴 네 태도는 세상 인물 아니로다.

이때 춘향이 추파를 잠깐 들어 이 도령을 살펴보니 금세今世의 호걸이요, 진세간塵世間 기남자奇男子라. 천정天庭[115]이 높았으니 소년공명少年功名할 것이요 오악五嶽이 조귀朝歸하니[116] 보국충신輔國忠臣 될 것이매 마음에 흠모하여 아미蛾眉를 숙이고 염슬단좌斂膝端坐[117]뿐이로다.

이 도령 하는 말이,

"성현도 불취동성不娶同姓[118]이라 일렀으니 네 성 무엇이며 나이는 몇 살이뇨?"

"성은 성가옵고, 연세는 십육 세로소이다."

이 도령 거동 보소.

"허허, 그 말 반갑도다. 네 연세 들어 하니 나와 동갑 이팔이라, 성 자를 들어 보니 천정天定일시 분명하다. 이성지합二姓之合 좋은 연분 평생 동락하여 보자. 너의 부모 구존俱存하냐?"

"편모 하로소이다."

"몇 형제나 되느냐?"

"육십 당년 내의 모친 무남독녀 나 하나요."

"너도 남의 집 귀한 딸이로다. 천정하신 연분으로 우리 둘이 만났으니 만년락을 이뤄 보자."

---

110) 미인의 걸음걸이.
111) 몸가짐을 조심하고 단정히 함.
112) 구름 사이의 밝은 달 같다.
113) 맑은 물 가운데 핀 연꽃 같다.
114) 귀양 와 사는 것.
115) 이마.
116) 관상법에서 왼쪽 광대뼈를 동악東嶽, 오른쪽 광대뼈를 서악, 이마를 남악, 턱을 북악, 코를 중악이라 하는데, 이 오악이 코를 중심으로 바라보는 상을 오악 조귀라 한다.
117) 무릎을 꿇고 단정히 앉는 것.
118) 같은 성끼리는 혼인하지 않는다.

춘향이 거동 보소. 팔자청산八字靑山[119] 쫑그리며 주순朱脣을 반개하여 가는 목 겨우 열어 옥성玉聲으로 여쭈오되,

"충신은 불사이군不事二君이요, 열녀 불경이부절不更二夫節은 옛글에 일렀으니, 도련님은 귀공자요 소녀는 천첩이라, 한번 탁정托情한 연후에 인하여 버리시면 일편단심 이내 마음 독숙공방獨宿空房 홀로 누워 우는 한은 이내 신세 내 아니면 뉘가 그일꼬. 그런 분부 마옵소서."

이 도령 이른 말이,

"네 말을 들어 보니 어이 아니 기특하랴. 우리 둘이 인연 맺을 적에 금석뇌약金石牢約 맺으리라. 네 집이 어드메냐?"

춘향이 여쭈오되,

"방자 불러 물으소서."

이 도령 허허 웃고,

"내 너더러 묻는 일이 허황하다. 방자야."

"예."

"춘향의 집을 네 일러라."

방자 손을 넌짓 들어 가리키는데,

"저기 저 건너 동산은 울울하고 연당蓮塘은 청청한데 양어생풍養魚生風[120]하고, 그 가운데 기화요초 난만하여 나무 나무 앉은 새는 호사를 자랑하고, 암상巖上에 굽은 솔은 청풍이 건듯 부니 노룡老龍이 굼니는 듯, 문 앞의 버들 유사무사有絲無絲 양류지楊柳枝[121]요, 들쭉, 측백, 전나무며 그 가운데 행자목杏子木은 음양을 좇아 마주 서고, 초당 문전 오동, 대추나무, 깊은 산중 물푸레나무, 포도, 다래, 으름 넌출 휘휘친친 감겨 담장 밖에 우뚝 솟았는데, 송정 죽림松亭竹林 두 사이로 은은히 보이는 게 춘향의 집이니이다."

도련님 이른 말이,

"장원莊園이 정결하고 송죽이 울밀鬱密하니 여자 절행 가지可知로다."

춘향이 일어나며 부끄러이 여쭈오되,

"시속 인심 고약하니 그만 놀고 가겠나이다."

도련님 그 말을 듣고,

"기특하다. 그럴듯한 일이로다. 오늘 밤 퇴령退令 후에 너의 집에 갈 것이니 괄시나 부디 마라."

춘향이 대답하되,

---

119) 여인의 아름다운 눈썹.
120) 고기를 길러 바람이 일도록 뛰노는 모양.
121) 보일 듯 말 듯 가늘게 늘어진 버들가지.

"나는 몰라요."

"네가 모르면 쓰겠느냐? 잘 가거라. 금야今夜에 상봉하자."

누에 내려 건너가니 춘향 모 맞아 나와,

"애고, 내 딸 다녀오냐? 도련님이 무엇이라 하시더냐?"

"무엇이라 하여요. 조금 앉았다가 가겠노라 일어나니 저녁에 우리 집 오시마 하옵디다."

"그래, 어찌 대답하였느냐?"

"모른다 하였지요."

"잘하였다."

이때 도련님이 춘향을 애련히 보낸 후에 미망未忘이 둘 데 없어[122] 책실冊室로 돌아와 만사에 뜻이 없고 다만 생각이 춘향이라. 말소리 귀에 쟁쟁 고운 태도 눈에 삼삼, 해 지기를 기다릴새 방자 불러,

"해가 어느 때나 되었느냐?"

"동에서 아귀 트나이다."

도련님 대로하여,

"이놈, 괘씸한 놈. 서로 지는 해가 동으로 도로 가랴? 다시금 살펴보라."

이윽고 방자 여쭈오되,

"일락함지日落咸池[123] 황혼 되고, 월출동령月出東嶺 하옵니다."

석반夕飯이 맛이 없어 전전반측輾轉反側 어이하리. 퇴령을 기다리라 하고 서책을 보려 할 제 책상을 앞에 놓고 서책을 상고하는데 《중용》, 《대학》, 《논어》, 《맹자》, 《시전》, 《서전》, 《주역》이며 《고문진보》, 《통사략通史略》과 이백李白, 《두시杜詩》, 《천자千字》까지 내어 놓고 글을 읽을새, 《시전》이라,

"관관저구關關雎鳩 재하지주在河之洲로다. 요조숙녀窈窕淑女는 군자호구君子好逑로다[124]. 아서라, 그 글도 못 읽것다."

《대학》을 읽을새,

"대학지도大學之道는 재명명덕在明明德하며 재신민在新民하며[125] 재춘향在春香이로다. 그 글도 못 읽것다."

《주역》을 읽는데,

"원元은 형亨코, 정貞코[126], 춘향이 코, 딱 댄 코, 좋고 하니라. 그 글도 못 읽것다."

---

122) 잊지 못하는 마음 둘 데 없어.
123) 해가 함지에 떨어진다, 곧 해가 지는 것.
124) 끼룩끼룩 우는 저 물수리는 물가에서 노니누나. 아름답고 덕이 있는 숙녀는 군자의 좋은 배필이로다. 《시경》 맨 처음에 나오는 시.
125) 대학의 도道는 밝은 덕을 밝히는 데 있으며, 인민들을 향상시키는 데 있으며.

"등왕각滕王閣[127]이라. 남창南昌은 고군故郡이요, 홍도洪都는 신부新府로다[128]. 옳다, 그 글 되었다."
《맹자》를 읽을새,
"맹자孟子 견양혜왕見梁惠王하신대, 왕왈王曰 수불원천리이래叟不遠千里而來하시니[129] 춘향이 보시려 오시니이까?"
《사략》을 읽는데,
"태고太古라 천황씨天皇氏는 이以 쑥떡으로 왕 하여 세기섭제歲起攝提하시니 무위이화無爲而化이라[130] 하여 형제 십이 인이 각 일만 팔천 세 하다."
방자 여쭈오되,
"여보 도련님, 천황씨가 목덕木德[131]으로 왕이란 말은 들었으되, 쑥떡으로 왕이란 말은 금시초문이오."
"이 자식, 네 모른다. 천황씨 일만 팔천 세를 살던 양반이라 이가 단단하여 목떡을 잘 자셨거니와 시속 선비들은 목떡을 먹겠느냐? 공자님께옵서 후생을 생각하사 명륜당에 현몽現夢하고 시속 선비들은 이가 부족하여 목떡을 못 먹기로 물신물신한 쑥떡으로 하라 하여 삼백육십 주 향교에 통문通文하고 쑥떡으로 고쳤느니라."
방자 듣다가 말을 하되,
"여보, 하늘님이 들으시면 깜짝 놀라실 거짓말도 듣것소."
또 '적벽부赤壁賦'를 들여놓고,
"임술지추壬戌之秋 칠월七月 기망旣望에 소자여객蘇子與客으로 범주유어적벽지하泛舟

---

126) 《주역》의 첫 대목으로, 원 문장은 '건원형리정乾元亨利貞'이다. 곧 건乾은 원元하며 형亨하며 이利하며 정貞하다는 것으로, 하늘은 근원이 되고 형통함이 있고 이로움이 있고 곧아 있다는 뜻이다.
127) 당나라 왕발王勃의 '등왕각서滕王閣序'를 말한다. 등왕각은 강서 남창에 있는 유명한 누각.
128) '남창은 옛 고을이요, 홍도는 새 고을'이란 뜻인데, 시골 부녀들이 이 글을 '남방의 고운 처녀 홍 도령의 신부'로 고쳐 읽었다.
129) 맹자께서 양혜왕을 만나니, 왕이 말하기를, 선생이 천 리를 멀다 않고 오시니, 《맹자》의 첫 대목.
130) 한 해가 인방과 인시에서 시작하니 힘을 쓰지 않아도 백성이 잘 다스려지도다. 세기歲起는 해, 계절의 시작, 섭제攝提는 십이지간十二支干의 인인寅을 이른다. 인방寅方은 동방이 시작되는 방향이요, 인시寅時는 날이 시작되는 오경, 곧 새벽이다.
131) 목덕은 금목수화토金木水火土 오덕五德의 하나로, 임금과 신하가 지녀야 할 품성이며, 동녘과 봄의 성질을 지닌 음덕이다.

游於赤壁之下 할새, 청풍淸風은 서래徐來하고 수파水波는 불흥不興이라[132]. 아서라, 그 글도 못 읽것다."
《천자》를 읽을새,
"하늘 천, 따 지……."
방자 듣고,
"여보 도련님, 점잖이 천자는 웬일이오?"
"천자라 하는 글이 칠서七書의 본문本文이라[133]. 양梁나라 주싯변[134] 주흥사周興嗣가 하룻밤에 이 글을 짓고 머리가 희었기로 책 이름을 백수문白首文이라. 낱낱이 새겨 보면 뼈똥 쌀 일이 많지야."
"소인 놈도 천자 속은 아옵니다."
"네가 알더란 말이야?"
"알기를 이르겠소?"
"안다 하니 읽어 봐라."
"예, 들으시오. 높고 높은 하늘 천, 깊고 깊은 따 지, 해해친친 감을 현, 불타졌다 누를 황."
"에, 이놈. 상놈은 적실하다. 이놈 어데서 장타령 하는 놈의 말을 들었구나. 내 읽을게, 들어라.
천개자시생천天開子時生天하니 태극太極이 광대廣大 하늘 천天, 지벽어축시地闢於丑時하니[135] 오행 팔괘五行八卦[136]로 땅 지地, 삼십삼천三十三天 공부공空復空[137]에 인심 지시人心指示[138] 검을 현玄, 이십팔수二十八宿 금목수화토지정색金木水火土之正色 누를 황黃[139], 우주일월宇宙日月 중화重華하니 옥우쟁영玉宇崢嶸[140] 집 우宇, 연대국도年

---

132) 임술년 가을 칠월 십육일에 소식蘇軾이 손과 더불어 배를 띄워 적벽 아래 노닐 제, 맑은 바람은 서서히 불어오고 물결은 잔잔하다.
133) 천자千字는 사서삼경의 근본이 되는 글이라.
134) 천자千字를 쓴 주흥사의 벼슬 '주 사봉周捨奉'의 와전된 표기.
135) 땅은 축시(밤 2시쯤)에 열렸으니.
136) 오행은 물질세계의 본질과 작용 원리를 설명하는 수, 화, 목, 금, 토. 팔괘는 고대의 복희씨가 만들었다는 여덟 가지 패卦로, 건乾, 태兌, 이離, 진震, 손巽, 감坎, 간艮, 곤坤.
137) 불교에서 하늘을 욕계欲界, 색계色界, 무색계無色界로 나누어 삼십삼천이 있다고 한 것이고, 공부공空復空은 비고 또 비었다는 뜻.
138) 사람 마음의 심원하고 미묘한 움직임.
139) 고대 천문학에서 하늘의 별을 나눈 이십팔 개의 별자리와 금목수화토 다섯 가지 색 중에 가운데 색이 되는 것은 황색이란 뜻.

代國都 흥성쇠興盛衰 왕고래금往古來今에 집 주宙[141], 우치홍수禹治洪水[142] 기자 추연箕子推衍 홍범구주洪範九疇[143] 넓을 홍弘, 삼황오제三皇五帝[144] 붕崩하신 후 난신적자亂臣賊子 거칠 황荒, 동방이 장차 계명啓明키로 고고천변일륜홍高高天邊一輪紅[145] 번듯 솟아 날 일日, 억조창생 격양가에 강구연월에 달 월月, 한심미월寒心微月[146] 시시時時불어 삼오일야三五日夜에 찰 영盈, 세상만사 생각하니 달빛과 같은지라 십오야 밝은 달이 기망旣望부터 기울 측昃, 이십팔수 하도낙서河圖洛書[147] 벌인 법法, 일월성신日月星辰 별 진辰, 가련금야숙창가可憐今夜宿娼家[148]라 원앙금침에 잘 숙宿, 절대가인 좋은 풍류 나열춘추羅列春秋에 벌일 렬列, 의의월색야삼경依依月色夜三更에 만단정회萬端情懷 베풀 장張, 금일한풍소소래今日寒風蕭蕭來하니 침실에 들어라 찰 한寒, 베개가 높거든 내 팔을 베어라 이마만큼 오너라 올 래來, 에후려쳐 질끈 안고 님 각脚에 드니 설한풍雪寒風에도 더울 서暑, 침실이 덥거든 음풍陰風을 취하여 이리저리 갈 왕往, 불한불열寒不熱 어느 때냐 엽락오동葉落梧桐의 가을 추秋, 백발이 장차 우거지니 소년 풍도風度를 거둘 수收, 낙목한풍落木寒風 찬 바람 백운강산白雲江山에 겨울 동冬, 오매불망 우리 사랑 규중심처에 감출 장藏, 부용작야세우중芙蓉昨夜細雨中에 광윤유태光潤有態[149] 불을 윤潤, 이러한 고운 태도 평생을 보고도 남을 여餘, 백년가약 깊은 맹세 만경창파 이룰 성成, 이리저리 노닐 적에 부지세월 해 세歲, 조강지처 불하당不下堂 안해 박대 못 하나

---

140) 옥황상제의 집이 우뚝 솟은 모양.
141) 옛것이 가고 새것이 온다는 뜻. 곧 세월이 변함. 방현령房玄齡의 《관자管子》 주에, "옛날부터 지금에 이르는 것을 '주宙'라고 한다." 하였다.
142) 중국 하夏나라를 세운 우禹 임금은 아홉 해 동안 홍수를 다스렸다.
143) 기자가 '홍범'의 뜻을 덧붙여 설명했다는 뜻. 기자는 은殷나라의 포악한 임금인 주紂를 반대하여 산속에 숨어 있다가 주가 망한 후, 주周 나라 무왕이 집권하자 무왕에게 홍범구주를 내놓았다. 홍범구주는 나라를 다스리는 큰 원칙.
144) 삼황은 복희伏羲, 신농神農, 황제黃帝. 오제는 소호少昊, 전욱顓頊, 제곡帝嚳, 요堯, 순舜.
145) 높고 높은 하늘가에 둥실 뜬 붉은 해. 남도 잡가인 단가短歌에 있는 한 구절이다. '고고高高'는 높은 산언덕이란 뜻의 고고高皐, 또는 해가 솟는다는 뜻의 고고皐皐로 보기도 한다.
146) 보기에 마음이 서늘한, 가늘고 희미한 달.
147) 하도河圖는 복희씨 때 황하에서 용마龍馬가 지고 나왔다는 그림을 복희씨가 보고 그린 것인데, 이것이 곧 팔괘八卦의 그림이라 한다. 낙서洛書는 우임금이 홍수를 다스릴 때 거북이 등에 지고 나온 글을 보고 큰 법을 만드니, 그것이 구주九疇가 되었다고 한다.
148) 가련쿠나, 오늘밤은 창녀 집에서 머무누나. 왕발의 '임고대臨高臺' 시의 한 구절.
149) 간밤에 가는 비 맞아 부용꽃에 빛이 나네.

니 《대전통편大典通編》 법중 률律, 군자호구君子好逑 이 아니냐, 춘향 입 내 입을 한틔 다(한데다) 대고 쪽 빼니 법중 려呂 자 이 아니냐. 애고애고, 보고 지고."

소리를 크게 질러 노니, 이때 사또 저녁 진지를 잡수시고 식곤증이 나 계옵셔 평상에 취침하시다 '애고 보고 지고' 소리에 깜짝 놀라,

"이리 오너라."

"예."

"책방에서 뉘가 생침을 맞더냐, 신다리를 주물렀냐? 알아 들이라."

통인 들어가,

"도련님, 웬 목통이오? 고함 소리에 사또 놀라시사 염문廉問하라 하옵시니 어찌 아뢰리까?"

"딱한 일이로다. 남의 집 늙은이는 이롱증耳聾症도 있느니라마는 귀 너무 밝은 것도 예삿일 아니로다."

그러한다 하지마는 그럴 리가 왜 있을꼬. 도련님 대경大驚하여,

"이대로 여쭈어라. 내가 《논어》라 하는 글을 보다가 '차호嗟乎라 오로의구의吾老矣久矣라 몽불견주공夢不見周公'150)이란 대문 글 보다가, 나도 주공을 보면 그리하여 볼까 하여 흥치로 소리가 높았으니, 그대로만 여쭈어라."

통인이 들어가 그대로 여쭈오니, 사또 도련님 승벽 있음을 크게 기꺼하여,

"이리 오너라. 책방에 가 목睦 낭청151)을 가만히 오시래라."

낭청이 들어오는데 이 양반이 어찌 고리게 생겼던지 만지걸음 속한지152) 근심이 담숙 들었던 것이었다.

"사또, 그새 심심하시오?"

"아, 게 앉소. 할 말 있네. 우리 피차 고우故友로서 동문수업同門修業 하였거니와 아시兒時에 글 읽기같이 싫은 것이 없건마는 우리 아兒 시흥 보니 어이 아니 즐거울쏜가."

이 양반은 지여부지간知與不知間에 대답하것다.

"아이 때 글 읽기같이 싫은 게 어데 있으리오."

"읽기가 싫으면 잠도 오고 꾀가 무수하제. 이 아이는 글 읽기를 시작하면 읽고 쓰고 불철주야하제."

"예, 그럽디다."

---

150) 슬프다, 내 늙은 지 오래라, 꿈에 주공을 뵙지 못하였도다.
151) 낭청은 각 관아에 속해 있는 관리. 《춘향전》에서 유래하여 이래도 응 하고 저래도 응 하는 사람을 일컫는 말로 쓴다.
152) 만지걸음은 채신머리없이 두 발을 자주 떼어 놓으며 걷는 잦은걸음. '속한지'는 무슨 뜻인지 알 수 없다.

"배운 바 없어도 필재筆才 절등絶等하제."
"그렇지요. 점 하나만 툭 찍어도 고봉추석高峰墜石 같고 한 일一을 그어 놓으면 천리진운千里陣雲이요[153], 갓머리(宀)는 작규첨단雀窺添端[154]이요, 필법 논지論之하면 풍랑뇌전風浪雷電[155]이요, 내리그어 채는 획은 노송도괘절벽老松倒掛絶壁[156]이라. 창 과戈로 이를진대 마른 등 넌출같이 뻗어갔다 도로 채는 데는 성난 쇠뇌[157] 끝 같고, 기운이 부족하면 발길로 툭 차올려도 획은 획대로 되나니, 글씨를 가만히 보면 획은 획대로 되옵디다."
"글쎄, 듣게. 저 아이 아홉 살 먹었을 제 서울 집 뜰에 늙은 매화 있는 고로 매화 남글 두고 글을 지으라 하였더니 잠시 지었으되, 정성 들인 것과 용사用事[158] 비등하니 일람첩기一覽輒記[159]라 묘당廟堂[160]에 당당한 명사 될 것이니 남명이북고南鳴而北鼓하고 부춘추어일소付春秋於一笑[161] 허였데."
"장래 정승 하오리다."
사또 너무 감격하여,
"정승이야 어찌 바라겠나마는 내 생전에 급제는 쉬 하리마는 급제만 쉽게 하면 출륙出六[162]이야 범연히 지내겠나?"
"아니오, 그리할 말씀이 아니라 정승을 못 하오면 장승이라도 되지요."
사또가 호령하되,
"자네 뉘 말로 알고 대답을 그리 하나?"
"대답은 하였사오나 뉘 말인지 몰라요."

---

153) 고봉추석高峰墜石은 높은 봉우리에서 돌이 떨어지듯 힘 있는 필법, 천리진운千里陣雲은 천리에 뻗은 구름 같은 필법.
154) 참새가 처마 끝에서 엿보는 것같이 점을 하나 툭 찍는 필법.
155) 글씨의 품격이 바람에 물결치는 듯, 우레 치는 듯하다. 옛 필법에 무너지는 파도 같고 달리는 우레 같다는 '붕랑뇌분崩浪雷奔'에서 온 말이다.
156) 늙은 소나무가 절벽에 거꾸로 걸려 있는 듯.
157) 활의 한 종류로 화살 여러 개를 잇달아 쏠 수 있게 만든 것.
158) 고사를 인용하는 것.
159) 한번 보면 쉽게 기억한다는 뜻.
160) 의정부議政府의 딴 이름.
161) 전쟁에 나가기만 하면 이기고 돌아오고, 춘추, 곧 나이를 한 웃음에 붙인다는 뜻으로, 나이에 관계없이 출세하리라는 뜻.
162) 칠품七品 벼슬에 있던 관원이 임기가 끝나고 근무 성적이 좋으면 육품六品 벼슬로 나아가는 것.

그런다고 하였으되 그게 또 다 거짓말이었다.
이때 이 도령은 퇴령 놓기를 기다릴 제,
"방자야."
"예."
"퇴령 놓았나 보아라."
"아직 아니 놓았소."
조금 있더니,
"하인 물리라."
퇴령 소리 길게 나니,
"좋다, 좋다. 옳다, 옳다. 방자야, 등롱에 불 밝혀라."
통인 하나 뒤를 따라 춘향의 집 건너갈 제 자취 없이 가만가만 걸으면서,
"방자야, 상방上房에 불 비친다. 등롱을 옆에 껴라."
삼문 밖 썩 나서서 협로지간狹路之間에 월색이 영롱하고 화간花間 푸른 버들 몇 번이나 꺾었으며, 투계鬪鷄 소년 아이들[163]은 야입청루夜入靑樓 하였으니 지체 말고 어서 가자.
그렁저렁 당도하니 가련금야요적可憐今夜寥寂한데[164] 가기물색佳期物色[165] 이 아니냐. 가소롭다, 어주자漁舟子는 도원桃源 길을 모르던가.
춘향 문전 당도하니 인적야심人寂夜深한데 월색은 삼경이라. 어약이출몰魚躍而出沒[166] 하고 대접 같은 금붕어는 님을 보고 반기는 듯, 월하月下에 두루미는 흥에 겨워 짝 부른다.
이때 춘향이 칠현금七絃琴 비껴 안고 '남풍시南風詩'를 희롱타가 침석에 졸더니, 방자 안으로 들어가되 개가 짖을까 염려하여 자취 없이 가만가만 춘향 방 영창 밑에 가만히 살짝 들어가서,
"이애 춘향아 잠들었냐?"
춘향이 깜짝 놀라,
"네 어찌 오냐?"
"도련님이 와 계시다."
춘향이가 이 말을 듣고 가슴이 월렁월렁 속이 답답하여 부끄럼을 못 이기어 문을 열고 나오더니 건넌방 건너가서 저희 모친 깨우는데,
"애고, 어머니, 무슨 잠을 이다지 깊이 주무시오?"
춘향 모 잠을 깨어,

---

163) 닭싸움 시키는 아이들.
164) 아름다운 밤이라 고요한데.
165) 아름다운 인연을 맺을 만한 때.
166) 고기가 뛰어 물에서 들락거린다.

"아가, 무엇을 달라고 부르느냐?"
"누가 무엇 달래었소?"
"그러면 어찌 불렀느냐?"
엉겁결에 하는 말이,
"도련님이 방자 모시고 오셨다오."
춘향 모 문을 열고 방자 불러 묻는 말이,
"뉘가 와야?"
방자 대답하되,
"사또 자제 도련님이 와 계시오."
춘향 모 그 말 듣고,
"향단아, 네 뒤 초당에 좌석 등촉 신칙申飭하여 보전〔鋪陳〕[167]하라."
당부하고 춘향 모가 나오는데, 세상 사람이 다 춘향 모를 일컫더니 과연이로다. 자고로 사람이 외탁을 많이 하는 고로 춘향 같은 딸을 낳았구나. 춘향 모 나오는데 거동을 살펴보니 반백이 넘었는데 소탈한 모양이며 단정한 거동이 표표정정表表亭亭하고 기부肌膚가 풍영豐盈하여[168] 복이 많은지라. 쑥스럽고 점잖게 발막[169]을 끌어 나오는데 가만가만 방자 뒤를 따라온다.
이때 도련님이 배회고면徘徊顧眄[170]하여 무료히 서 있을 제, 방자 나와 여쭈오되,
"저기 오는 게 춘향의 모로소이다."
춘향 모가 나오더니 공수拱手하고 우뚝 서며,
"그새에 도련님 문안이 어떠하오?"
도련님 반만 웃고,
"춘향의 모이라제? 평안한가?"
"예, 겨우 지내옵니다. 오실 줄 진정 몰라 영접이 불민하오니이다."
"그럴 리가 있나."
춘향 모 앞을 서서 인도하여 대문, 중문 다 지나 후원을 돌아가니, 연구年久한 별초당別草堂에 등롱을 밝혔는데, 버들가지 늘어져 불빛을 가린 모양 구슬발이 갈공이(갈고리)에 걸린 듯하고, 우편의 벽오동碧梧桐은 맑은 이슬이 뚝뚝 떨어져 학의 꿈을 놀래는 듯, 좌편에 섰는 반송은 청풍이 건듯 불면 노룡이 굼니는 듯, 창전窓前에 심은 파초, 일난초日暖初 봉미장鳳尾長은 속잎이 빼어나고[171], 수심여주水心如珠[172] 어린 연꽃 물 밖에 겨우 떠서

---

167) 보살피어 자리를 보아 놓는 것.
168) 표표정정은 우뚝하니 두드러진 모양, 기부는 살결, 풍영은 살이 풍만하게 찐 모습.
169) 발막신. 앞부리를 넓적하게 만들어 가죽을 대고 흰 분을 바른 마른신.
170) 이리저리 거닐며 눈을 주어 돌아보는 것.

옥로玉露를 받쳐 있고, 대접 같은 금붕어는 어변성룡魚變成龍하려 하고 때때마다 물결쳐서 출렁 툼벙 굼실 놀 때마다 조롱하고, 새로 나는 연잎은 받을 듯이 벌어지고, 급연삼봉석가산岌然三峰石假山[173]은 층층이 쌓였는데, 계하階下의 학두루미 사람을 보고 놀라 두 죽지를 떡 벌리고 긴 다리로 징검징검 낄룩 뚜루룩 소리하며, 계화桂花 밑에 삽살개 짖는구나. 그중에 반가울사 못 가운데 쌍오리는 손님 오시노라 둥덩실 떠서 기다리는 모양이요, 처마에 다다르니 그제야 저의 모친 영을 디디어서(받들어서) 사창紗窓을 반개半開하고 나오는데, 모양을 살펴보니 뚜렷한 일륜명월一輪明月 구름 밖에 솟았는데, 황홀한 저 모양은 측량키 어렵도다. 부끄러이 당에 내려 천연히 섰는 거동은 사람의 간장을 다 녹인다.

도련님 반만 웃고 춘향더러 묻는 말이,
"곤困치 아니하며 밥이나 잘 먹었냐?"

춘향이 부끄러워 대답지 못하고 묵묵히 서 있거늘, 춘향 모가 먼저 당에 올라 도련님을 자리로 모신 후에 차를 들어 권하고 담배 붙여 올리오니, 도련님이 받아 물고 앉으실 제, 도련님 춘향의 집 오실 때는 춘향에게 뜻이 있어 와 계시지 춘향의 세간 기물 구경 온 바 아니로되, 도련님 첫 외입이라 밖에서는 무슨 말이 있을 듯하더니, 들어가 앉고 보니 별로이 할 말이 없고, 공연히 천촉기喘促氣[174]가 있어 오한증이 들면서, 아무리 생각하되 별로 할 말이 없는지라. 방중을 둘러보며 벽상을 살펴보니 여간 기물器物 놓였는데, 용장龍欌, 봉장鳳欌, 가께수리[175] 이렁저렁 벌였는데, 무슨 그림장도 붙어 있고, 그림을 그려 붙였으되, 서방 없는 춘향이요 학學하는 계집아이가 세간 기물과 그림이 왜 있을까마는 춘향 모가 유명한 명기라 그 말을 주려고 장만한 것이었다.

조선에 유명한 명필 글씨 붙어 있고, 그 사이에 붙인 명화 다 후려쳐 던져두고 월선도月仙圖란 그림 붙였으되 월선도 제목이 이렇던 것이었다. 상제고거강절조上帝高居絳節朝[176]에 군신 조회 받던 그림, 청련青蓮 거사 이태백이 황학전黃鶴殿 꿇어앉아 《황정경黃庭經》 읽던 그림, 백옥루白玉樓[178] 지은 후에 장길長吉[179] 불러올려 상량문上梁文 짓는 그림,

---

171) 창 앞에 심은 파초 햇살이 따뜻하게 퍼지면 봉황의 꼬리같이 속잎이 길게 빼어나고. '일난초 봉미장' 은 꽃 이름인 '일란초一蘭草, 봉미초鳳尾草' 로 보기도 한다.
172) 구슬 같은 맑은 물방울.
173) 우뚝 솟은 세 봉우리 석가산. 석가산은 뜰에 연못을 파고 연못 가운데 돌을 쌓아 만든 산.
174) 기침 나고 숨을 헐떡이는 증세.
175) 용장은 용의 모양을 장식한 옷장, 봉장은 봉황의 모양을 장식한 옷장, 가께수리는 화장 도구나 몸에 쓰는 도구를 넣어 두는 궤, 또는 서랍이 많이 있는 궤.
176) 옥황상제 높이 앉아 붉은 부절 가득한 곳에서 신하들의 조회를 받는다. 두보의 시 '옥대관玉臺觀' 의 한 구절이다.
177) 황학루黃鶴樓를 말한다. 신선이 황학을 타고 날아와 놀았다는 전설이 있는 누각.

칠월칠석 오작교에 견우직녀 만나는 그림, 광한전廣寒殿 월명야月明夜에 도약搗藥[180]하던 항아 그림 층층이 붙였으되 광채가 찬란하여 정신이 산란한지라.

또 한 곳 바라보니 부춘산富春山 엄자릉嚴子陵은 간의대부諫議大夫 마다하고 백구白鷗로 벗을 삼고 원학猿鶴으로 이웃 삼아 양구羊裘[181]를 떨쳐입고 추동강秋桐江 칠리탄七里灘에 낚싯줄 던진 경景을 역력히 그려 있다. 방가위지方可謂之 선경仙景이라 군자호구君子好逑 놀 데로다.

춘향이 일편단심 일부종사하려 하고 글 한 수를 지어 책상 위에 붙였으되,

대운춘풍죽帶雲春風竹이요
분향야독서焚香夜讀書라.[182]

"기특하다. 이 글 뜻은 목란木蘭[183]의 절개로다."
이렇듯 치하할 제, 춘향 모 여쭈오되,
"귀중하신 도련님이 누지陋地에 욕림辱臨하시니[184] 황공 감격하옵니다."
도련님 그 말 한마디에 말 궁기가 열리었제.
"그럴 리가 왜 있는가. 우연히 광한루에서 춘향을 잠깐 보고 연연히 보내기로 탐화봉접探花蜂蝶 취한 마음, 오늘 밤에 오는 뜻은 춘향 모 보러 왔거니와 자네 딸 춘향과 백년언약을 맺고자 하니 자네의 마음이 어떠한가?"
춘향 모 여쭈오되,
"말씀은 황송하오나 들어 보오. 자하골 성 참판 영감이 보후補後[185]로 남원에 좌정하였을 때, 소리개를 매로 보고 수청을 들라 하옵기로 관장의 영을 못 어기어 모신 지 삼 삭 만에 올라가신 후로 뜻밖에 포태胞胎하여 낳은 게 저것이라. 그 연유로 고목告目[186]하

---

178) 옥황상제가 있다는 궁전.
179) 장길은 당나라 시인 이하李賀의 자. 옥황상제가 백옥루를 짓고는 이하를 불러올려 기문을 짓게 했다는 전설이 있다.
180) 약을 찧는 것.
181) 양가죽으로 만든 갖옷.
182) 구름 띤 봄바람의 대나무요, 향을 사르며 밤새 글을 읽는다.
183) 중국 옛날 민요에 나오는 젊은 여성으로, 아버지를 대신하여 남자로 차리고 전쟁에 나가 공을 세우고 높은 작위를 얻지만, 이를 버리고 고향으로 돌아왔다.
184) 누추한 곳에 와 주시니. 욕림辱臨은 왕림과 같은 말.
185) 내직內職으로 임명하기 전에 먼저 임시로 지방관에 임명하는 것.
186) 윗사람에게 올리는 글.

니, 젖줄 떨어지면 데려갈란다 하시더니 그 양반이 불행하여 세상을 버리시니, 보내들 못하옵고 저것을 길러낼 제, 어려서 잔병조차 그리 많고 칠 세에《소학》읽혀 수신제가 화순심和順心을 낱낱이 가르치니, 씨가 있는 자식이라 만사를 달통이요, 삼강행실三綱行實 뉘라서 내 딸이라 하리오. 가세가 부족하니 재상가 부당이요, 사서인士庶人 상하불급上下不及 혼인이 늦어 가매 주야로 걱정이나, 도련님 말씀은 잠시 춘향과 백년기약한단 말씀이오나, 그런 말씀 마시고 노시다 가옵소서."
이 말이 참말이 아니라, 이 도련님 춘향을 얻는다 하니, 내두사來頭事[187]를 몰라 뒤를 눌러 하는 말이었다.
이 도령 기가 막혀,
"호사好事에 다마多魔로세. 춘향도 미혼 전이요, 나도 미장未丈 전이라 피차 언약이 이러하고 육례六禮는 못할망정 양반의 자식이 일구이언을 할 리 있냐."
춘향 모 이 말 듣고,
"또 내 말 들으시오. 고서에 하였으되 '지신知臣은 막여주莫如主요, 지자知子는 막여부莫如父라.'[188] 하니 지녀知女는 모母 아닌가. 내 딸 심곡心曲 내가 알제. 어려부터 절곡切曲한 뜻이 있어 행여 신세를 그르칠까 의심이오. 일부종사 하려 하고 사사事事이 하는 행실 철석같이 굳은 뜻이 청송녹죽 전나무 사시절을 다투는 듯 상전벽해桑田碧海 될지라도 내 딸 마음 변할쏜가. 금은金銀 오촉지백吳蜀之帛이 적여구산積如丘山이라도[189] 받지 아니할 터이요, 백옥 같은 내 딸 마음 청풍인들 미치리오. 다만 고어를 효칙效則코자 할 뿐이온데, 도련님은 욕심 부려 인연을 맺었다가, 미장 전 도련님이 부모 몰래 깊은 사랑 금석같이 맺었다가 소문 어려 버리시면, 옥결 같은 내 딸 신세 문채 좋은 대모玳瑁[190], 진주 고운 구슬 구멍노리[191] 깨어진 듯, 청강에 놀던 원앙조가 짝 하나를 잃었던들 어이 내 딸 같을쏜가. 도련님 내정內情[192]이 말과 같을진대 심량深量하여 행하소서."
도련님 더욱 답답하여,
"그는 두 번 염려하려 마소. 내 마음 헤아리니 특별 간절 굳은 마음 흉중에 가득하니 분의分義는 다를망정 제와 내와 평생 기약 맺을 제 전안 납폐奠雁納幣[193] 아니 한들 창파

---

187) 앞으로 닥쳐올 일.
188) 신하를 아는 것은 임금만 같지 못하고, 자식을 아는 것은 아비만 같지 못하다.
189) 금은이며 좋은 비단을 산처럼 쌓아 놓았을지라도. 오촉지백吳蜀之帛은 오나라, 촉나라의 비단. 두 나라 다 비단의 명산지다.
190) 무늬 좋은 바다거북 껍질.
191) 구슬을 꿰는 구멍 자리. 구멍노리가 깨어지면 못 쓴다.
192) 속마음.
193) 전안은 혼인할 때 기러기를 드리는 예식. 납폐는 신랑 집에서 청홍 두 가지 비단을 예물

滄波같이 깊은 마음 춘향 사정 모를쏜가."

이렇듯이 이같이 설화하니 청실홍실 육례 갖춰 만난대도 이 위에 더 뽀족할까.

"내 저를 초취初娶같이 여길 터니 시하侍下[194]라고 염려 말고 미장 전도 염려 마소. 대장부 먹은 마음 박대 행실 있을쏜가. 허락만 하여 주소."

춘향 모 이 말 듣고 이윽히 앉았더니 몽조夢兆가 있는지라 연분인 줄 짐작하고 흔연히 허락하며,

"봉鳳이 나매 황凰이 나고, 장군 나매 용마 나고, 남원에 춘향 나매 이화춘풍李花春風 꽃답다. 향단아, 주반酒盤 등대하였느냐?"

"예."

대답하고, 주효酒肴를 차릴 적에 안주 등물 볼작시면, 고임새도 정결하고 대양푼 가리찜, 소양푼 제육찜, 풀풀 뛰는 숭어찜, 포도동 나는 메추리탕에 동래 울산 대전복 대모장도玳瑁粧刀[195] 드는 칼로 맹상군孟嘗君의 눈썹 체[196]로 어슥비슥 오려 놓고, 염통산적 양볶이와 춘치자명春雉自鳴 생치生雉 다리[197], 적벽 대접 분원기分院器[198]에 냉면조차 비벼 놓고, 생률 숙률生栗熟栗 잣송이며 호두, 대추, 석류, 유자, 준시蹲柿[199], 앵두, 탕기 같은 청실리靑實梨[200]를 치수 있게 괴었는데, 술병 치레 볼작시면 티끌 없는 백옥병과 벽해수상碧海水上 산호병과 엽락금정葉落金井[201] 오동병梧桐甁과 목 긴 황새병, 자라병, 당화병唐花甁, 쇄금병鎖金甁, 소상 동정瀟湘洞庭 죽절병竹節甁[202], 그 가운데 천은天銀 알안자, 적동자赤銅子, 쇄금자鎖金子[203]를 차례로 놓았는데, 구비함도 갖을시고. 술 이름을 이를진대 이적선李謫仙 포도주와 안기생安期生 자하주紫霞酒와 산림처사 송엽주松葉酒와 과하주

로 신부 집으로 보내는 예식.
194) 부모를 모시고 있는 몸.
195) 거북 등껍질로 장식한 작은 칼.
196) 맹상군은 중국 제齊나라의 유명한 재상. 눈썹 체는 눈썹 모양.
197) 봄이면 절로 우는 꿩의 다리.
198) 분원사기分院砂器.
199) 감을 꼬챙이에 꿰지 않고 그대로 말린 것.
200) 청술레. 푸른빛이 도는 토종 배.
201) 오동잎이 금정金井에 떨어지고. 금정은 우물 난간을 화려하게 꾸민 것. 보통 궁궐에 딸린 후원 숲에 있는 우물.
202) 소상강 동정호에는 아황과 여영 두 여인의 피눈물로 대가 얼룩졌다는 전설이 있다. 죽절병은 그 소상의 대마디로 만든 술병.
203) 천은 알안자는 알같이 동그란 은 주전자, 적동자는 붉은 놋쇠 주전자, 쇄금자는 금으로 장식한 주전자.

過夏酒, 방문주方文酒, 천일주千日酒, 백일주百日酒, 금로주金露酒, 팔팔 뛰는 화주火酒, 약주, 그 가운데 향기로운 연엽주蓮葉酒 골라내어, 알안자 가득 부어 청동화로 백탄 불에 냄비 냉수 끓는 가운데, 알안자 둘러 불한불열不寒不熱 데워 내어 금잔 옥잔 앵무배鸚鵡杯를 그 가운데 띄웠으니, 옥경연화玉京蓮花 피는 꽃이 태을선녀太乙仙女 연엽선蓮葉船 띄우듯 대광보국大匡報國[204] 영의정 파초선芭蕉扇[205] 띄우듯 둥덩실 띄워 놓고 권주가 한 곡조에 일배일배부일배一杯一杯復一杯라.

이 도령 이른 말이,

"금야에 하는 절차 보니 관청이 아니거든 어이 그리 구비한가?"

춘향 모 여쭈오되,

"내 딸 춘향 곱게 길러 요조숙녀 군자호구 가리어서 금슬우지琴瑟友之 평생 동락하올 적에, 사랑에 노는 손님 영웅호걸 문장들과 죽마고우 벗님네 주야로 즐기실 제, 내당의 하인 불러 밥상 술상 재촉할 제, 보고 배우지 못하고는 어이곧 등대하리. 내자가 불민하면 가장家長 낯을 깎음이라, 내 생전 힘써 가르쳐 아무쪼록 본받아 행하라고, 돈 생기면 사 모아서 손으로 만들어서 눈에 익고 손에도 익히라고, 일시 반때 놓지 않고 시킨 바라 부족다 마시고 구미대로 잡수시오."

앵무배 술 가득 부어 도련님께 드리오니, 도령 잔 받아 손에 들고 탄식하여 하는 말이,

"내 마음대로 할진대는 육례를 행할 터나 그렇딜 못하고 개구녁서방으로 들고 보니 이 아니 원통하랴. 이애 춘향아, 그러나 우리 둘이 이 술을 대례 술로 알고 먹자."

일배주 부어 들고,

"네 내 말 들어라. 첫째 잔은 인사주人事酒요, 둘째 잔은 합환주合歡酒라. 이 술이 다른 술 아니라 근원 근본 삼으리라. 대순大舜의 아황 여영 귀히 귀히 만난 연분 지중타 하였으되, 월로月老[206]의 우리 연분 삼생가약三生佳約 맺은 연분 천만년이라도 변치 아니할 연분, 대대로 삼태육경三台六卿[207] 자손이 많이 번성하여 자손 증손 고손이며 무릎 위에 앉혀 놓고 죄암죄암 달강달강 백세상수百歲上壽 하다가서 한날한시 마주 누워 선후 없이 죽거드면 천하에 제일가는 연분이제."

술잔 들어 잠순 후에,

"향단아, 술 부어 너희 마누라께 드리라. 장모, 경사 술이니 한 잔 먹소."

춘향 모 술잔 들고 일희일비 하는 말이,

"오늘이 여식의 백년 고락을 맡기는 날이라 무슨 슬픔 있으리까마는 저것을 길러 낼 제

---

204) 대광보국숭록대부大匡報國崇祿大夫. 문관으로 가장 높은 정일품 칭호.
205) 정승이 타는 가마 앞에 세워 가마의 신분을 표시하는 파초잎 모양의 자루 긴 부채.
206) 월하노인月下老人의 준말. 남녀의 연분을 맺어 준다는 전설의 노인.
207) 삼태는 영의정, 좌의정, 우의정의 삼정승, 육경은 육조의 판서.

애비 없이 설이(섧게) 길러 이때를 당하오니 영감 생각이 간절하여 비창하여이다."
도련님 이른 말이,
"이왕지사 생각 말고 술이나 먹소."
춘향 모 수삼 배 먹은 후에 도련님 통인 불러 상 물려주면서,
"너도 먹고 방자도 먹여라."
통인, 방자 상 물려 먹은 후에 대문, 중문 다 닫히고 춘향 모 향단이 불러 자리 보전[鋪陳] 시킬 제 원앙금침 잣베개와 샛별 같은 요강, 대야 자리 보전을 정히 하고,
"도련님, 평안히 쉬옵소서. 향단아 나오너라. 나하고 함께 자자."
둘이 다 건너갔구나.
춘향과 도련님과 마주 앉아 놓았으니 그 일이 어찌 되겠느냐. 사양斜陽을 받으면서 삼각산 제일봉 봉학 앉아 춤추는 듯, 두 활개를 예굽듯이 들고 춘향의 섬섬옥수 바드듯이 검쳐 잡고 의복을 공교하게 벗기는데, 두 손길 썩 놓더니 춘향 가는 허리를 담쑥 안고,
"나상羅裳을 벗어라."
춘향이가 처음 일일뿐 아니라 부끄러워 고개를 숙여 몸을 틀 제 이리 곰실 저리 곰실 녹수에 홍련화 미풍 만나 굽니는 듯, 도련님 치마 벗겨 제쳐 놓고 바지, 속옷 벗길 적에 무한히 실난된다(실랑이한다). 이리 굼실 저리 굼실 동해 청룡이 굽이를 치는 듯,
"아이고, 놓아요. 좀 놓아요."
"에라, 안 될 말이로다."
실난 중 옷끈 끌러 발가락에 딱 걸고서 껴안고 진드시 누르며 기지개 쓰니 발길 아래 떨어진다. 옷이 활딱 벗어지니 형산의 백옥덩이 이 위에 비할쏘냐. 옷이 활씬 벗어지니, 도련님 거동을 보려 하고 슬그미 놓으면서,
"아차차, 손 빠졌다."
춘향이가 침금寢衾 속으로 달려든다. 도련님 왈칵 좇아 들어 누워 저고리를 벗겨 내어 도련님 옷과 모두 한틔다 둘둘 뭉쳐 한편 구석에 던져두고 둘이 안고 마주 누웠으니 그대로 잘 리가 있나. 골즙骨汁 낼 제[208] 삼승三升 이불 춤을 추고, 샛별 요강은 장단을 맞추어 청그릉 징징, 문고리는 달랑달랑 등잔불은 가물가물 맛이 있게 잘 자고 났구나. 그 가운데 진진한 일이야 오죽하랴.
하루 이틀 지나가니 어린것들이라 신新 맛이 간간 새로워 부끄럼은 차차 멀어지고 그제는 기롱도 하고 우순 말도 있어 자연 사랑가가 되었구나. 사랑으로 노는데 똑 이 모양으로 놀던 것이었다.

---

208) 남자의 사정射精을 말한다.

"사랑 사랑 내 사랑이야.
동정칠백월하초洞庭七百月下初에[209] 무산巫山같이 높은 사랑
목락무변수여천木落無邊水如天[210]의 창해같이 깊은 사랑
옥산전玉山顚[211] 달 밝은데 추산천봉秋山千峰 완월翫月 사랑
증경학무曾經學舞 하올 적 차문취소借問吹簫하던 사랑[212]
유유낙일悠悠落日 월렴간月簾間[213]에 도리화개桃李花開 비친 사랑
섬섬초월纖纖初月 분백粉白한데 함소함태含笑含態 숫한 사랑[214]
월하에 삼생연분 너와 나와 만난 사랑 허물없는 부부 사랑
화우동산花雨東山 모란화같이 펑퍼지고 고운 사랑
연평延平 바다 그물같이 얽히고 맺힌 사랑
은하 직녀 직금織錦같이 올올이 이은 사랑
청루 미녀 침금같이 혼솔마다 감친 사랑
시냇가 수양같이 청처지고 늘어진 사랑
남창 북창南倉北倉 노적같이 다물다물 쌓인 사랑
은장 옥장銀欌玉欌 장식같이 모모이 잠긴 사랑
영산 홍로映山紅露[215] 봄바람에 넘노나니
황봉 백접黃蜂白蝶 꽃을 물고 즐긴 사랑
녹수 청강綠水淸江 원앙조 격으로 마주 둥실 떠 노는 사랑
연년 칠월칠석 야夜에 견우직녀 만난 사랑
육관대사六觀大師 성진이가 팔선녀八仙女와 노는 사랑
역발산力拔山 초패왕이 우미인을 만난 사랑
당나라 당 명황唐明皇이 양 귀비楊貴妃 만난 사랑
명사십리 해당화같이 연연히 고운 사랑
네가 모두 사랑이로구나.
어화 둥둥 내 사랑아
어화 내 간간衎衎[216] 내 사랑이로구나.

---

209) 동정호 칠백 리 달빛 아래.
210) 나뭇잎이 가없는 물에 떨어지는데 그 물이 하늘과 같다.
211) 옥산의 꼭대기. 서왕모가 산다는 군옥산 머리.
212) 일찍이 춤을 배울 제 퉁소를 불어서 묻던 사랑.
213) 유유히 해는 지고 달이 발 사이에 뜨니.
214) 가는 초승달은 분처럼 흰데, 웃음 머금은 미인의 수줍은 사랑.
215) 영산홍 꽃잎들에 맺힌 이슬.

여봐라, 춘향아, 저리 가거라. 가는 태도를 보자.
이만큼 오너라. 오는 태도를 보자.
빵긋 웃고 아장아장 걸어라. 걷는 태도 보자.
너와 나와 만난 사랑 연분을 팔자 한들 팔 곳이 어데 있어.
생전 사랑 이러하고 어찌 사후 기약 없을소냐.
너는 죽어 될 것 있다. 너는 죽어 글자 되되
따 지地 자, 그늘 음陰 자, 안해 처妻 자, 계집 녀女 자 변邊이 되고
나는 죽어 글자 되되
하늘 천天 자, 하늘 건乾, 지아비 부夫, 사내 남男, 아들 자子 몸이 되어
계집녀 변에다 딱 붙이면 좋을 호好 자로 만나 보자.
사랑 사랑 내 사랑.
또 너 죽어 될 것 있다. 너는 죽어 물이 되되
은하수, 폭포수, 만경창해수, 청계수, 옥계수 일대 장강 던져두고
칠년대한 가물 때도 일상 진진津津 추겨 있는 음양수陰陽水란 물이 되고
나는 죽어 새가 되되 두견조도 될라 말고
요지瑤池[217] 일월日月 청조, 청학, 백학이며 대붕조大鵬鳥 그런 새가 될라 말고
쌍거쌍래 떠날 줄 모르는 원앙조란 새가 되어
녹수의 원앙 격으로 어화둥둥 떠 놀거든 나인 줄을 알려무나.
사랑 사랑 내 간간 내 사랑이야."
"아니, 그것도 나 아니 될라요."
"그러면 너 죽어 될 것 있다.
너는 죽어 경주 인경도 될라 말고
전주 인경도 될라 말고 송도 인경도 될라 말고
장안 종로 인경 되고 나는 죽어 인경 마치 되어
삼십삼천 이십팔수를 응하여
질마재 봉화 세 자루 꺼지고 남산 봉화 두 자루 꺼지면
인경 첫 마디 치는 소리 그저 뎅뎅 칠 때마다
다른 사람 듣기에는 인경 소리로만 알아도
우리 속으로는 춘향 뎅 도련님 뎅이라 만나 보자꾸나.
사랑 사랑 내 간간 내 사랑이야."
"아니, 그것도 나는 싫소."

---

216) 기쁘고 즐거운 것.
217) 선녀 서왕모가 잔치를 했다는 연못.

"그러면 너 죽어 될 것이다.
너는 죽어 방아확이 되고 나는 죽어 방앗공이가 되어
경신년 경신월 경신일 경신시에 강태공 조작 방아[218]
그저 떨꾸덩떨꾸덩 찧거들랑 나인 줄 알려무나.
사랑 사랑 내 사랑 내 간간 사랑이야."
춘향이 하는 말이,
"싫소. 그것도 내 아니 될라요."
"어찌하여 그 말이냐?"
"나는 항시 어찌 이생이나 후생이나 밑으로만 되라니까 재미없어 못 쓰것소."
"그러면 너 죽어 위로 가게 하마.
너는 죽어 독매(맷돌) 위짝이 되고 나는 죽어 밑짝 되어
이팔청춘 홍안미색들이 섬섬옥수로 맷손을 잡고 슬슬 돌리면
천원지방天圓地方[219] 격으로 휘휘 돌아가거든 나인 줄을 알려무나."
"싫소, 그것 아니 될라요. 위로 생긴 것이 부아 나게만 생기었소. 무슨 년의 원수로서 일생 한 구멍이 더하니 아무것도 나는 싫소."
"그러면 너 죽어 될 것이다.
너는 죽어 명사십리 해당화가 되고
나는 죽어 나비 되어
나는 네 꽃송이 물고
너는 내 수염 물고
춘풍이 건듯 불거든
너울너울 춤을 추고 놀아 보자.
사랑 사랑 내 사랑이야 내 간간 사랑이지.
이리 보아도 내 사랑 저리 보아도 내 사랑
사랑이 모두 내 사랑 같으면
사랑 걸려 살 수 있나.
어허둥둥 내 사랑 내 예뻬 내 사랑이야.
방긋방긋 웃는 것은
화중왕 모란화가
하룻밤 세우細雨 뒤에 반만 피고자 한 듯

---

218) 방아를 만들어 놓고 동티를 막기 위해 '경신년 경신월 경신일 경신시 강태공 조작造作'이라는 열일곱 자를 방아 좌우에 써 놓는 풍습이 있었다.
219) 하늘은 둥글고 땅은 모가 난 것.

아무리 보아도 내 사랑 내 간간이로구나.
그러면 어쩌잔 말이냐.
너와 나와 유정有情하니 정情 자로 놀아 보자.
음 상동相同하여 정 자 노래나 불러 보세."
"들읍시다."
"내 사랑아 들어서라.
너와 나와 유정하니 어이 아니 다정하리.
담담장강수澹澹長江水 유유원객정悠悠遠客情[220]
하교河橋에 불상송不相送 강수원함정江樹遠含情[221]
송군남포불승정送君南浦不勝情[222]
무인불견송아정無人不見送我情[223]
한 태조漢太祖 희우정喜雨亭
삼태육경 백관 조정
도량 청정道場淸淨, 각시 친정
친구 통정通情, 난세亂世 평정
우리 둘이 천 년 인정
월명성희月明星稀 소상 동정瀟湘洞庭[224]
세상 만물 조화정造化定
근심 걱정, 소지원정所志原情[225]
주어 인정人情[226], 음식 투정, 복 없는 저 방정
송정訟庭, 관정官庭, 내정內庭, 외정外庭
애송정愛松亭, 천양정穿楊亭[227]

---

220) 넘실넘실 흐르는 긴 강물에 멀고 먼 나그네 정. 당나라 시인 위승경韋承慶이 아우와 이별하며 쓴 시의 한 구절.
221) 다리에서 서로 보내지 못하니 강가 나무에 맺힌 이별의 정. 당나라 시인 송지문宋之問이 친구인 두심언杜審言과 이별하며 쓴 시의 한 구절.
222) 그대를 남포에서 보내니 견딜 수 없구나 이별의 정. 정지상의 '님을 보내며〔送人〕'의 '송군남포동비가送君南浦動悲歌'를 차용한 것이다.
223) 보지 않는 이 없네, 보내는 이내 정.
224) 달이 밝고 별 드문 소상강 동정호.
225) 소장을 올려 억울한 사정을 호소하는 것. '소지所志'는 소장, '원정原情'은 자신의 사정을 호소하는 글.
226) 주어서 인정이 된다는 뜻.

양 귀비 침향정沈香亭, 이비二妃의 소상정瀟湘亭
한송정寒松亭, 백화만발 호춘정好春亭
기린토월麒麟吐月[228] 백운정白雲亭
너와 나와 만난 정
인정 실정 논지論之하면
내 마음은 원형이정元亨利貞[229]
네 마음은 일편탁정一片托情[230]
이같이 다정타가 만일 즉 파정[231]하면
복통절정腹痛絶情 걱정되니
진정으로 원정原情하잔 그 정 자다."
춘향이 좋아라고 하는 말이,
"정情 속은 도저到底하오. 우리 집 재수 있게 안택경安宅經이나 좀 읽어 주오."
도련님 허허 웃고,
"그뿐인 줄 아느냐? 또 있지야. 궁宮 자 노래를 들어 보아라."
"애고 얄궂고 우습다. 궁 자 노래가 무엇이오?"
"네 들어 보아라. 좋은 말이 많으니라.
좁은 천지 개태궁開胎宮
뇌성벽력 풍우 속에 서기 삼광瑞氣三光[232] 풀려 있는 엄장嚴壯하다 창합궁閶闔宮
성덕이 넓으시사 조림照臨[233]이 어인 일고.
주지객운성酒池客雲盛[234]하던 은왕의 대정궁大庭宮, 진시황 아방궁
문천하득聞天下得하실 적에 한 태조 함양궁咸陽宮, 그 곁에 장락궁長樂宮
반첩여班婕妤의 장신궁長信宮, 당 명황제明皇帝 상춘궁賞春宮
이리 올라 이궁離宮, 저리 올라서 별궁別宮
용궁 속에 수정궁, 월궁 속에 광한궁

---

227) 활을 쏘아 버드나무 잎을 뚫는다는 뜻의 정자. 춘추시대 양유기養有基라는 사람이 활을 잘 쏘아 백 보 밖에서 버드나무 잎을 쏘아 맞췄다는 이야기가 있다.
228) 기린봉에 솟는 달.
229) 크고, 통달하고, 옳고, 곧다.
230) 한마음 의지하는 정.
231) 파정破情이면 정이 깨어지는 것이고, 파정破精이면 사정射精의 뜻.
232) 삼광은 해, 달, 별의 세 광명.
233) 임금이 백성에게 임함.
234) 술로 만든 못에 손님이 구름처럼 많음.

너와 나와 합궁슴굼하니 한평생 무궁이라.
이 궁 저 궁 다 버리고 네 양각兩脚 새 수룡궁에
나의 심줄 방망치로 길을 내자꾸나."
춘향이 반만 웃고,
"그런 잡담은 마시오."
"그게 잡담 아니로다."
"춘향아, 우리 둘이 업음질이나 하여 보자."
"애고, 참 잡상스러워라. 업음질을 어떻게 하여요?"
업음질 여러 번 한 성부르게 말하던 것이었다.
"업음질 천하 쉬워라. 너와 나와 활씬 벗고 업고 놀고, 안고도 놀면 그게 업음질이제야."
"애고, 나는 부끄러워 못 벗겠소."
"예라 요 계집아이야, 안될 말이로다. 내 먼저 벗으마."
버선, 대님, 허리띠, 바지저고리 훨씬 벗어 한편 구석에 밀쳐놓고 우뚝 서니, 춘향이 그 거동을 보고 빵긋 웃고 돌아서다 하는 말이,
"영락없는 낯도채비 같소."
"오냐, 네 말 좋다. 천지만물이 짝 없는 게 없느니라. 두 도채비 놀아 보자."
"그러면 불이나 끄고 노사이다."
"불이 없으면 무슨 재미 있겠느냐. 어서 벗어라, 벗어라."
"애고, 나는 싫어요."
도련님 춘향 옷을 벗기려 할 제 넘놀면서 어른다.
만첩청산 늙은 범이 살찐 암캐를 물어다 놓고 이는 없어 먹든 못하고 흐르릉 흐르릉 아웅 어르는 듯, 북해 흑룡이 여의주를 입에다 물고 채운彩雲 간에 넘노는 듯, 단산丹山 봉황이 죽실竹實 물고 오동 속에 넘노는 듯[235], 구고한학九皐閑鶴[236]이 난초를 물고서 오송간梧松間에 넘노는 듯, 춘향의 가는 허리를 후리쳐다 담쑥 안고, 기지개 아드득 떨며 귓밥도 쪽쪽 빨며, 입서리(입술)도 쪽쪽 빨면서 주홍 같은 혀를 물고, 오색단청 순금장 안의 쌍거쌍래 비둘기같이 꾹꿍꿍꿍 으흥거려, 뒤로 돌려 담쑥 안고 젖을 쥐고 발발 떨며, 저고리, 치마, 바지, 속곳까지 활씬 벗겨 노니, 춘향이 부끄러워 한편으로 잡치고 앉았을 제, 도련님 답답하여 가만히 살펴보니 얼굴이 복짐하여[237] 구슬땀이 송실송실 앉았구나.
"이애 춘향아, 이리 와 업히거라."
춘향이 부끄러하니,

---

235) 봉황새는 대열매가 아니면 먹지 않고 오동나무가 아니면 깃들지 않는다고 한다.
236) 깊은 못에서 한가로이 우는 학.
237) 얼굴이 붉어져.

"부끄럽기는 무엇이 부끄러워? 이왕에 다 아는 바이니 어서 와 업히거라."
춘향을 업고 추키시며,
"어따, 그 계집아이 똥집 장히 무겁다. 네가 내 등에 업힌 게 마음이 어떠하냐?"
"한껏나게 좋소이다."
"좋냐?"
"좋아요."
"나도 좋다. 좋은 말을 할 것이니 네가 대답만 하여라."
"말씀 대답하올 테니 하여 보옵소서."
"네가 금이지야?"
"금이라니 당치 않소. 팔년풍진八年風塵 초한楚漢 시절에 육출기계六出奇計 진평陳平이이 범 아부范亞夫를 잡으려고 황금 사 만을 흩었으니[238] 금이 어이 남으리까."
"그러면 진옥眞玉이냐?"
"옥이라니 당치 않소. 만고 영웅 진시황이 형산의 옥을 얻어 이사李斯의 명필로 수명우천受命于天 기수영창旣壽永昌[239]이라 옥새를 만들어서 만세 유전을 하였으니 옥이 어이 되오리까."
"그러면 네가 무엇이냐? 해당화냐?"
"해당화라니 당치 않소. 명사십리 아니어든 해당화가 되오리까."
"그러면 네가 무엇이냐? 밀화蜜花, 금패錦貝, 호박, 진주냐?"
"아니, 그것도 당치 않소. 삼태육경 대신재상 팔도방백 수령님네 갓끈 풍잠風簪[240] 다 하고서 남은 것은 경향의 일등 명기 지환指環 벌 허다히 다 만드니 호박, 진주 부당하오."
"네가 그러면 대모玳瑁, 산호냐?"
"아니, 그것도 내 아니오. 대모갑玳瑁甲 큰 병풍 산호로 난간 하여 광해왕廣海王[241] 상량문에 수궁 보물 되었으니 대모, 산호가 부당이오."
"네가 그러면 반달이냐?"
"반달이라니 당치 않소. 금야 초생 아니어든 벽공碧空에 돋은 명월 내가 어찌 그오리까."
"네가 그러면 무엇이냐? 날 홀려 먹는 불여수냐? 네 어머니 너를 낳아서 곱디곱게 길러

---

238) 범 아부는 항우의 신하 범증范增. 항우가 범증을 높여 아부亞父라고 불렀다. 팔 년 동안 싸우던 초한 시절에 여섯 번 기묘한 계책을 낸 한나라 승상 진평이 항우와 범증 사이를 이간하려고 황금 사 만을 써서 결국 항우와 범증을 갈라놓았다.
239) 임금이 될 명을 하늘에서 받았으니 이미 그 수명은 길며 길이 번창하리라.
240) 망건의 앞이마에 다는 장식품이면서 갓을 쓸 때는 바람에 갓이 벗겨지지 않게 하는 것.
241) 남해의 신, 곧 용왕.

내어 나만 홀려 먹으려고 생겼느냐? 사랑 사랑 사랑이야, 내 간간 내 사랑이야.
　네가 무엇을 먹으려느냐? 생률 숙률을 먹으려느냐? 둥글둥글 수박 윗봉지 대모장도 드는 칼로 뚝 떼고, 강릉 백청白淸을 두루 부어 은수저 반간자[242)]로 붉은 점 한 점을 먹으려느냐?"
"아니, 그것도 내사 싫소."
"그러면 무엇을 먹으려느냐? 시금털털 개살구를 먹으려느냐?"
"아니, 그것도 내사 싫소."
"그러면 무엇을 먹으려느냐. 돝(돼지) 잡아 주랴, 개 잡아 주랴? 내 몸 통째 먹으려느냐?"
"여보 도련님, 내가 사람 잡아먹는 것 보았소?"
"에라 요것, 안 될 말이로다. 어화둥둥 내 사랑이지. 이애 그만 내리려무나. 백사만사가 다 품앗이가 있느니라. 내가 너를 업었으니 너도 나를 업어야지."
"애고, 도련님은 기운이 세어서 나를 업었거니와 나는 기운이 없어 못 업것소."
"업는 수가 있느니라. 나를 도두 업으려 말고 발이 땅에 자운자운하게 뒤로 잦은 듯하게 업어 다고."
도련님을 업고 툭 추어 노니 대중이 틀렸구나.
"애고, 잡상스러워라."
이리 흔들 저리 흔들.
"내가 네 등에 업혀 노니 마음이 어떠하냐? 나도 너를 업고 좋은 말을 하였으니 너도 나를 업고 좋은 말을 하여야제."
"좋은 말을 하오리다. 들으시오.
부열傅說이를 업은 듯, 여상呂尙이를 업은 듯
흉중대략胸中大略 품었으니 명만일국名滿一國 대신 되어
주석지신 보국충신 모두 헤아리니
사육신을 업은 듯, 생육신을 업은 듯
일日 선생, 월月 선생, 고운 선생孤雲先生을 업은 듯
제봉霽峰을 업은 듯, 요동백遼東伯을 업은 듯
정송강鄭松江을 업은 듯, 충무공忠武公을 업은 듯
우암尤庵, 퇴계退溪, 사계沙溪, 명재明齋를 업은 듯[243)]

---

242) 반간자숟가락. 간자숟가락은 곱고 두껍게 만든 숟가락, 반간자는 그보다 좀 못한 것.
243) 부열은 은나라의 재상, 여상은 강태공, 고운 선생은 최치원崔致遠, 제봉은 고경명高敬命, 요동백은 김응하金應河, 정송강은 정철, 우암은 송시열, 사계는 김장생金長生, 명재는 윤증尹拯.

내 서방이제, 내 서방. 알뜰 간간 내 서방.
진사 급제 대바쳐 직부 주서直付注書[244] 한림학사 이렇듯이 된 연후
부승지, 좌승지, 도승지로 당상堂上 하여 팔도방백 지낸 후
내직內職으로 각신閣臣[245], 대교待敎[246], 복상卜相[247], 대제학, 대사성, 판서, 좌상左相, 우상右相, 영상領相, 규장각 하신 후에 내삼천 외팔백內三千外八百[248] 주석지신.
내 서방 알뜰 간간 내 서방이제."
제 손수 농즙濃汁 나게 문질렀구나.
"춘향아, 우리 말놀음이나 좀 하여 보자."
"애고, 참 우스워라. 말놀음이 무엇이오?"
말놀음 많이 하여 본 성부르게,
"천하 쉽지야. 너와 나와 벗은 김에 너는 온 방바닥을 기어 다녀라. 나는 네 궁둥이에 딱 붙어서 네 허리를 잔뜩 끼고 불기짝을 내 손바닥으로 탁 치면서, 이리 하거든 호흥 거려 퇴금질로 물러서며 뛰어라. 알심 있게 뛰거드면 탈 승 자 노래가 있느니라.
타고 놀자, 타고 놀자.
　헌원씨軒轅氏 습용간과習用干戈 능작대무能作大霧 치우蚩尤 탁록야涿鹿野에 사로잡고[249] 승전고를 울리면서 지남거指南車를 높이 타고
하우씨夏禹氏 구년치수九年治水 다스릴 제 육행승거陸行乘車 높이 타고[250]
적송자赤松子[251] 구름 타고, 여동빈呂洞賓[252] 백로 타고
이적선李謫仙 고래 타고[253], 맹호연孟浩然 나귀 타고[254]

244) 과거에 급제한 후에 다른 직위를 거치지 않고 바로 주서에 부임하는 것. 주서는 승정원의 정7품 벼슬.
245) 규장각의 관원.
246) 규장각과 예문관의 정9품에서 정7품에 이르는 벼슬.
247) 새로 정승을 가려 뽑는 것. 정승은 국가의 중임을 맡은 사람이므로, 옛날에는 이 자리에 앉을 사람의 길흉을 점쳐서 뽑았다는 고사에서 유래한 말.
248) 내직이 삼천이 되고 외직이 팔백이 된다는 뜻.
249) 중국 고대 임금 헌원씨가 훈련을 하여 무기를 잘 써서, 바람과 비를 부리는 술법으로 큰 안개를 지어 괴롭히던 치우를 탁록 들에서 사로잡고.
250) 우임금 하우씨가 아홉 해 동안 홍수를 다스릴 제, 육로로 가는 수레 높이 타고.
251) 비를 맡은 신선.
252) 당나라 때 신선 여암呂巖.
253) 이적선은 이백李白. 채석강采石江에서 이백이 고래를 탔다는 전설이 있다.
254) 맹호연은 당나라 때 시인. 다리 저는 나귀를 타고 다녔다 한다.

태을선인太乙仙人 학을 타고, 대국 천자 꾀꼬리 타고
우리 전하는 연輦을 타고, 삼정승은 평교자平轎子를 타고
육판서는 초헌軺軒[255] 타고, 훈련대장은 수레 타고
각 읍 수령은 독교獨轎[256] 타고, 남원 부사는 별연別輦[257]을 타고
일모장강日暮長江 어옹漁翁들은 일엽편주一葉片舟 도두 타고
나는 탈 것 없으시니 금야 삼경 깊은 밤에 춘향 배를 넌짓 타고
홑이불로 돛을 달아 내 기계로 노를 저어
오목 섬을 들어가되 순풍의 음양수를 시름없이 건너갈 제
말을 삼아 탈 양이면 걸음걸이 없을쏘냐.
마부는 내가 되어 네 구정을 넌지시 잡아
구정 걸음 반부새[258]로 화장[259]으로 걸어라, 기총마 뛰듯 뛰어라."
　온갖 장난을 다 하고 보니 이런 장관이 또 있으랴. 이팔 이팔 둘이 만나 미친 마음 세월 가는 줄 모르던가 보더라.
　이때 뜻밖에 방자 나와,
　"도련님, 사또께옵서 부릅시오."
　도련님 들어가니, 사또 말씀 하시되,
　"여봐라, 서울서 동부승지 교지敎旨가 내려왔다. 나는 문부文簿 사정査定[260] 하고 갈 것이니, 너는 내행을 배행하여 명일로 떠나거라."
　도련님 부교父敎 듣고 일변은 반갑고 일변은 춘향을 생각하니 흉중이 답답하여, 사지에 맥이 풀리고 간장이 녹는 듯 두 눈으로 더운 눈물이 펄펄 솟아 옥면玉面을 적시거늘, 사또 보시고,
　"너 왜 우느니? 내가 남원을 일생 살 줄로 알았더냐? 내직으로 승차陞差되니 섭섭히 생각 말고 금일부터 치행등절治行等節[261]을 급히 차려 명일 오전으로 떠나거라."
　겨우 대답하고 물러나와 내아內衙에 들어가, 사람이 무론상중하下論上中下하고 모친께는 허물이 적은지라, 춘향의 말을 울며 청하다가 꾸중만 실컷 듣고 춘향의 집을 나오는데, 설움은 기가 막히나 노상에서 울 수 없어 참고 나오는데, 속에서 두부장 끓듯 하는지라. 춘

---

255) 2품 이상의 관원들이 타는 외바퀴 달린 가마.
256) 말 한 마리가 끄는 가마.
257) 왕이 타는 연과는 다르게 만든 연.
258) 말이 조금 거칠게 닫는 것.
259) 화장걸음. 뚜벅뚜벅 걷는 걸음.
260) 문서와 장부를 검사하여 놓는 일.
261) 떠날 행장과 여러 가지 채비.

향 문전 당도하니 둘째, 건더기째, 보째 왈칵 쏟아져 노니,

"업푸 업푸 어허."

춘향이 깜짝 놀라 왈칵 뛰어 내달아,

"애고, 이게 웬일이오? 안으로 들어가시더니 꾸중을 들으셨소? 노상에 오시다가 무슨 분함 당하셨소? 서울서 무슨 기별이 왔다더니 중복重服[262]을 입어 계시오? 점잖으신 도련님이 이것이 웬일이오?"

춘향이, 도련님 목을 담쑥 안고 치맛자락을 걷어잡고 옥안에 흐르는 눈물 이리 씻고 저리 씻으면서,

"울지 마오, 울지 마오."

도련님 기가 막혀, 울음이란 게 말리는 사람이 있으면 더 우는 것이었다.

춘향이 화를 내어,

"여보 도련님, 아굴지(아가리) 보기 싫소. 그만 울고 내력 말이나 하오."

"사또께옵서 동부승지 하여 계시단다."

춘향이 좋아하여,

"댁의 경사요. 그래서 그러면 왜 운단 말이오?"

"너를 버리고 갈 터이니 내 아니 답답하냐."

"언제는 남원 땅에서 평생 사실 줄로 알았겠소? 나와 어찌 함께 가기를 바라리오. 도련님 먼저 올라가시면 나는 예서 팔 것 팔고 추후에 올라갈 것이니 아무 걱정 마시오. 내 말대로 하였으면 군속窘束[263]잖고 좋을 것이오. 내가 올라가더라도 도련님 큰댁으로 가서 살 수 없을 것이니 큰댁 가까이 조그마한 집 방이나 두엇 되면 족하오니 염탐하여 사 두소서. 우리 권구眷口 가더라도 공밥 먹지 아니할 터이니 그렁저렁 지내다가 도련님 나만 믿고 장가 아니 갈 수 있소? 부귀영총富貴榮寵 재상가에 요조숙녀 가리어서 혼정신성昏定晨省 할지라도 아주 잊든 마옵소서. 도련님 과거하여 벼슬 높아 외방 가면 신래 마마新來媽媽[264] 치행할 제 마마로 내세우면 무슨 말이 되오리까. 그리 알아 조처하오."

"그게 이를 말이냐? 사정이 그렇기로 네 말을 사또께는 못 여쭈고 대부인 전 여쭈오니 꾸중이 대단하시며 양반의 자식이 부형 따라 하향遐鄕에 왔다 화방작첩花房作妾하여[265] 데려간단 말이 전정前程에도 괴이하고 조정에 들어 벼슬도 못 한다더구나. 불가불 이별이 될밖에 수 없다."

---

262) 상복喪服의 하나. 사촌이나 고모 또는 고종 사촌 같은 대공친大功親 상사 때에 굵은 베옷을 지어 아홉 달 동안 입는다.
263) 군색窘塞. 떳떳하지 못하고 거북함.
264) 신래는 새로 문과에 급제한 사람. 마마는, 여기서는 높은 벼슬아치의 첩을 높여 부르는 말.
265) 기생첩을 얻어.

춘향이 이 말을 듣더니 고닥기(갑자기) 발연변색勃然變色이 되며 요두전목搖頭轉目[266]에 붉으락푸르락 눈을 간잔지런하게 뜨고 눈썹이 꼿꼿하여지면서 코가 발심발심하며 이를 뽀도독뽀도독 갈며 온몸을 수숫잎 틀듯 하며 매 꿩 차는 듯하고 앉더니,

"허허, 이게 웬 말이오!"

왈칵 뛰어 달려들어 치맛자락도 와드득 좌르륵 찢어 버리며, 머리도 와드득 쥐어뜯어 싹싹 비벼 도련님 앞에다 던지면서,

"무엇이 어쩌고 어째요? 이것도 쓸데없다."

면경, 체경, 산호죽절珊瑚竹節을 두루 쳐 방문 밖에 탕탕 부딪치며 발도 동동 굴러 손뼉치고 돌아앉아 자탄가自嘆歌로 우는 말이,

"서방 없는 춘향이가 세간살이 무엇 하며 단장하여 뉘 눈에 뵈일꼬. 몹쓸 년의 팔자로다. 이팔청춘 젊은것이 이별될 줄 어찌 알랴. 부질없는 이내 몸을 허망하신 말씀으로 전정前程 신세 버렸구나. 애고애고, 내 신세야."

천연히 돌아앉아,

"여보 도련님, 인제 막 하신 말씀 참말이오, 농말이오? 우리 둘이 처음 만나 백년언약 맺을 적에 대부인 사또께옵서 시키시던 일이오니이까? 빙자가 웬일이오. 광한루서 잠깐 보고 내 집에 찾아와서, 침침무인沈沈無人 야삼경야三更에[267] 도련님은 저기 앉고 춘향 나는 여기 앉아 나더러 하신 말씀 구맹불여천맹丘盟不如天盟이요, 산맹불여천맹山盟不如天盟[268]이라고, 전년 오월 단오야에 내 손길 부여잡고 우둥퉁퉁 밖에 나와 당중堂中에 우뚝 서서, 경경耿耿히[269] 맑은 하늘 천 번이나 가리키며 만 번이나 맹세키로 내 정녕 믿었더니, 말경에 가실 때는 톡 떼어 버리시니, 이팔청춘 젊은것이 낭군 없이 어찌 살꼬. 침침공방沈沈空房 추야장秋夜長에 시름 상사 어이할꼬. 애고애고, 내 신세야.

모질도다, 모질도다, 도련님이 모질도다. 독하도다, 독하도다, 서울 양반 독하도다. 원수로다, 원수로다, 존비귀천 원수로다. 천하에 다정한 게 부부 정 유별有別컨만 이렇듯 독한 양반이 세상에 또 있을까. 애고애고, 내 일이야. 여보 도련님, 춘향 몸이 천타고 함부로 버리셔도 그만인 줄 알지 마오.

첩지박명妾之薄命[270] 춘향이가 식불감식食不甘食 밥 못 먹고 침불안침寢不安寢 잠 못 자면 며칠이나 살 듯하오? 상사로 병이 들어 애통하다 죽게 되면 애원한 내 혼신 원귀冤鬼가 될

---

266) 머리를 내저으며 눈을 돌린다는 말.
267) 인적 없고 쓸쓸한 한밤중에.
268) 언덕을 두고 한 맹세는 하늘을 두고 맹세하는 것만 못하고, 산에 맹세한 것은 하늘에 맹세함만 못하다는 뜻.
269) 밝고 환한 모양.
270) 첩의 박복한 운명.

것이니 존중하신 도련님이 근들 아니 재앙이오. 사람의 대접을 그리 마오. 인물 거처[271] 하는 법이 그런 법 왜 있을꼬. 죽고 지고, 죽고 지고, 애고애고, 설운지고."
한참 이리 자진하여[272] 설이 울 제 춘향 모는 물색도 모르고,
"애고, 저것들 또 사랑쌈이 났구나. 어, 참 아니꼽다. 눈구석 쌍가래톳 설 일[273] 많이 보네."
하고, 아무리 들어도 울음이 장차 길구나. 하던 일을 밀쳐놓고 춘향 방 영창 밖으로 가만가만 들어가며 아무리 들어도 이별이로구나.
"허허, 이것 별일 났다."
두 손뼉 땅땅 마주치며,
"허허, 동네 사람 다 들어 보오. 오늘날로 우리 집에 사람 둘 죽습네."
어간마루 섭적 올라 영창문을 두드리며 우루룩 달려들어 주먹으로 겨누면서,
"이년, 이년, 썩 죽거라. 살아서 쓸데없다. 너 죽은 시체라도 저 양반이 지고 가게. 저 양반 올라가면 뉘 간장을 녹이려느냐? 이년, 이년, 말 듣거라. 내 일상 이르기를, 후회되기 쉽느니라, 도도한 마음 먹지 말고 여염 사람 가리어서 형세 지체 네와 같고 재주 인물이 모두 네와 같은 봉황의 짝을 얻어, 내 앞에 노는 양을 내 안목에 보았으면 너도 좋고 나도 좋제. 마음이 도고道高하여 남과 별로 다르더니 잘되고 잘되었다."
두 손뼉 꽝꽝 마주치면서 도련님 앞에 달려들어,
"나와 말 좀 하여 봅시다. 내 딸 춘향을 버리고 간다 하니 무슨 죄로 그러시오? 춘향이 도련님 모신 지가 준 일 년 되었으되 행실이 그르던가, 예절이 그르던가, 침선이 그르던가, 언어가 불순턴가, 잡스런 행실 가져 노류장화 음란턴가, 무엇이 그르던가. 이 봉변이 웬일인가. 군자 숙녀 버리는 법 칠거지악 아니면 못 버리는 줄 모르는가. 내 딸 춘향 어린 것을 밤낮으로 사랑할 제, 안고 서고 눕고 자며 백 년 삼만 육천 일을 떠나 살지 말자 하고 주야장천 어르더니, 말경에 가실 제는 뚝 떼어 버리시니 양류楊柳 천만 사인들 가는 춘풍 어이하며, 낙화 낙엽 되거드면 어느 나비가 다시 올까. 백옥 같은 내 딸 춘향 화용신花容身도 부득이 세월이 장차 늙어져 홍안紅顔이 백수白首 되면 시호시호時乎時乎 부재래불재래不再來라[274] 다시 젊든 못 하나니 무슨 죄가 진중하여 허송백년虛送百年 하오리까.
도련님 가신 후에 내 딸 춘향 님 그릴 제, 월정명月正明 야삼경에 첩첩수심 어린것이 가장 생각 절로 나서, 초당전草堂前 화계상花階上 담배 피워 입에다 물고 이리저리 다니다가, 불꽃 같은 시름 상사 흉중으로 솟아나 손 들어 눈물 씻고 후유 한숨 길게 쉬고, 북편을

---

271) 사람 취급, 사람대접.
272) 여기서는 '자지러지게'의 뜻.
273) 눈꼴사나운 일.
274) 좋은 때는 다시 오지 않는다.

가리키며 한양 계신 도련님도 나와 같이 기루신지(그리워하시는지), 무정하여 아주 잊고 일장 편지 아니 하신가, 긴 한숨에 돋는 눈물 옥안홍상 다 적시고 저의 방으로 들어가서 의복도 아니 벗고 외로운 베개 위에 벽만 안고 돌아누워 주야장탄 우는 것은 병 아니고 무엇이오.

 시름 상사 깊이 든 병 내 구救치 못하고서 원통히 죽거드면, 칠십 당년 늙은것이 딸 잃고 사위 잃고, 태백산 갈가무개(갈까마귀) 게 발 물어다 던지듯이 혈혈단신 이내 몸이 뉘를 믿고 살잔 말고. 남 못 할 일 그리 마오. 애고애고, 설운지고. 못하지요, 몇 사람 신세를 망치려고 아니 데려가오? 도련님 대가리가 둘 돋쳤소? 애고 무서라, 이 쇠띵똥아[275]."
왈칵 뛰어 달려드니, 이 말 만일 사또께 들어가면 큰 야단이 나겠거든.
"여보소 장모, 춘향만 데려갔으면 그만두겠나?"
"그래, 아니 데려가고 견더 낼까?"
"너무 것세우지[276] 말고 여기 앉아 말 좀 듣소. 춘향을 데려간대도 가마 쌍교말〔雙轎馬〕을 태워 가자 하니 필경에 이 말이 날 것인즉 달리는 변통할 수 없고, 내 이 기가 막히는 중에 꾀 하나를 생각하고 있네마는, 이 말이 입 밖에 나서는 양반 망신만 하는 게 아니라 우리 선조 양반이 모두 망신을 할 말이로세."
"무슨 말이 그리 좌뜬[277] 말이 있단 말인가?"
"내일 내행이 나오실 제 내행 뒤에 사당이 나올 테니 배행은 내가 하겠네."
"그래서요?"
"그만하면 알제?"
"나는 그 말 모르겠소."
"신주神主는 모셔 내어 내 창옷 소매에다 모시고 춘향은 요여腰輿[278]에다 태워 갈밖에 수가 없네. 걱정 말고 염려 마소."
춘향이 그 말 듣고 도련님을 물끄러미 바래더니(바라보더니),
"마소, 어머니! 도련님 너무 조르지 마소. 우리 모녀 평생 신세 도련님 장중掌中에 매였으니 알아 하라 당부나 하오."
"이번은 아마도 이별할밖에 수가 없네. 이왕에 이별이 될 바는 가시는 도련님을 왜 조르리까마는 우선 갑갑하여 그러하제. 내 팔자야."
"어머니 건넌방으로 가옵소서. 내일은 이별이 될 턴가 보오. 애고애고, 내 신세야, 이별을 어찌할꼬. 여보, 도련님."

---

275) 인정사정없는 무쇠덩이야.
276) 거세게 화내지 말고.
277) 생각이 뛰어난. 또는 '좌左'는 요사스럽다는 뜻과 통하여 '요사스러운'으로 보기도 한다.
278) 혼백이나 신주를 모시는 작은 가마.

"왜야?"

"여보, 참으로 이별을 할 터요?"

촛불을 돋워 켜고 둘이 서로 마주 앉아 갈 일을 생각하고 보낼 일을 생각하니 정신이 아득 한숨질 눈물겨워 경경오열哽哽嗚咽[279]하여 얼굴도 대어 보고 수족도 만져 보며,

"날 볼 날이 몇 밤이오? 애달아 나쁜 수작 오늘밤이 망종亡終이니 나의 설운 원정 들어 보오. 연근육순年近六旬 내의 모친 일가친척 바이없고 다만 독녀 나 하나라 도련님께 의탁하여 영귀榮貴할까 바랐더니, 조물이 시기하고 귀신이 작해作害하여 이 지경이 되었구나. 애고애고, 내 일이야. 도련님 올라가면 나는 뉘를 믿고 사오리까. 천수만한千愁萬恨 나의 회포 주야 생각 어이하리. 이화 도화 만발할 제 수변행락水邊行樂 어이하며, 황국黃菊 단풍 늦어갈 제 고절孤節 상상 어이할꼬. 독숙공방 긴긴밤에 전전반측 어이하리. 쉬나니 한숨이요, 뿌리나니 눈물이라.

적막강산 달 밝은 밤에 두견성杜鵑聲을 어이하리. 상풍고절霜風高節 만리변萬里邊에 짝 찾는 저 홍안성鴻雁聲[280]을 뉘라서 금하오며, 춘하추동 사시절에 첩첩이 싸인 경물景物 보는 것도 수심이요, 듣는 것도 수심이라. 애고애고."

설이 울 제 이 도령 이른 말이,

"춘향아 울지 마라. 부수소관첩재오夫戍蕭關妾在吳라[281], 소관의 부수夫戍들과 오나라 정부征婦[282]들도 동서東西 님 기루워서 규중심처 늙어 있고, 정객관산로기중征客關山路幾重[283]에 관산의 정객이며 녹수부용채련녀綠水芙蓉採蓮女[284]도 부부 신정新情 극중極重타가 추월강산 적막한데 연을 캐어 상사相思하니, 나 올라간 뒤라도 창전窓前에 명월明月커든 천리 상사 부디 마라. 너를 두고 가는 내가 일일 평분平分[285] 십이시를 낸들 어이 무심하랴. 울지 마라, 울지 마라."

춘향이 또 우는 말이,

"도련님 올라가면 행화춘풍杏花春風 거리거리 취하는 게 장시주長時酒[286]요, 청루 미색 집집마다 보시나니 미색이요, 처처의 풍악 소리 간 곳마다 화월花月이라, 호색하신 도련

---

279) 목메어 흐느껴 우는 것.
280) 멀고 먼 하늘가에 짝 찾는 저 기러기 소리.
281) 님은 소관蕭關에서 수자리 살고 안해는 오나라 땅에 있다.
282) 남편을 멀리 군대에 내보낸 여인.
283) 님 가신 관산 길은 굽이굽이 얼마나 먼가. 정객征客은 전장 또는 변방을 지키러 나간 군인. 관산關山은 변방 요새지.
284) 연꽃 핀 푸른 물에서 연을 캐는 여인.
285) 하루를 고루 등분함.
286) 한없이 마시는 말술.

님이 주야 호강 누리실 제 나 같은 하방遐方 천첩이야 손톱만치나 생각하오리까. 애고애고, 내 일이야."

"춘향아 울지 마라. 한양성 남북촌에 옥녀가인玉女佳人 많건마는 규중심처 깊은 정 너밖에 없었으니 내 아무리 대장분들 일각이나 잊을쏘냐."

서로 피차 기가 막혀 연연 이별 못 떠날지라. 도련님 모시고 갈 후배사령後陪使令²⁸⁷⁾이 나올 적에 헐덕헐덕 들어오며,

"도련님, 어서 행차하옵소서. 안에서 야단났소. 사또께옵서 '도련님이 어데 가셨느냐?' 하옵기에 소인이 여쭙기를 놀던 친구 작별차로 문밖에 잠깐 나갔노라 하였사오니, 어서 행차하옵소서."

"말 대령하였느냐?"

"말 마침 대령하였소."

백마욕거장시白馬欲去長嘶하고 청아석별건의靑娥惜別牽衣로다²⁸⁸⁾. 말은 가자고 네 굽을 치는데 춘향은 마루 아래 툭 떨어져 도련님 다리를 부여잡고,

"날 죽이고 가면 가지 살리고는 못 가고 못 가느니!"

말 못 하고 기절하니 춘향 모 달려들어,

"향단아, 찬물 어서 떠오너라! 차를 달여 약 갈아라. 네 이 몹쓸 년아, 늙은 어미 어쩌라고 몸을 이리 상하느냐?"

춘향이 정신 차려,

"애고 갑갑하여라."

춘향 모 기가 막혀,

"여보 도련님, 남의 생때같은 자식을 이 지경이 웬일이오? 결곡潔曲한²⁸⁹⁾ 우리 춘향 애통하여 죽게 되면 혈혈단신 이내 신세 뉘를 믿고 살잔 말고."

도련님 어이없어,

"여봐라 춘향아, 네가 이게 웬일이냐? 나를 영영 안 보려냐? 하량낙일수운기河梁落日愁雲起²⁹⁰⁾는 소통국蘇通國의 모자 이별²⁹¹⁾, 정객관산로기중에 오희월녀吳姬越女 부부 이별²⁹²⁾, 편삽수유소일인編揷茱萸少一人²⁹³⁾은 용산龍山의 형제 이별, 서출양관무고인西出陽關無故人²⁹⁴⁾은 위성渭城의 붕우 이별, 그런 이별만 하여도 소식 들을 때가 있고 상면

---

287) 관원이 출입할 때 뒤에 모시고 따르는 사령.
288) 백마는 가자고 길게 울고, 미인은 차마 이별 못 해 옷자락 잡노라.
289) 깨끗하고 곧은.
290) 하수河水 다리의 해지는 저녁에 슬픈 구름이 인다.
291) 소통국은 한漢나라 때 소무蘇武가 흉노에 억류되어 살다가 낳은 아들. 소통국이 한나라로 돌아갈 때 하량에서 어머니 호녀胡女와 헤어졌다.

할 날이 있었으니, 내가 이제 올라가서 장원 급제 출신出身하여 너를 데려갈 것이니 울지 말고 잘 있거라.

　울음을 너무 울면 눈도 붓고 목도 쉬고 골머리도 아프니라. 돌이라도 망두석[295]은 천만년이 지나가도 광석壙石[296] 될 줄 몰라 있고, 남기라도 상사목相思木[297]은 창 밖에 우뚝 서서 일 년 춘절 다 지내되 잎이 필 줄 몰라 있고, 병이라도 회심병懷心病[298]은 오매불망 죽느니라. 네가 나를 보려거든 설워 말고 잘 있거라.”
춘향이 하릴없어,
“여보 도련님, 내 손에 술이나 망종 잡수시오. 행찬行饌 없이 가실진대 내의 찬합 갈마가(갈무리해서) 숙소참宿所站 잘 자리에 날 본 듯이 잡수시오. 향단아, 찬합 술병 내오너라.”
춘향이 일배주 가득 부어 눈물 섞어 드리면서 하는 말이,
“한양성 가시는 길에 강수江樹 청청 푸르거든 원함정遠含情[299]을 생각하고 천시가절天時佳節 때가 되어 세우細雨가 분분紛紛커든, 노상행인욕단혼路上行人欲斷魂이라[300] 마상에 곤핍하여 병이 날까 염려오니, 방초 우초芳草憂草 저문 날에 일찍 들어 주무시고, 아침 날 풍우상風雨上에 늦게야 떠나시며 한 채찍 천리마에 모실 사람 없사오니, 부디부디 천금 귀체 시사[301] 안보 하옵소서. 녹수진경도綠樹秦京道[302]에 평안히 행차하옵시고, 일자 음신一字音信 듣사이다. 종종 편지나 하옵소서.”
도련님 하는 말이,
“소식 듣기 걱정 마라. 요지瑤池의 서왕모도 주 목왕周穆王[303]을 만나려고 일 쌍 청조 자

---

292) 멀리 변방 수자리로 남편을 보낸 오나라 여인, 월나라 여인들의 부부 이별.
293) 명절이면 형제들이 산에 올라 수유를 꺾어 모두 머리에 꽂고 놀더니, 지금은 그 형제들 노는 자리에 나 한 사람이 모자랄 것이라는 뜻.
294) 서쪽으로 양관을 나가면 아는 친구가 없을 것이라는 뜻. 위성에서 친구와 이별을 노래한 왕유의 시에서 따왔다.
295) 무덤 앞에 세우는 한 쌍의 돌기둥.
296) 무덤 속 돌.
297) 사랑하던 부부가 억울히 죽어 그 원한의 넋이 깃들어 자란 나무. 상사수相思樹라고도 함.
298) 상사병.
299) 멀리 이별하는 한을 머금은 정.
300) 길 가는 행인의 마음 끊어질 듯 아파라.
301) '시사'는 시하侍下인 듯하다. 부모님 모시고 있는 처지이니.
302) 푸른 나무 늘어서 있는, 서울로 가는 길.

래自來하여 수천 리 먼먼 길에 소식 전송하여 있고, 한 무제漢武帝 중랑장中郎將[304]은 상림원上林苑 군부君父 전前에 일척 금서一尺錦書[305] 보냈으니, 백안 청조白雁青鳥 없을망정 남원 인편 없을쏘냐. 설워 말고 잘 있거라."

말을 타고 하직하니, 춘향 기가 막혀 하는 말이,

"우리 도련님이 가네 가네 하여도 거짓말로 알았더니, 말 타고 돌아서니 참으로 가는구나."

춘향이 마부 불러,

"마부야, 내가 문밖에 나설 수가 없는 터니 말을 붙들어 잠깐 지체하여 서라. 도련님께 한 말씀만 여쭐란다."

춘향이 내달아,

"여보 도련님, 인제 가시면 언제나 오시려오. 사절四節 소식 끊어질 절絕, 보내나니 아주 영절永絕, 녹죽창송綠竹蒼松 백이숙제伯夷叔齊 만고 충절, 천산千山에 조비절鳥飛絕[306], 와병臥病에 인사절人事絕, 죽절竹節, 송절松節, 춘하추동 사시절, 끊어져 단절, 분절, 훼절, 도련님은 날 버리고 박절히 가시니 속절없는 나의 정절, 독숙공방 수절할 제 어느 때에 파절破節할꼬. 첩의 원정 슬픈 고절孤節, 주야 생각 미절未絕할 제 부디 소식 돈절頓絕 마오."

대문 밖에 거꾸러져 섬섬한 두 손길로 땅을 쾅쾅 치며,

"애고애고, 내 신세야."

애고 일성一聲 하는 소리, 황애산만풍소삭黃埃散漫風蕭索이요 정기무광일색박旌旗無光日色薄이라[307]. 엎어지며 자빠질 제 서운찮게 갈 양이면 몇 날 며칠 될 줄 모를레라. 도련님 타신 말은 주마가편走馬加鞭[308]이 아니냐. 도련님 낙루落淚하고 후기약을 당부하고 말을 채쳐 가는 양은 광풍狂風의 편운片雲[309]일레라.

---

303) 주나라 목왕은 신선을 좋아하여 서왕모와 함께 요지에서 잔치를 하였다 한다.
304) 한나라 때 벼슬인데 여기서는 소무蘇武를 말한다. 한나라 무제가 소무를 흉노에 사신으로 보냈는데, 흉노에서 소무를 십구 년 동안 잡아 두었다. 소무는 흉노에 있으면서 기러기 발에 편지를 묶어서 보냈는데 마침 천자가 상림원에서 이 기러기를 쏘아 맞추어 소무의 소식을 알았다고 한다.
305) 한 자 길이 비단에 쓴 글월.
306) 모든 산에는 새들이 날아다니는 것도 끊어지고.
307) 누른 먼지 흩어지고 바람은 쓸쓸한데, 깃발들도 빛을 잃고 해만 저무네. 백거이의 시 '장한가長恨歌'에서 양 귀비를 죽이고 떠나는 현종의 이별을 노래한 시구.
308) 잘 달리는 말에 채찍을 더함.
309) 몰아치는 바람의 조각구름.

하

 이때 춘향이 하릴없어 자던 침방으로 들어가서,
 "향단아, 주렴 걷고 안석案席 밑에 베개 놓고 문 닫아라. 도련님을 생시는 만나 보기 망연하니 잠이나 들면 꿈에 만나 보자. 예로부터 이르기를 꿈에 와 보이는 님은 신의信義 없다고 일렀건만, 답답히 기룰진댄(그리울진대) 꿈 아니면 어이 보리.
 꿈아, 꿈아, 네 오너라. 수심 첩첩 한이 되어 몽불성夢不成에 어이하랴. 애고애고, 내 일이야. 인간 이별 만사萬事 중에 독숙공방 어이하리. 상사불견相思不見 나의 심정 게 뉘라서 알아주리. 미친 마음 이렁저렁 흐트러진 근심 후려쳐 다 버리고, 자나 누우나 먹고 깨나 님 못 보아 가슴 답답. 어린 양기[1] 고운 소리 귀에 쟁쟁. 보고 지고, 보고 지고, 님의 얼굴 보고 지고. 듣고 지고, 듣고 지고, 님의 소리 듣고 지고.
 전생에 무슨 원수로 우리 둘이 생겨나서 기룬 상사相思 한데 만나 잊지 말자 처음 맹세, 죽지 말고 한데 있어 백년기약 맺은 맹세, 천금주옥 꿈밖이요, 세사일관世事一貫[2] 관계하랴.
 근원 흘러 물이 되고 깊고 깊고 다시 깊고, 사랑 모여 뫼가 되어 높고 높고 다시 높아, 끊어질 줄 모르거든 무너질 줄 어이 알리. 귀신이 작해作害하고 조물이 시기로다.
 일조一朝 낭군 이별하니 어느 날에 만나 보리. 천수만한千愁萬恨 가득하여 끝끝이 느꺼워라. 옥안운빈玉顔雲鬢 공로공로空老하니[3] 일월이 무정이라.
 오동추야 달 밝은 밤은 어이 그리 더디 새며 녹음방초 비낀 곳에 해는 어이 더디 가는고. 이 상사 아시면 님도 나를 기루련만 독숙공방 홀로 누워 다만 한숨 벗이 되고 구곡간장九曲肝腸 굽이 썩어 솟아나니 눈물이라.
 눈물 모여 바다 되고 한숨지어 청풍 되면 일엽주一葉舟 무어 타고 한양 낭군 찾으련만 어이 그리 못 보는고. 우수명월憂愁明月 달 밝은 때 설심도군爇心禱君[4] 느꺼우니 소연蕭然한[5] 꿈이로다. 현야월弦夜月[6] 두우성斗牛星(북두칠성)은 님 계신 곳 비추련만 심중에 앉은 수심 나 혼자뿐이로다.

---

1) 양기는 '양자樣姿'인 듯. 눈에 어리는 모습.
2) 세상일 모두 또는 세상일 한결같이.
3) 옥 같은 얼굴 구름 같은 머리의 젊음이 헛되이 늙으니.
4) 마음의 향불을 태우며 님 올 때를 빈다는 뜻.
5) 쓸쓸한.
6) 하현달이나 상현달, 곧 반달을 말한다.

야색창망夜色滄茫한데 경경히 비치는 게 창외窓外의 형화螢火[7]로다. 밤은 깊어 삼경인데 앉았던들 님이 올까, 누웠던들 잠이 오랴. 님도 잠도 아니 온다. 이 일을 어이하리. 아마도 원수로다. 흥진비래興盡悲來 고진감래苦盡甘來 예로부터 있건마는 기다림도 적지 않고 기룬 지도 오래건만 일촌간장 굽이굽이 맺힌 한을 님 아니면 뉘라 풀꼬. 명천明天은 하감下鑑하사 쉬이 보게 하옵소서.
　　미진인정未盡人情 다시 만나 백발이 다 진토록 이별 없이 살고 지고. 묻노라 녹수청산, 우리 님 초췌憔悴 행색行色 애연히 이별 후에 소식조차 돈절하다. 인비목석人非木石 아닐진대 님도 응당 느끼리라. 애고애고, 내 신세야."
　　앙천자탄仰天自嘆에 세월을 보내는데, 이때 도련님은 올라갈 제 숙소마다 잠 못 이뤄,
　　"보고 지고, 나의 사랑 보고 지고. 주야불망晝夜不忘 우리 사랑 날 보내고 기룬 마음 속히 만나 풀리라."
　　일구월심日久月深 굳게 먹고 등과 외방登科外方[8] 바라더라.
　　이때 수삭 만에 신관新官 사또 났으되 자하골 변학도라 하는 양반이 오는데, 문필도 유여有餘하고 인물 풍채 활달하고 풍류風流 속에 달통하여 외입 속이 넉넉하되, 한갓 흠이 성정 괴팍한 중에 사증邪症[9]을 겸하여 혹시 실덕失德도 하고 오결誤決[10]하는 일이 간다間多 고로 세상에 아는 사람은 다 고집불통이라 하것다.
　　신연하인新延下人 현신現身 할 제[11],
　　"사령 등 현신이오."
　　"이방이오."
　　"감상監床[12]이오."
　　"수배首陪[13]요."
　　"이방 부르라."
　　"이방이오."
　　"그새 너희 골에 일이나 없느냐?"
　　"예, 아직 무고합니다."

---

7) 반딧불.
8) 과거에 급제하여 지방 벼슬로 나가는 것.
9) 때때로 나타나는 요사스러운 성질. 옳지 않은 일을 하는 것.
10) 그릇 판결하는 것.
11) 신연하인은 새로 임명된 감사나 군수를 나가 맞이해 오는 일을 맡은 하인. 현신은 아랫사람이 윗사람에게 처음으로 뵈는 것.
12) 귀한 사람에게 바치는 음식상을 미리 살펴보는 구실아치.
13) 관아의 구실아치와 하인들의 우두머리.

"너 골 관노官奴가 삼남에 제일이라제?"
"예, 부림 적하옵니다."
"또 네 골에 춘향이란 계집이 매우 색色이라지?"
"예."
"잘 있냐?"
"무고하옵니다."
"남원이 에서 몇 린고?"
"육백삼십 리로소이다."
마음이 바쁜지라,
"급히 치행하라."
신연하인 물러나와,
"우리 골에 일이 났다."
이때 신관 사또 출행出行 날을 급히 받아 도임차로 내려올 제 위의도 장할시고. 구름 같은 별연別輦, 독교獨轎, 좌우 청장靑帳[14] 떡 벌이고, 좌우편 부축 급창及唱[15], 물색 진한 모시 철릭, 백주 전대白紬戰帶[16] 고를 늘여 엇비슷이 눌러 매고, 대모관자玳瑁貫子 통영갓을 이마에 눌러 숙여 쓰고, 청장靑帳 줄[17] 검쳐 잡고,
"에라, 물러섰다! 나이거라![18]"
혼금閽禁[19]이 지엄하고,
"좌우 구종驅從 진정마[20]에 뒤채잡이 힘써라."
통인 한 쌍 착전립着戰笠[21]에 행차 배행 뒤를 따르고 수배, 감상, 공방이며 신연 이방 가선하다.[22]
노자奴子 한 쌍, 사령 한 쌍, 일산보종日傘步從[23] 전배前陪[24]하여 대로변에 갈라서고, 백

---

14) 가마 좌우에 늘인 푸른 포장.
15) 위의 명령을 받아 큰 소리로 전달하는 하인.
16) 흰 명주로 만든 군복 띠.
17) 가마의 푸른 포장 줄.
18) 물러나 있어라, 나가 있어라.
19) 관아에서 잡인의 출입을 금하는 것.
20) 긴경마의 사투리. 의식에 쓰는 말의 왼쪽에 달린 긴 고삐.
21) 전립戰笠을 썼다는 뜻. 전립은 군인이 쓰던 갓벙거지.
22) 그럴듯하다.
23) 일산을 들고 걸어가는 나졸.
24) 앞에서 관장을 모시고 가는 것.

방수주白紡水紬[25] 일산 복판 남수주藍水紬 선을 둘러[26], 주석 고리 얼른얼른 호기 있게 내려올 제, 전후에 혼금闇禁 소리 청산이 상응하고 권마성勸馬聲 높은 소리 백운이 담담이라.

전주에 득달하여 경기전慶基殿[27] 객사 연명延命[28]하고, 영문營門에 잠깐 다녀 좁은목[29] 썩 내달아 만마관萬馬關 노구바위 넘어 임실 얼른 지나 오수獒樹 들러 중화中火[30]하고 즉일 도임할새, 오리정으로 들어갈 제 천총千摠[31]이 영솔하고, 육방 하인 청로도淸路道[32]로 들어올 제, 청도淸道 한 쌍, 홍문기紅門旗 한 쌍, 주작朱雀 남동각南東角 남서각南西角 홍초남문紅綃藍紋 한 쌍, 청룡靑龍 동남각 서남각 남초람綃 한 쌍, 현무玄武 북동각 북서각 흑초홍문黑綃紅紋 한 쌍, 등사螣蛇 순시巡視 한 쌍, 영기令旗 한 쌍[33], 집사執事 한 쌍, 기패관旗牌官[34] 한 쌍, 군뢰軍牢 열두 쌍, 좌우가 요란하다.

행군 취타吹打 풍악 소리 성동에 진동하고, 삼현육각三絃六角 권마성은 원근에 낭자하다. 광한루에 보전[鋪陳]하여 개복改服하고 객사客舍에 연명延命차로 남여[35] 타고 들어갈새, 백성 소시所視[36] 엄숙하게 보이려고 눈을 별양別樣 궁글궁글, 객사에 연명하고 동헌東軒에 좌기하고 도임상到任床을 잡순 후,

"행수 문안이오."

행수군관行首軍官 집례執禮 받고, 육방 관속 현신 받고, 사또 분부하되,

"수노首奴 불러 기생 점고點考[37]하라."

---

25) 백방사白紡絲로 짠 물명주.
26) 남색 물명주로 일산 복판의 선을 둘렀다는 뜻.
27) 전라도 전주 남문 근처에 있는, 조선 태조를 모신 곳.
28) 감사나 지방 고을의 관장들이 부임할 때 궐패闕牌 앞에서 왕명을 전하는 의식.
29) 전주 남쪽에 있는 지명. 좁은 산 목.
30) 여행 도중에 먹는 점심.
31) 군영의 장교.
32) 사람들의 출입을 막고 깨끗이 치운 길.
33) 관원이 행차할 때 세우던 깃발들. 청도淸道라 쓴 깃발 한 쌍, 홍문 깃발 한 쌍, 남동과 남서쪽에 남빛 무늬가 있는 붉은 비단에 주작을 그린 깃발 한 쌍, 동남과 서남쪽에 남빛 비단에 청룡을 그린 깃발 한 쌍, 북동과 북서쪽에 붉은 무늬 검은 비단에 현무를 그린 깃발 한 쌍, 한가운데에는 누른 바탕에 뱀을 그린 깃발, 순시巡視라 쓴 깃발 한 쌍, 영令 자를 쓴 깃발 한 쌍.
34) 군영에서 군사들의 훈련을 맡아보는 무관 벼슬.
35) 의자와 비슷하고 뚜껑이 없는 가마.
36) 백성들이 보는 데서.
37) 명부에 하나하나 점을 찍어 가며 인원을 조사하는 것.

호장이 분부 듣고 기생안책妓生案冊 들여놓고 호명을 차례로 부르는데, 낱낱이 글귀로 부르던 것이었다.

"우후동산雨後東山 명월이."

명월이가 들어를 오는데, 나군羅裙 자락을 거듬거듬 걷어다가 세요흉당細腰胸膛[38]에 딱 붙이고 아장아장 들어를 오더니,

"점고 맞고 나오."

"어주축수애산춘漁舟逐水愛山春[39]에 양편 난만爛漫 고운 춘색이 이 아니냐. 도홍桃紅이."

도홍이가 들어를 오는데, 홍상 자락을 걷어안고 아장아장 조촘 걸어 들어를 오더니,

"점고 맞고 나오."

"단산丹山에 저 봉이 짝을 잃고 벽오동에 깃들이니 산수지령山水之靈이요, 비충지정飛蟲之精이라, 기불탁속饑不啄粟[40] 굳은 절개 만수문전萬壽門前[41] 채봉彩鳳이."

채봉이가 들어오는데 나군을 두른 허리 맵시 있게 걷어안고 연보蓮步를 정히 옮겨 아장 걸어 들어와,

"점고 맞고 좌부 진퇴[42]로 나오."

"청정지연부개절淸淨之蓮不改節[43]에 묻노라, 저 연화 어여쁘고 고운 태도 화중군자花中君子 연심蓮心이."

연심이가 들어오는데 나상羅裳을 걷어안고 나말羅襪 수혜繡鞋[44] 끌면서 아장 걸어 가만가만 들어오더니,

"좌부 진퇴로 나오."

"화씨和氏같이[45] 밝은 달 벽해에 들었나니 형산荊山 백옥白玉 명옥明玉이."

명옥이가 들어오는데, 기하상綺霞裳[46] 고운 태도 이행履行[47]이 진중한데, 아장 걸어 가만가만 들어를 오더니,

---

38) 가는허리, 가슴 앞.
39) 고기잡이배는 물을 따라 올라 산의 봄빛을 사랑하노라.
40) 굶주려도 곡식은 먹지 않는다.
41) 오래 살고 영화를 누리는 문 앞이라는 뜻.
42) 좌부 진퇴는 '점고를 맞아서 대령했다'는 뜻으로 당시 쓰던 말인 듯하다.
43) 맑고도 깨끗한 연꽃은 절개를 고치지 않는다.
44) 나말羅襪은 고운 버선, 수혜繡鞋는 수놓은 비단신.
45) 화씨의 옥과 같이. 화씨는 초나라 사람으로 초산에서 옥을 얻었다.
46) 안개 무늬가 어른거리는 비단 치마.
47) 걷는 걸음새.

"점고 맞고 좌부 진퇴로 나오."
"운담풍경근오천雲淡風輕近午天에 양류편금楊柳片金[48]에 앵앵鶯鶯이."
 앵앵이가 들어오는데 홍상 자락을 에후리쳐 세요흉당에 딱 붙이고 아장 걸어 가만가만 들어오더니,
"점고 맞고 좌부 진퇴로 나오."
 사또 분부하되,
"자주 부르라."
"예."
 호장이 분부 듣고 녁자화두로 부르는데,
"광한전 높은 집에 헌도獻桃하던 고운 선비仙妃[49] 반기 보니, 계향桂香이."
"예, 등대하였소."
"송하松下의 저 동자童子야, 묻노라 선생 소식, 수첩청산數疊靑山에 운심雲深이."[50]
"예, 등대하였소."
"월궁에 높이 올라 계화를 꺾어 애절愛切이."
"예, 등대하였소."
"차문주가하처재借問酒家何處在요, 목동요지牧童遙指 행화杏花."[51]
"예, 등대하였소."
"아미산월반륜추蛾眉山月半輪秋 영입평강影入平羌에 강선江仙이."[52]
"예, 등대하였소."
"오동 복판 거문고 타고 나니 탄금彈琴이."
"예, 등대하였소."
"팔월부용군자용八月芙蓉君子容[53] 만당추수滿塘秋水 홍련紅蓮이."
"예, 등대하였소."
"주홍 당사唐絲 갖은 매듭 차고 나니 금낭金囊이."
"예, 등대하였소."

---

48) 구름은 맑고 바람은 가벼운 한낮에 버들가지의 황금새(꾀꼬리)인가.
49) 선녀.
50) 당나라 시인 가도賈島의 시, "소나무 아래 묻노니 동자야, 너희 선생 간 곳이 어디냐. 약을 캐러 이 산중에 갔는데 구름이 깊어 간 곳을 알 길 없소."에서 온 것.
51) 두목의 시, "묻노니 술집은 어디 있는고. 목동이 멀리 행화촌을 가리키더라."에서 따왔다.
52) 아미산 달은 가을 반달인데 달그림자 잠긴 평강의 신선이라. 곧, 평강의 강물에 내린 선녀라는 뜻. 이백의 시 구절을 빌려온 것.
53) 팔월에 피는 연꽃은 군자의 모습.

사또 분부하되,
"한숨에 열두서넛씩 부르라."
호장이 분부 듣고 자주 부르는데,
"양대선, 월중선, 화중선이."
"예, 등대하였소."
"금선이, 금옥이, 금련이."
"예, 등대하였소."
"농옥이, 난옥이, 홍옥이."
"예, 등대하였소."
"바람맞은 낙춘이."
"예, 등대 들어를 가오."

낙춘이가 들어를 오는데, 제가 잔뜩 맵시 있게 들어오는 체하고 들어오는데, 시면[54]한단 말을 듣고 이마빡에서 시작하여 귀 뒤까지 파 젖히고 분성적粉成赤[55] 한단 말은 들었던가, 개분 석 냥 일곱 돈 어치를 무지금하고 사다가 성城 곁에 회칠하듯 반죽하여 온 낯에다 맥질하고 들어오는데, 키는 사근내 장승만 한 년이 치맛자락을 훨씬 추어다 턱 밑에 딱 붙이고, 무논의 고니 걸음으로 찔룩 껑중껑중 엉금섭적 들어오더니,
"점고 맞고 나오."

연연히 고운 기생 그중에 많건마는 사또께옵서는 근본 춘향의 말을 높이 들었는지라 아무리 들으시되 춘향 이름 없는지라. 사또, 수노 불러 묻는 말이,
"기생 점고 다 되어도 춘향은 안 부르니, 퇴기냐?"
수노 여쭈오되,
"춘향 모는 기생이되 춘향은 기생이 아닙니다."
사또 문 왈,
"춘향이가 기생이 아니면 어찌 규중에 있는 아이 이름이 높이 난다?"
수노 여쭈오되,
"근본 기생의 딸이옵고 덕색德色이 장한 고로, 권문세족 양반네와 일등 재사 한량들과 내려오신 등내等內[56]마다 구경코자 간청하되, 춘향 모녀 불청不聽키로, 양반 상하 물론하고 액내지간額內之間[57] 소인 등도 십년일득十年一得 대면하되 언어 수작 없삽더니, 천정天定하신 연분인지 구관 사또 자제 이 도련님과 백년기약 맺사옵고, 도련님 가실 때

---

54) 옛날 부녀자들이 얼굴을 곱게 하기 위하여 이마와 얼굴의 털을 뽑아내는 것.
55) 화장할 때 붉은 연지는 많이 쓰지 않고 분으로만 꾸밈.
56) 벼슬아치들이 벼슬을 살고 있는 동안.
57) 한집안 같은 사이.

에 입장入壯[58] 후에 데려가마 당부하고, 춘향이도 그리 알고 수절하여 있삽니다."
사또 분을 내어,
"이놈, 무식한 상놈인들 그게 어떠한 양반이라고 엄부시하嚴父侍下요 미장未丈 전 도련님이 하방에 작첩하여 살자 할꼬? 이놈, 다시는 그런 말을 입 밖에 내어서는 죄를 면치 못하리라. 이미 내가 저 하나를 보려다가 못 보고 그저 말랴? 잔말 말고 불러오라."
춘향을 부르란 청령廳令이 나는데, 이방 호장이 여쭈오되,
"춘향이가 기생도 아닐 뿐 아니오라 구등舊等 사또[59] 자제 도련님과 맹약이 중하온데, 연치年齒는 부동이나 동반同班의 분의分義로 부르기 사또 정체政體가 손상할까 저어하옵니다."
사또 대로하여,
"만일 춘향을 시각 지체하다가는 공형公兄[60] 이하로 각 청 두목을 일병태가一竝笞加[61] 할 것이니 빨리 대령 못 시킬까."
육방이 소동, 각 청 두목이 넋을 잃어,
"김 번수番首[62]야, 이 번수야, 이런 별일이 또 있느냐? 불쌍하다, 춘향 정절 가련케 되기 쉽다. 사또 분부 지엄하니 어서 가자, 바삐 가자."
사령 관노 뒤섞여서 춘향 문전 당도하니, 이때 춘향이는 사령이 오는지 군노가 오는지 모르고 주야로 도련님만 생각하여 우는데, 망측한 환患을 당하려거든 소리가 화평할 수 있으며, 한때라도 공방空房살이 할 계집아이라 목성에 청승이 끼어 자연 슬픈 애원성이 되니, 보고 듣는 사람의 심장인들 아니 상할쏘냐.
님 기뤄 설운 마음 식불감食不甘 밥 못 먹어 침불안석 잠 못 자고, 도련님 생각 적상積傷되어 피골이 모두 다 상련相連이라. 양기가 쇠진하여 진양조란 울음 되어,
"갈까 보다, 갈까 보다, 님을 따라 갈까 보다. 천 리라도 갈까 보다, 만 리라도 갈까 보다. 풍우도 쉬어 넘고 날진, 수진, 해동청海東靑, 보라매[63]도 쉬어 넘는 고봉정상高峰頂上 동선령洞仙嶺 고개라도, 님이 와 날 찾으면 나는 발 벗어 손에 들고 나는 아니 쉬어 가제. 한양 계신 우리 낭군 나와 같이 기루는가. 무정하여 아주 잊고 나의 사랑 옮겨다가 다른 님을 괴는가."
한참 이리 설이 울 제 사령 등이 춘향의 애원성哀怨聲을 듣고 인비목석人非木石 아니거

---

58) 장원 급제.
59) 먼저 부사로 있던 사또. 구등은 구등내舊等內의 준말.
60) 삼공형三公兄, 곧 이방, 호장, 수형리首刑吏.
61) 모조리 매를 치는 것.
62) 번을 드는 사령. 사령은 관아에 딸린 심부름꾼.
63) 날진, 수진, 해동청, 보라매는 모두 매의 종류.

든 감심感心 아니 될 수 있나. 육천 마디 사대삭신이 낙수춘빙洛水春氷 얼음 녹듯 탁 풀리어,

"대체 이 아니 참 불쌍하냐. 이애 오입한 자식들이 저런 계집을 추앙 못 하면은 사람이 아니로다."

이때에 재촉 사령 나오면서,

"오느냐?"

외는 소리에 춘향이 깜짝 놀라 문틈으로 내다보니 사령 군노 나왔구나.

"아차차, 잊었네. 오늘이 그 삼일점고三日點考[64]라 하더니 무슨 야단이 났나 보다."

밀창문 열다리며(열어당기며),

"허허, 번수님네 이리 오소. 이리 오소. 오시기 뜻밖이네. 이번 신연 길에 노독이나 아니 나며, 사또 정체 어떠하며, 구관 댁에 가 계시며 도련님 편지 한 장도 아니 하던가. 내가 전일은 양반을 모시기로 이목이 번거하고 도련님 정체 유달러서 모르는 체하였건만 마음조차 없을쏜가. 들어가세, 들어가세."

김 번수며 이 번수며 여러 번수 손을 잡고 제 방에 앉힌 후에 향단이 불러,

"주반상 들여라."

취토록 먹인 후에 궤 문 열고 돈 닷 냥을 내어 놓으며,

"여러 번수님네, 가시다가 술이나 잡숫고 가옵소서. 뒷말 없게 하여 주소."

사령 등이 약주를 취하여 하는 말이,

"돈이라니 당치 않다. 우리가 돈 바라고 네게 왔냐?"

하며,

"들여놓아라."

"김 번수야, 네가 차라."

"불가不可타마는 닢 수나 다 옳으냐?"

돈 받아 차고 흐늘흐늘 들어갈 제, 행수 기생이 나온다.

행수 기생이 나오며 두 손뼉 땅땅 마주치면서,

"여봐라 춘향아, 말 듣거라. 너만 한 정절은 나도 있고 너만 한 수절은 나도 있다. 너라는 정절이 왜 있으며, 너라는 수절이 왜 있느냐? 정절부인 아기씨, 수절부인 아기씨, 조그마한 너 하나로 망연하여 육방이 소동, 각 청 두목이 다 죽어난다. 어서 가자, 바삐 가자."

춘향이 할 수 없어 수절하던 그 태도로 대문 밖 썩 나서며,

"형님, 형님, 행수 형님, 사람의 괄시를 그리 마소. 게라는 대대 행수며 내라야 대대 춘향인가? 인생일사도무사人生一死都無事[65]지, 한 번 죽제 두 번 죽나?"

이리 비틀 저리 비틀 동헌에 들어가,

---

64) 지방 관장이 부임하여 사흘 되는 날에 관속들을 점검하는 것.
65) 사람은 한번 죽으면 그만.

"춘향이 대령하였소."
사또 보시고 대희하여,
"춘향일시 분명하다. 대상대臺上으로 오르거라."
춘향이 상방에 올라가 염슬단좌斂膝端坐[66]뿐이로다.
사또가 대혹大惑하여,
"책방에 가 회계會計 나리님을 오시래라."
회계 생원이 들어오던 것이었다.
사또 대희하여,
"자네 보게. 저게 춘향일세."
"하, 그년 매우 예쁜데? 잘생겼소. 사또께서 서울 계실 때부터 춘향 춘향 하시더니 한번 구경할 만하오."
사또 웃으며,
"자네 중신하겠나?"
이윽히 앉았더니,
"사또가 당초에 춘향을 부르시지 말고 매파를 보내어 보시는 게 옳은 것을, 일이 좀 경히 되었소마는 이미 불렀으니 아마도 혼사할밖에 수가 없소."
사또 대희하며 춘향더러 분부하되,
"오늘부터 몸단장 정히 하고 수청守廳으로 거행하라."
"사또 분부 황송하나 일부종사 바라오니 분부 시행 못 하겠소."
사또 웃어 왈,
"미재미재美哉美哉라! 계집이로다. 네가 진정 열녀로다. 네 정절 굳은 마음 어찌 그리 어여쁘냐. 당연한 말이로다. 그러나 이 수재李秀才[67]는 한양 사대부의 자제로서 명문 귀족 사위가 되었으니, 일시 사랑으로 잠깐 노류장화 하던 너를 일분 생각하겠느냐? 너는 근본 절행 있어 전수일절專一節하였다가, 홍안紅顔이 낙조落照 되고 백발이 난수亂垂하면[68], 무정세월약류파無情歲月若流波[69]를 탄식할 제, 불쌍코 가련한 게 너 아니면 뉘가 그랴. 네 아무리 수절한들 열녀 포양烈女褒揚 뉘가 하랴? 그는 다 버려두고, 네 골 관장에게 매임이 옳으냐, 동자 놈에게 매인 게 옳으냐? 네가 말을 좀 하여라."
춘향이 여쭈오되,
"충불사이군忠不事二君이요 열불경이부절烈不更二夫節을 본받고자 하옵는데, 수차 분

---

66) 무릎을 모으고 옷자락을 바로하여 단정히 앉음.
67) 이몽룡. 수재는 결혼 전 남자를 높여 이르는 말.
68) 흰머리가 어지러이 드리우면.
69) 무정한 세월은 흐르는 물과 같다.

부 이러하니 생불여사生不如死이옵고 열불경이부烈不更二夫오니 처분대로 하옵소서."
이때 회계 나리가 썩 하는 말이,
"네 여봐라! 어, 그년 요망한 년이로고. 부유일생소천하蜉蝣一生小天下[70]의 일색一色이라, 네 여러 번 사양할 게 무엇이냐? 사또께옵서 너를 추앙하여 하시는 말씀이지, 너 같은 창기배에게 수절이 무엇이며 정절이 무엇인다? 구관은 전송하고 신관 사또 연접延接함이 법전法典에 당연하고 사례에도 당당커든, 괴이한 말 내지 마라. 너희 같은 천기배에게 충렬 이자二字 왜 있으리?"
이때 춘향이 하 기가 막혀 천연히 앉아 여쭈오되,
"충효 열녀 상하 있소? 자상히 듣조시오. 기생으로 말합시다. 충효 열녀 없다 하니 낱낱이 아뢰리다.

 해서海西 기생 농선이는 동선령에 죽어 있고, 선천 기생 아이로되 칠거七去 학문學問 들어 있고, 진주 기생 논개는 우리 나라 충렬로서 충렬문忠烈門에 모셔 놓고 천추 행사하여 있고, 청주 기생 화월이는 삼층각에 올라 있고, 평양 기생 월선이도 충렬문에 들어 있고, 안동 기생 일지홍은 생열녀문生烈女門[71] 지은 후에 정경貞敬 가자加資[72] 있사오니 기생 해폐害弊 마옵소서."
춘향 다시 사또 전에 여쭈오되,
"당초에 이 수재 만날 때의 태산 서해 굳은 마음 소첩의 일심정절 맹분孟賁[73] 같은 용맹인들 첩의 마음 빼어 내지 못할 터요, 소진蘇秦 장의張儀[74] 구변인들 첩의 마음 옮겨가지 못할 터요, 공명孔明 선생 높은 재주 동남풍은 빌었으되 일편단심 소녀 마음 굴복지 못하리다. 기산箕山의 허유許由는 부족수요거천不足受堯薦하고[75], 서산西山의 백숙伯叔 양인兩人은 불식주속不食周粟 하였으니[76], 만일 허유 없었으면 고도지사高蹈之士[77]는 뉘가 하며, 만일 백이숙제 없었으면 난신적자亂臣賊子 많으리라. 첩신이 수雖[78] 천한 계집인들 허유 백숙을 모르리까. 사람의 첩이 되어 배부기가背夫棄家하는 법이 벼슬하는 관장님네 망국부주忘國負主 같사오니 처분대로 하옵소서."

---

70) 하루살이의 일생처럼 좁은 세상.
71) 살았을 때에 세운 열녀문.
72) 정경부인으로 품계를 올리는 것.
73) 중국 춘추 시대의 용사. 살아 있는 황소의 뿔을 잡아 뺐다고 한다.
74) 중국 전국 시대의 유명한 언변가들.
75) 기산에 숨어 있던 허유는 요임금이 천하를 맡아 다스릴 것을 권했으나 듣지 않고.
76) 백이숙제는 주나라의 곡식은 먹지 않았으니.
77) 지조가 높은 선비.
78) 비록.

사또 대로하여,
"이년 들어라. 모반대역하는 죄는 능지처참하여 있고, 조롱 관장官長 하는 죄는 제서율制書律[79]에 율 써 있고, 거역 관장 하는 죄는 엄형정배嚴刑定配하느니라. 죽노라 서러워 마라."
춘향이 포악하되,
"유부有夫 겁탈하는 것은 죄 아니고 무엇이오?"
사또 기가 막혀 어찌 분하시던지 연상硯床을 두드릴 제 탕건이 벗겨지고 상투 고가 탁 풀리고 대마디에 목이 쉬어,
"이년 잡아 내리라!"
호령하니,
골방의 수청 통인,
"예."
하고 달려들어 춘향의 머리채를 주르르 끌어내며,
"급창!"
"예."
"이년 잡아 내리라."
춘향이 떨치며,
"놓아라."
중계中階에 내려가니 급창이 달려들어,
"요년, 요년, 어떠하신 존전이라고 대답이 그러하고 살기를 바랄쏘냐?"
대뜰 아래 내리치니 맹호 같은 군노 사령 벌 떼같이 달려들어 감태같은 춘향의 머리채를 전정 시절[80] 연실 감듯, 뱃사공의 닻줄 감듯, 사월 팔일 등대 감듯, 휘휘친친 감아쥐고 동댕이쳐 엎지르니, 불상타 춘향 신세 백옥 같은 고운 몸이 육자배기로[81] 엎어졌구나. 좌우 나졸 늘어서서 능장稜杖, 곤장棍杖, 형장刑杖이며 주장朱杖 집고,
"아뢰라. 형리 대령하라."
"예. 숙여라. 형리요."
사또 분이 어찌 났던지 벌벌 떨며 기가 막혀 허푸허푸 하며,
"여보아라, 그년에게 다짐이 왜 있으리? 묻도 말고 동틀[82]에 올려 매고 정치[83]를 부수고

---

79) 제서制書는 임금이 내린 조서로, 여기에서 제서율은 나라에서 정한 법률이라는 뜻이다.
80) 음력 정월 연 날리는 시절을 말하는 듯.
81) 여기서는 '육六 자 모양으로'.
82) 형틀.
83) 정강이.

물고장物故狀[84]을 올리라."
  춘향을 동틀에 올려 매고 사정[85]이 거동 봐라. 형장이며 태장笞杖이며 곤장이며 한 아름 담숙 안아다가 형틀 아래 좌르르 부딪치는 소리, 춘향이 정신이 혼미하다.
  집장사령執杖司令 거동 봐라. 이놈도 잡고 능청능청 저놈도 잡고서 능청능청 등심 좋고 빳빳하고 잘 부러지는 놈 골라잡고, 오른 어깨 벗어 메고 형장 집고 대상청령臺上廳令 기다릴 제,
  "분부 뫼아라(모셔라). 네 그년을 사정 두고 헛장 하여서는 당장에 명命을 바칠 것이니 각별히 매우 치라."
  집장사령 여쭈오되,
  "사또 분부 지엄한데 저만 한 년을 무슨 사정 두오리까? 이년, 다리를 까딱 마라. 만일 요동하다가는 뼈 부러지리라."
호통하고 들어서서 금장禁仗[86] 소리 발맞추어 서면서 가만히 하는 말이,
  "한두 개만 견디소. 어쩔 수가 없네. 요 다리는 요리 틀고 저 다리는 저리 트소."
  "매우 치라!"
  "에잇, 때리오!"
  딱 붙이니, 부러진 형장개비는 푸루루 날아 공중에 빙빙 솟아 상방 대뜰 아래 떨어지고, 춘향이는 아무쪼록 아픈 데를 참으려고 이를 복복 갈며 고개만 빙빙 돌리면서,
  "애고, 이게 웬일이오!"
  곤장, 태장 치는 데는 사령이 서서 하나 둘 세건마는, 형장부터는 법장法杖이라 형리와 통인이 닭쌈하는 모양으로 마주 엎뎌서, 하나 치면 하나 긋고, 둘 치면 둘 긋고, 무식하고 돈 없는 놈 술집 바람벽에 술값 긋듯 그어 놓으니 한 일 자가 되었구나.
  춘향이는 저절로 설움 겨워 맞으면서 우는데,
  "일편단심 굳은 마음 일부종사 뜻이오니 일개 형벌 치옵신들 일 년이 다 못 가서 일각인들 변하리까."
  이때 남원부 한량이며 남녀노소 없이 모여 구경할 제 좌우의 한량들이,
  "모질구나, 모질구나, 우리 골 원님이 모질구나. 저런 형벌이 왜 있으며, 저런 매질이 왜 있을까. 집장사령 놈 눈 익혀 두어라. 삼문 밖 나오면 급살을 주리라!"
  보고 듣는 사람이야 뉘가 아니 낙루落淚하랴.
  둘째 낱 딱 붙이니,
  "이부절二夫節을 아옵는데, 불경이부不更二夫 이내 마음 이 매 맞고 영 죽어도 이 도령

---

84) 죄인을 죽였다는 보고.
85) 옥에 갇힌 사람을 지키는 사람. 옥사정, 옥쇄장.
86) 죄인을 때리거나 찌르는 창 같은 형벌 도구.

은 못 잊겠소."

셋째 낱을 딱 붙이니,

"삼종지례三從之禮 지중한 법 삼강오륜 알았으니 삼치형문三致刑問[87] 정배定配를 갈지라도 삼청동 우리 낭군 이 도령은 못 잊겠소."

넷째 낱을 딱 붙이니,

"사대부 사또님은 사민공사四民公事 살피지 않고 위력공사威力公事 힘을 쓰니 사십팔방坊 남원 백성 원망함을 모르시오? 사지를 가른대도 사생동거 우리 낭군 사생 간에 못 잊겠소."

다섯 낱 째 딱 붙이니,

"오륜 윤기 끊이지 않고 부부유별 오행으로 맺은 연분 올올이 찢어 낸들 오매불망 우리 낭군 온전히 생각나네. 오동추야 밝은 달은 님 계신 데 보련마는 오늘이나 편지 올까 내일이나 기별 올까. 무죄한 이내 몸이 악사惡死할 일 없사오니 오결죄수誤決罪囚 마옵소서. 애고애고, 내 신세야."

여섯 낱째 딱 붙이니,

"육육은 삼십육으로 낱낱이 고찰하여 육만 번 죽인대도 육천 마디 어린 사랑 맺힌 마음 변할 수 전혀 없소."

일곱 낱을 딱 붙이니,

"칠거지악 범하였소? 칠거지악 아니어든 칠 개箇 형문 웬일이오? 칠 척 검 드는 칼로 동동이 장글러서(잘라내서) 이제 바삐 죽여 주오. 치라 하는 저 형방아, 칠 때마다 고찰 마소. 칠보홍안七寶紅顔 나 죽겠네."

여덟째 낱 딱 붙이니,

"팔자 좋은 춘향 몸이 팔도 방백 수령 중에 제일 명관 만났구나. 팔도 방백 수령님네 치민治民하러 내려왔지 악형 하러 내려왔소?"

아홉 낱째 딱 붙이니,

"구곡간장 굽이 썩어 이내 눈물 구년지수九年之水 되겠구나. 구곡청산 장송 베어 경강선京江船 무어 타고 한양 성중 급히 가서 구중궁궐 성상 전에 구구원정區區冤情 주달하고, 구정뜰[88]에 물러 나와 삼청동을 찾아가서 우리 사랑 반기 만나 굽이굽이 맺힌 마음 저근덧(잠깐) 풀련마는."

열째 낱을 딱 붙이니,

"십생구사 할지라도, 팔십 년 정한 뜻을 십만 번 죽인대도 가망 없고 무가내無可奈지[89]."

---

87) 세 차례 매질하며 심문하는 것.
88) 궁궐 뜰.
89) 어찌할 수 없지. 무가내는 막무가내.

십육 세 어린 춘향 장하원귀杖下冤鬼 가련하오."
열 치고는 짐작할 줄 알았더니, 열다섯 째 딱 붙이니,
"십오야 밝은 달은 띠구름에 묻혀 있고, 서울 계신 우리 낭군 삼청동에 묻혔으니, 달아, 달아, 보느냐? 님 계신 곳 나는 어이 못 보는고."
스물 치고 짐작할까 여겼더니, 스물다섯 딱 붙이니,
"이십오현탄야월二十五絃彈夜月에 불승청원不勝淸怨 저 기러기[90], 너 가는 데 어드메냐? 가는 길에 한양성 찾아들어 삼청동 우리 님께 내 말 부디 전해 다고. 나의 형상 자세 보고 부디부디 잊지 마라. 삼십삼천 어린 마음 옥황전에 아뢰고자 옥 같은 춘향 몸에 솟나니 유혈이요, 흐르나니 눈물이라. 피눈물 한데 흘러 무릉도원 홍류수紅流水라."
춘향이 점점 포악하는 말이,
"소녀를 이리 말고 살지능지殺之陵遲[91]하여 아주 박살 죽여 주면 사후 원조怨鳥라는 새가 되어 초혼조楚魂鳥[92] 함께 울어 적막공산 달 밝은 밤에 우리 이 도련님 잠든 후 파몽破夢이나 하여지다."
말 못 하고 기절하니 엎어졌던 형방 통인 고개 들어 눈물 씻고 매질하던 저 사령도 눈물 씻고 돌아서며,
"사람의 자식은 못 하겠네."
좌우에 구경하는 사람과 거행하는 관속들이 눈물 씻고 돌아서며,
"춘향이 매 맞는 거동 사람 자식은 못 보겠다. 모질도다, 모질도다, 춘향 정절이 모질도다. 출천出天 열녀로다."
남녀노소 없이 서로 낙루하며 돌아설 제 사똔들 좋을 리가 있으랴.
"네 이년, 관정에 발악하고 맞으니 좋은 게 무엇이냐? 이후에 또 그런 거역 관장 할까?"
반생반사 저 춘향이 점점 포악하는 말이,
"여보 사또, 들으시오. 일녀포한一女抱恨 부지생사不知生死 어이 그리 모르시오? 계집의 곡한 마음 오뉴월 서리 치네. 혼비중천魂飛中天 다니다가 우리 성군 좌정 하에 이 원정을 아뢰오면 사똔들 무사할까. 덕분에 죽여 주오."
사또 기가 막혀,
"허허 그년, 말 못 할 년이로고. 큰칼 씌워 하옥하라."
하니, 큰칼 씌워 인봉印封[93]하여 사정이 등에 업고 삼문 밖 나올 제, 기생들이 나오며,

---

90) 이십오현을 타는 달밤에 맑은 원한 견딜 수 없어 돌아오는 저 기러기.
91) 능지처참과 같은 말.
92) 초나라 회왕懷王이 장의張儀에게 속아서 진나라 무관武關에 들어갔다가 잡혀 죽었는데, 그 혼이 초혼조가 되었다 한다.
93) 도장 찍은 종이를 큰칼에 붙여 봉하는 것.

"애고, 서울집아, 정신 차리게. 애고 불쌍하여라."
사지를 만지며 약을 갈아 들이며 서로 보고 낙루할 제, 이때 키 크고 속없는 낙춘이가 들어오며,
"얼씨구절씨구 좋을시고. 우리 남원도 현판 감94)이 생겼구나."
왈칵 달려들어,
"애고, 서울집아, 불쌍하여라."
이리 야단할 제 춘향 모가 이 말을 듣고 정신없이 들어오더니 춘향의 목을 안고,
"애고, 이게 웬일이냐. 죄는 무슨 죄며 매는 무슨 매냐. 장청將廳의 집사執事님네, 길청吉廳의 이방님, 내 딸이 무슨 죄요? 장군방杖軍房 두목들아, 집장하던 사정이도 무슨 원수 맺혔더냐? 애고애고, 내 일이야. 칠십 당년 늙은것이 의지 없이 되었구나. 무남독녀 내 딸 춘향 규중에 은근히 길러 내어 밤낮으로 서책만 놓고 내칙편內則篇95) 공부 일삼으며 날보고 하는 말이, '마오, 마오, 설워 마오. 아들 없다 설워 마오. 외손봉사外孫奉祀 못 하리까?' 어미에게 지극 정성 곽거郭巨와 맹종孟宗96)인들 내 딸보다 더할쏜가. 자식 사랑하는 법이 상중하가 다를쏜가. 이내 마음 둘 데 없네. 가슴에 불이 붙어 한숨이 연기로다. 김 번수야, 이 번수야, 옷령이 지엄타고 이다지 몹시 쳤느냐? 애고, 내 딸 장처杖處 보소. 빙설 같은 두 다리에 연지 같은 피 비쳤네. 명문가 규중부閨中婦야 눈먼 딸도 원하더라. 그런 데 가 못 생기고 기생 월매 딸이 되어 이 경색景色이 웬일이냐? 춘향아, 정신 차리려. 애고애고, 내 신세야."
하며,
"향단아, 삼문 밖에 가서 삯꾼 둘만 사 오너라. 서울 쌍급주雙急走97) 보낼란다."
춘향이 쌍급주 보낸단 말을 듣고,
"어머니, 마오. 그게 무슨 말씀이오? 만일 급주가 서울 올라가서 도련님이 보시면은 층층시하에 어찌할 줄 몰라 심사 울적하여 병이 되면 근들 아니 훼절이오. 그런 말씀 마시고 옥으로 가사이다."
사정이 등에 업혀 옥으로 들어갈 제 향단이는 칼머리 들고 춘향 모는 뒤를 따라 옥문 전 당도하여,
"옥형방, 문을 여소. 옥형방도 잠들었나?"
옥중에 들어가서 옥방 형상 볼작시면 부서진 죽창竹窓 틈에 살 쏘나니 바람이요, 무너진

---

94) 정문旌門. 열녀문을 세울 현판 감을 말한다.
95) 《예기禮記》의 한 편. 옛날 부녀자들의 행실 규범이 밝혀져 있다.
96) 곽거는 늙은 어머니가 굶는 것을 보고, 입을 줄이기 위해 자식을 묻으려고 땅을 파다가 황금 솥을 얻었다는 효자. 맹종은 어머니를 위해 겨울에 죽순을 구해 효도한 사람.
97) 급한 소식을 가지고 달려갈 사람 둘.

헌 벽이며 헌 자리 벼룩 빈대 만신滿身을 침노한다.

이때 춘향이 옥방에서 장탄가로 울던 것이었다.

"이내 죄가 무슨 죄냐. 국곡투식國穀偸食[98] 아니거든 엄형 중장嚴刑重杖 무슨 일고. 살인 죄인 아니어든 항쇄 족쇄項鎖足鎖[99] 웬일이며, 역률逆律 강상綱常[100] 아니어든 사지결박 웬일이며, 음양도적陰陽盜賊[101] 아니어든 이 형벌이 웬일인고.

삼강수三江水는 연수硯水 되어 청천일장지청천一張紙에[102] 나의 설움 원정原情 지어 옥황 전에 올리고자. 낭군 기뤄 가슴 답답 불이 붙네. 한숨이 바람 되어 붙는 불을 더 부치니 속절없이 나 죽겠네. 홀로 섰는 저 국화는 높은 절개 거룩하다. 눈 속에 청송靑松은 천고절千古節을 지켰구나. 푸른 솔은 나와 같고 누른 국화 낭군같이, 슬픈 생각 뿌리나니 눈물이요 적시나니 한숨이라. 한숨은 청풍淸風 삼고 눈물은 세우細雨 삼아 청풍이 세우를 몰아다가 불거니 뿌리거니, 님의 잠을 깨우고자. 견우 직녀성은 칠석 상봉하올 적에 은하수 막혔으되 실기失期한 일 없었건만, 우리 낭군 계신 곳에 무슨 물이 막혔는지 소식조차 못 듣는고. 살아 이리 기루느니 아주 죽어 잊고 지고. 차라리 이 몸 죽어 공산空山에 두견이 되어 이화월백梨花月白 삼경야三更夜에 슬피 울어 낭군 귀에 들리고자. 청강淸江에 원앙 되어 짝을 불러 다니면서 다정코 유정함을 님의 눈에 보이고자. 삼춘三春에 호접胡蝶 되어 향기 묻은 두 나래로 춘광을 자랑하여 낭군 옷에 붙고 지고. 청천靑天에 명월 되어 밤 당하면 도두 올라 명명히 밝은 빛을 님의 얼굴에 비치고자. 이내 간장 썩는 피로 님의 화상畵像 그려 내어 방문 앞에 족자 삼아 걸어 두고 들며 나며 보고 지고. 수절 정절 절대가인 참혹하게 되었구나. 문채 좋은 형산백옥 진토 중에 묻혔는 듯, 향기로운 상산초商山草[103]가 잡풀 속에 섞였는 듯, 오동 속에 놀던 봉황 형극荊棘[104] 속에 깃들인 듯. 자고로 성현네도 무죄하고 궂기시니[105] 요순 우탕 임금네도 걸주桀紂[106]의 포악으로 함진옥[107]에 갇혔더니 도로 놓여나 성군 되시고 명덕치민明德治民 주 문왕도 상주

---

98) 나라 곡식을 도적질해 먹는 것.
99) 목에 채우는 형구와 발에 채우는 형구.
100) 역률은 반역죄, 강상은 삼강오륜을 거스르는 것, 곧 부모를 죽인 자, 종으로 주인을 죽인 자, 관노로 관장을 죽인 자의 범죄.
101) 간통죄.
102) 삼강의 물은 벼룻물이 되어 푸른 하늘 한 장 종이에.
103) 중국 상산에서 나는 풀인 자지초紫芝草.
104) 가시덤불.
105) 궁지에 빠져 고생하시니. 또는 죽으시니.
106) 걸桀과 주紂는 중국 역대 가장 포악한 임금.
107) 걸왕이 탕왕을 잡아 가둔 하대옥夏臺獄을 말하는 듯.

商紂[108]의 해를 입어 유리옥羑里獄에 갇혔더니 도로 놓여나 성군 되고, 만고성현 공부자 孔夫子도 양호陽虎의 얼을 입어 광야匡野에 갇혔더니[109] 도로 놓여나 대성大聖 되시니 이런 일로 볼작시면, 죄 없는 이내 몸도 살아나서 세상 구경 다시 할까.

답답하고 원통하다. 날 살릴 이 뉘 있을까. 서울 계신 우리 낭군 벼슬길로 내려와 이렇듯이 죽어 갈 제 내 목숨을 못 살릴까. 하운夏雲은 다기봉多奇峰하니 산이 높아 못 오던가. 금강산 상상봉이 평지 되거든 오려신가. 병풍에 그린 황계黃鷄 두 나래를 툭툭 치며 사경四更 일점一點에 날 새라고 울거든 오려신가. 애고애고, 내 일이야."

죽창문竹窓門을 열다리니 명정월색明淨月色은 방 안에 든다마는 어린것이 홀로 앉아 달더러 묻는 말이,

"저 달아, 보느냐? 님 계신 데 명기明氣 빌려라. 나도 보게야. 우리 님이 누웠더냐, 앉았더냐? 보는 대로만 네가 일러 나의 수심 풀어 다고. 애고애고."

설이 울다 홀연히 잠이 드니 비몽사몽간에 호접이 장주莊周 되고 장주가 호접 되어, 세우細雨같이 남은 혼백 바람인 듯 구름인 듯 한 곳을 당도하니, 천공지활天空地闊하고 산명수려山明水麗한데, 은은한 죽림竹林 간에 일층 화각畵閣이 반공半空에 잠겼거늘, 대체 귀신 다니는 법은 대풍기大風起하고 승천입지昇天入地[110]하니, 침상편시枕上片時 춘몽중春夢中에 행진강남行盡江南 수천 리라[111].

전면을 살펴보니 황금대자黃金大字로 '만고정절 황릉지묘萬古貞節黃陵之廟'[112]라 뚜렷이 붙어 있거늘, 심신이 황홀하여 배회터니 천연한 낭자 셋이 나오는데, 석숭石崇의 애첩 녹주綠珠[113] 등롱을 들고, 진주 기생 논개, 평양 기생 월선이라. 춘향을 인도하여 내당에 들어가니 당상에 백의白衣한 두 부인이 옥수를 들어 청하거늘, 춘향이 사양하되,

"진세간塵世間 천첩이 어찌 황릉묘를 오르리까."

부인이 기특히 여겨 재삼 청하거늘, 사양치 못하여 올라가니 좌座를 주어 앉힌 후에,

"네가 춘향이냐? 기특하도다. 일전에 조회차로 요지연瑤池宴에 올라가니 네 말이 낭자키로 간절히 보고 싶어 너를 청하였으니 심히 불안토다."

---

108) 은나라 마지막 임금 주紂. 은나라 처음 이름이 상商이다.
109) 양호는 송宋나라 광匡 땅 사람으로 포악한 짓을 많이 해서 사람들의 미움을 받았는데, 공자와 얼굴이 몹시 닮았다. 그리하여 공자가 광 땅을 지날 때 양호로 오해받아 사람들에게 잡힌 적이 있다. 얼을 입는다는 것은 남의 허물로 해를 입는다는 뜻.
110) 하늘에 오르고 땅속에 들어가는 귀신의 재주.
111) 베개 위에 잠시 든 봄꿈에 강남땅 수천 리 다 녔도다.
112) 만고에 빛나는 정절 황릉묘. 황릉묘는 순 임금의 두 왕비 아황, 여영의 사당.
113) 석숭은 진나라 사람인데, 손수孫秀란 자가 녹주를 탐내어 석숭을 모해하자, 녹주는 정절을 지켜 다락 아래 떨어져 죽었다.

춘향이 재배 주奏 왈,

"첩이 비록 무식하나 고서를 보옵고 사후에나 존안을 뵈올까 하였더니 이렇듯 황릉묘에 모시니 황공 비감하어이다."

상군부인湘君夫人[114] 말씀하되,

"우리 순군舜君 대순씨大舜氏가 남순수南巡狩[115]하시다가 창오산蒼梧山에 붕崩하시니, 속절없는 이 두 몸이 소상 죽림에 피눈물을 뿌려 놓으니, 가지마다 알롱알롱 잎잎이 원한이라. 창오산봉상수절蒼梧山崩湘水絶이라야 죽상지루내가멸竹上之淚乃可滅[116]을, 천추에 깊은 한을 하소할 곳 없었더니 네 절행 기특기로 너더러 말하노라. 송군送君 기천 년에 청백淸白은 어느 때며[117] 오현금五絃琴 '남풍시南風詩'[118]를 이제까지 전하더냐."

이렇듯이 말씀할 제, 어떠한 부인,

"춘향아, 나는 기주명월음도성[119]에 화선化仙하던 농옥弄玉[120]이다. 소사簫史의 안해로서 태화산太華山 이별 후에 승룡비거乘龍飛去 한이 되어 옥소玉簫로 원을 풀 제, 곡종비거부지처曲終飛去不知處하니 산하벽도춘자개山下碧桃春自開라[121]."

이러할 제 또 한 부인 말씀하되,

"나는 한漢 궁녀 소군昭君이라. 호지胡地에 오가誤嫁하니 일부청총一阜靑塚뿐이로다[122]. 마상비파馬上琵琶 한 곡조에, 화도성식춘풍면畵圖省識春風面이요 환패공귀월야혼環佩空歸月夜魂이라[123]. 어찌 아니 원통하랴."

---

114) 상군湘君과 상부인湘夫人, 곧 아황과 여영.
115) 남방을 순행하는 것.
116) 창오산이 무너지고 상수의 물이 끊어져야 댓잎 위에 뿌린 눈물 없어지리라.
117) 순임금 떠나신 지 몇천 년에 맑은 세상은 어느 때나 오겠으며.
118) 순임금이 오현금을 타며 읊었다는 시.
119) 진루명월옥소성秦樓明月玉簫聲인 듯하다. 진루에 달 밝으니 옥 통소 소리. 진루秦樓는 진秦나라 목공穆公이 딸 농옥弄玉을 위해 지은 누각이다.
120) 농옥과 남편 소사簫史는 통소를 잘 불어 통소 소리에 봉황이 날아왔는데, 나중에 농옥은 봉황을 타고, 소사는 용을 타고 하늘로 날아가 신선이 되었다고 한다.
121) 옥통소 곡 끝나자 날아간 곳 알 수 없고, 산 아래 벽도화만 봄이 절로 피는구나.
122) 오랑캐 땅으로 그릇 시집가니 한갓 푸른 무덤뿐이로다. 흉노가 한나라에 여자를 요구하니 왕소군이 억울하게 뽑혀 멀리 백룡퇴로 시집을 갔는데, 슬픔과 원한을 이기지 못해 독을 먹고 죽었다.
123) 그림으론 몰라본 아름다운 그 얼굴, 환패만 헛되이 달 아래 원혼 되어 돌아왔네. 두보의 시구에서 따온 말이다. 환패는 허리에 차는 패물.

한참 이러할 제 음풍이 일어나며 촛불이 벌렁벌렁하며 무엇이 촛불 앞에 달려들거늘 춘향이 놀라 살펴보니 사람도 아니요 귀신도 아닌데 의의依依한 가운데 곡성이 낭자하며,
"여봐라, 춘향아 네가 나를 모르리라. 나는 넌고 하니 한고조漢高祖 안해 적 부인戚夫人[124]이로다. 우리 황제 용비龍飛 후에 여후呂后[125]의 독한 솜씨 나의 수족 끊어 내어 두 귀에다 불 지르고 두 눈 빼어 음약瘖藥[126] 먹여 칙간 속에 넣었으니 천추에 깊은 한을 어느 때나 풀어 보랴."
이리 울 제 상군부인 말씀하되,
"이곳이라 하는 데가 유명幽明이 노수路殊[127]하고 항오行伍 자별하니 오래 유留치 못할지라."
여동女童 불러 하직할새, 동방洞房 실솔성蟋蟀聲[128]은 시드렁, 일쌍 호접은 펄펄, 춘향이 깜짝 놀라 깨어 보니 꿈이로다.
옥창 앵도화 떨어져 보이고, 거울 복판이 깨어져 뵈고, 문 위에 허수아비 달려 보이거늘,
"나 죽을 꿈이로다."
수심 걱정 밤을 샐 제 기러기 울고 가니 일편一片 서강西江 달에 행안남비行雁南飛[129] 네 아니냐. 밤은 깊어 삼경이요, 궂은비는 퍼붓는데 도깨비 뻑뻑 밤새 소리 붓붓, 문풍지는 펄렁펄렁, 귀신이 우는데, 난장亂杖[130] 맞어 죽은 귀신, 형장 맞어 죽은 귀신, 결령치사結領致死[131] 대롱대롱 목매달아 죽은 귀신 사방에서 우는데, 귀곡성鬼哭聲이 낭자로다.
방 안이며 추녀 끝이며 마루 아래서도 애고애고, 귀신 소리에 잠길 길이 전혀 없다. 춘향이가 처음에는 귀신 소리에 정신이 없이 지내더니, 여러 번을 들어나니 파겁破怯이 되어 청승 굿거리, 삼자비, 세악[132] 소리로 알고 들으며,
"이 몹쓸 귀신들아, 나를 잡아 가려거든 조르지나 말려무나. 암급급여율령사바쉐唵急急如律令娑婆闍[133]."

---

124) 한고조의 후궁으로 임금의 총애를 받고 아들 여의를 낳았다.
125) 한고조의 왕비.
126) 벙어리가 되는 약.
127) 길이 다르다는 뜻.
128) 깊은 골방의 귀뚜라미 소리.
129) 기러기 열 지어 남으로 날아간다.
130) 수를 헤지 않고 막 치는 형장.
131) 목매달아 죽임.
132) 삼자비는 장고, 제금, 징 또는 장구, 제금, 피리 세 악기. 세악은 장구, 북, 피리, 저, 해금으로 구성된 군대 음악.
133) 범어梵語로 된 주문.

진언眞言[134] 치고 앉았을 때 옥 밖으로 봉사 하나 지나가되, 서울 봉사 같을진대, "문수問數[135]하오." 외련마는 시골 봉사라,

"문복問福하오."

하며 외고 가니, 춘향이 듣고,

"여보 어마니, 저 봉사 좀 불러 주오."

하니, 춘향 모 봉사를 부르는데,

"여보, 저기 가는 봉사님."

불러 놓으니, 봉사 대답하되,

"게 뉘기, 게 뉘기니?"

"춘향의 모요."

"어찌 찾나?"

"우리 춘향이가 옥중에서 봉사님을 잠깐 오시라 하오."

봉사 한 번 웃으면서,

"날 찾기 의외로세. 가제."

봉사 옥으로 갈 제, 춘향 모 봉사의 지팡이를 잡고 길을 인도할 제,

"봉사님, 이리 오시오. 이것은 독(돌)다리요, 이것은 개천이요. 조심하여 건너시오."

앞에 개천이 있어 뛰어 볼까 무한히 벼르다가 뛰는데 봉사의 뜀이란 게 멀리 뛰든 못하고 올라가기만 한 길이나 올라가는 것이었다. 멀리 뛴단 것이 개천 한가운데가 풍덩 빠져 놓았는디, 기어 나오려고 짚는 게 개똥을 짚었제.

"아뿔싸, 이게 정녕 똥이제?"

손을 들어 맡아 보니 묵은 쌀밥 먹고 썩은 놈이로고. 손을 내뿌린 게 모진 독(돌)에다가 부딪치니 어찌 아프던지 입에다가 홀 쓸어 넣고 우는데 먼눈에서 눈물이 뚝뚝 떨어지며,

"애고애고, 내 팔자야. 조그마한 개천을 못 건너고 이 봉변을 당하였으니 수원수구誰怨誰咎 뉘더러 하리. 내 신세를 생각하니 천지 만물을 불견不見이라 주야를 내가 알랴, 사시를 짐작하며, 춘절이 당해 온들 도리화개桃李花開 내가 알며, 추절이 당해 온들 황국단풍 어찌 알며, 부모를 내 아느냐, 처자를 내 아느냐, 친구 벗님을 내 아느냐. 세상천지 일월성신과 후박장단厚薄長短을 모르고 밤중같이 지내다가 이 지경이 되었구나. 진소위眞所謂[136] 소경이 그르냐, 개천이 그르냐? 소경이 그르제, 아주 생긴 개천이 그르랴."

애고애고 설이 우니, 춘향 모 비감하여,

"고만 우시오."

---

134) 주문.
135) 점쟁이에게 신수, 운수 따위 길흉을 묻는 것.
136) 정말 그야말로.

봉사를 목욕시켜 옥으로 들어가니 춘향이 반기면서,
"애고, 봉사님 어서 오."
봉사 그중에 춘향이가 일색이란 말은 듣고 반가하며,
"음성을 들으니 춘향 각씬가 보다."
"예, 그옵니다."
"내가 벌써 와서 자네를 한 번이나 볼 터로되, 빈즉다사貧則多事라 못 오고 청하여 왔으니 수인사가 아니로세."
"그럴 리가 있소. 안맹眼盲하옵고 노래老來에 기력이 어떠하시오?"
"내 염려는 말게. 대체 나를 어찌 청하였나?"
"예, 다름 아니라 간밤에 흉몽을 하였삽기로 해몽도 하고, 우리 서방님이 어느 때나 나를 찾을까 길흉 여부 점을 하려고 청하였소."
"그러제."
봉사 점을 하는데,
"가이태서유상假以泰筮有常 치경이축致敬而祝 축왈祝曰[137], 천하언재天何言哉심이요 지하언재地下言哉심이오마는, 고지즉응叩之卽應하시느니 신기령의神旣靈矣시니 감이수통언感而遂通焉하소서[138]. 망지휴구罔知休咎와 망석궐의罔釋厥疑이니 유신유령惟神惟靈이 망수소보望垂昭報하여 약가약비若可若否를 상명고지즉응尙明叩之卽應하시는 이[139], 복희, 문왕, 무왕, 무공, 주공, 공자, 오대성현, 칠십이현, 안연, 증曾, 사思, 맹孟, 성문십철聖門十哲, 제갈공명 선생, 이순풍李淳風, 소강절邵康節, 정명도程明道, 정이천程伊川, 주염계朱濂溪, 주회암朱晦庵, 엄군평嚴君平, 사마군司馬君, 귀곡鬼谷, 손빈孫臏, 진의秦儀, 왕보사王輔嗣, 주원장朱元璋, 제대선생諸大先生은 명찰명기明察明記 하옵소서. 마의도자麻衣道者, 구천현녀九天玄女, 육정육갑六丁六甲 신장神將여, 연월일시 사치공조四值功曹, 배괘동자排卦童子, 척괘동남擲卦童男, 허공유감虛空有感, 여왕여往 본가봉사本家奉祀 단로향화壇爐香火 유신문차보향惟神聞此寶香 원사강림언願斯降臨焉 하소서.
　전라좌도 남원부 천변리 거하는 임자생신壬子生身 곤명坤命[140] 열녀 성춘향이 하월何月 하일何日에 방사옥중放赦獄中하오며, 서울 삼청동 거하는 이몽룡은 하일 하시에 도

---

137) 점쟁이의 믿음직한 말을 빌려서 존경을 드리어 빌고 빌어 말하노니.
138) 하늘이 무슨 말을 하시며 땅이 무슨 말을 하시리오마는, 두드리면 곧 감응하시나니 신은 이미 신령하시니 감응하여 순하게 통해 주옵소서.
139) 길흉을 알지 못하고 의심을 풀지 못하와 오직 신령께옵서 밝으신 가르치심을 내려 주시기를 바라옵나니 옳은 것과 그른 것을 고하면 밝혀 주시고 두드리면 곧 감응해 주시는 이.
140) 여자를 뜻한다.

차본부到此本府 하오리까? 복걸伏乞 점신占神은 신명소시神明昭示 하옵소서."
산통算筒을 철겅철겅 흔들더니,
"어디 보자, 일이삼사오륙칠, 허허 좋다! 상괘上卦로고. 칠간산七艮山이로구나. 어유피망魚遊避網하니 소적대성小積大成이라. 옛날 주 무왕이 벼슬할 제 이 괘를 얻어 금의환향하였으니 어찌 아니 좋을쏜가. 천리상지千里相知하니 친인親人이 유면有面이라. 자네 서방님이 불원간에 내려와서 평생 한을 풀겠네. 걱정 마소. 참 좋거든."
춘향이 대답하되,
"말대로 그러하면 오죽 좋사오리까. 간밤 꿈 해몽이나 좀 하여 주옵소서."
"어디 자상히 말을 하소."
"단장하던 체경이 깨져 보이고, 창전窓前의 앵두꽃이 떨어져 보이고, 문 위에 허수아비 달려 뵈고, 태산이 무너지고 바닷물이 말라 뵈니 나 죽을 꿈 아니오?"
봉사 이윽히 생각다가 양구良久에 왈,
"그 꿈 장히 좋다. 화락花落하니 능성실能成實이요, 파경破鏡하니 기무성豈無聲가. 능히 열매가 열려야 꽃이 떨어지고 거울이 깨어질 때 소리가 없을쏜가. 문상門上에 현우인懸偶人하니 만인萬人이 개앙시皆仰視라, 문 위의 허수아비 달렸으면 사람마다 우러러볼 것이요, 해갈海渴하니 용안견龍顔見이요 산붕山崩하니 지택평地澤平이라, 바다가 마르면 용의 얼굴을 능히 볼 것이요 산이 무너지면 평지가 될 것이라. 좋다, 쌍가마 탈 꿈이로세. 걱정 마소, 머지않네."
한참 이리 수작할 제 뜻밖에 까마귀가 옥 담에 와 앉더니 까옥까옥 울거늘, 춘향이 손을 들어 후여 날리며,
"방정맞은 까마귀야, 나를 잡아가려거든 조르지나 말려무나."
봉사가 이 말을 듣더니,
"가만있소, 그 까마귀가 가옥가옥 그렇게 울제?"
"예, 그래요."
"좋다, 좋다! 가 자는 아름다울 가佳 자요, 옥 자는 집 옥屋 자라, 아름답고 즐겁고 좋은 일이 불원간에 돌아와서 평생에 맺힌 한을 풀 것이니 조금도 걱정 마소. 즉금은 복채 천 냥을 준대도 아니 받아 갈 것이니 두고 보고 영귀하게 되는 때에 괄시나 부디 마소. 나 돌아가네."
"예, 평안히 가옵시고 후일 상봉하옵시다."
춘향이 장탄수심으로 세월을 보내니라.
이때 한양성 도련님은 주야로 시서 백가어詩書百家語를 숙독하였으니 글로는 이백이요, 글씨는 왕희지라. 국가에 경사 있어 태평과太平科를 보이실새 서책을 품에 품고 장중場中에 들어가 좌우를 둘러보니 억조창생億兆蒼生 허다 선비 일시에 숙배肅拜한다. 어악풍류御樂風流 청아성淸雅聲에 앵무새가 춤을 춘다.
대제학 택출擇出하여 어제御題를 내리시니 도승지 모셔 내어 홍장紅帳 위에 걸어 놓으

니 글제에 하였으되, '춘당춘색春塘春色이 고금동古今同이라.'[141] 뚜렷이 걸었거늘 이 도령 글제를 살펴보니 익히 보던 바라. 시지試紙를 펼쳐 놓고 해제를 생각하여 용지연龍池硯에 먹을 갈아 당황모唐黃毛 무심필無心筆을 반중동 더뻑 풀어 왕희지 필법으로 조맹부趙孟頫 체를 받아 일필휘지 선장先場하니, 상시관上試官이 글을 보고 자자字字이 비점批點[142]이요, 구구句句이 관주貫珠[143]로다. 용사비등龍蛇飛騰하고 평사낙안平沙落雁이라[144], 금세의 대재大才로다. 금방金榜에 이름 불러 어주御酒 삼 배 권하신 후 장원 급제 휘장揮場[145]이라.

신래新來 진퇴 나올 적에 머리에는 어사화御賜花요, 몸에는 앵삼鶯衫이라, 허리에는 학대鶴帶로다. 삼일유가三日遊街[146]한 연후에 산소에 소분掃墳하고 전하께 숙배하니, 전하께옵서 친히 불러 보신 후에,

"경의 재주 조정에 으뜸이라."

하시고, 도승지 입시하사 전라도 어사御史를 제수하시니, 평생의 소원이라. 수의繡衣[147], 마패馬牌, 유척鍮尺[148]을 내주시니, 전하께 하직하고 본댁으로 나아갈 제 철관鐵冠 풍채는 심산맹호 같은지라.

부모 전 하직하고 전라도로 행할새, 남대문 밖 썩 나서서 서리書吏, 중방中房, 역졸 등을 거느리고 청파 역말 잡아타고 칠패七牌, 팔패八牌, 배다리 얼른 넘어 밥전거리 지나 동작이를 얼풋 건너 남태령을 넘어 과천읍에 중화中火하고, 사근내, 미륵당이, 수원 숙소하고, 대황교大皇橋, 떡전거리, 진개울, 중미, 진위읍에 중화하고, 칠원, 소사, 애고다리, 성환역成歡驛에 숙소하고, 상류천上柳川, 하류천下柳川, 새술막, 천안읍에 중화하고, 삼거리, 도리티, 김제 역말 갈아타고, 신구 덕평을 얼른 지나 원터에 숙소하고, 팔풍정, 화란, 광정, 모란, 공주, 금강을 건너 금영錦營에 중화하고, 높은 행길 소개문, 어미널티〔板峙〕, 경천敬天에 숙소하고, 노성魯城, 풋개〔草浦〕, 사다리〔沙橋〕, 은진, 간치당이〔鵲旨〕, 황화정皇華亭, 장애미 고개, 여산읍礪山邑에 숙소 참하고[149], 이튿날 서리, 중방 불러 분부하되,

"전라도 초입 여산이라. 막중국사莫重國事 거행불명즉擧行不明則 죽기를 면치 못하리

---

141) 춘당의 봄빛이 예나 이제나 같도다. 춘당은 춘당대로 과거 보는 장소.
142) 글이 묘하게 잘된 글자 옆에 붉은 점을 찍는 것.
143) 묘하게 잘된 글귀 옆에 붉은 동그라미를 치는 것.
144) 용이 살아 움직이는 듯하고 모래펄에 기러기 내리는 듯하다. 글씨의 풍격을 말한다.
145) 과거 시험에 첫째로 급제한 답안을 시험장에 내거는 것.
146) 과거에 급제한 자가 사흘간 시험관, 선배, 친척들을 찾아 인사하며 도는 것.
147) 수를 놓은 어사의 예복. 수의는 암행어사의 딴 이름이기도 하다.
148) 놋쇠로 만든 표준 자. 지방 수령이나 암행어사가 시체를 검시하거나 형벌 도구가 표준에 맞는지 검시할 때 썼다.

라."
추상같이 호령하며 서리 불러 분부하되,
"너는 좌도左道로 들어 진산, 금산, 무주, 용담, 진안, 장수, 운봉, 구례로 이 팔 읍을 순행하여 아무 날 남원읍으로 대령하고, 중방 역졸 너희 등은 우도右道로 용안, 함열, 임피, 옥구, 김제, 만경, 고부, 부안, 흥덕, 고창, 장성, 영광, 무장, 무안, 함평으로 순행하여 아무 날 남원읍으로 대령하고."
종사從事 불러,
"익산, 금구, 태인, 정읍, 순창, 옥과, 광주, 나주, 창평, 담양, 동복, 화순, 강진, 영암, 장흥, 보성, 흥양, 낙안, 순천, 곡성으로 순행하여 아무 날 남원읍으로 대령하라."
분부하여 각기 분발分發하신 후에 어사또 행장을 차리는데, 모양 보소. 숫사람을 속이려고 모자 없는 헌 파립破笠에 벌이줄 총총 매어 초사草紗 갓끈 달아 쓰고, 당만 남은 헌 망건에 갖풀관자 노끈 당줄 달아 쓰고, 의뭉하게 헌 도복道服에 무명실 띠를 흉중에 둘러매고, 살만 남은 헌 부채에 솔방울 선추扇錘[150] 달아 일광日光을 가리고 내려올 제, 통새암, 삼례 숙소하고, 한내, 주엽쟁이, 가리내, 싱금정 구경하고, 숲정이, 공북루拱北樓, 서문을 얼른 지나 남문에 올라 사방을 둘러보니 서호西湖 강남江南 여기로다.
기린토월麒麟吐月이며 한벽청연寒碧淸煙, 남고모종南高暮鐘, 건지망월乾止望月, 다가사후多佳射帿, 덕진채련德津採蓮, 비비낙안飛飛落雁, 위봉폭포威鳳瀑布[151], 완산 팔경을 다 구경하고 차차로 암행하여 내려올 제, 각 읍 수령들이 어사 났단 말을 듣고 민정을 가다듬고 전공사前公事를 염려할 제 하인들 편하리오. 이방 호장 실혼失魂하고, 공사 회계하는 형방 서리 얼른하면 도망차로 신발하고, 수다한 각 청상廳上에 넋을 잃어 분주할 제, 이때 어사또는 임실 구홧들 근처를 당도하니 차시 마침 농절이라 농부들이 '농부가' 하며 이

---

149) 칠패는 남대문 밖 시장 이름, 배다리는 용산의 주교舟橋, 밥전거리는 이태원 부근, 대황교大皇橋는 수원과 병점餅店 사이에 있는 다리, 떡전거리는 병점, 칠원은 진위읍 남쪽 갈원葛院, 애고다리는 경기도와 충청도 경계에 있는 다리, 도리티는 천안 삼거리 부근 고개, 화란은 공주 북쪽 활원[弓院], 모란은 공주 북쪽 모로원毛老院, 금영錦營은 충청 감영의 다른 이름, 소개문은 공주에서 전라도 여산으로 내려가는 길에 있는 지명, 어미널티〔板峙〕는 공주와 경천 사이에 있는 고개, 노성魯城은 노산성魯山城, 풋개〔草浦〕와 사다리〔沙橋, 沙梯〕는 연산 부근, 간치당이〔鵲旨〕는 여산군 까치당이, 황화정皇華亭은 여산읍 북쪽 전라도의 신구 관찰사가 교대하는 곳이다.
150) 부채의 사북, 손잡이 끝에 달아 늘이는 장식물.
151) 완산 팔경으로, 기린봉에 뜬 달, 한벽당의 맑은 연기, 남고사의 저녁 종소리, 건지산의 보름달 구경, 다가산의 활쏘기 구경, 덕진못에서 연 캐기, 비비정飛飛亭에 떨어져 내리는 기러기, 위봉산성에 있는 위봉폭포.

러할 제 야단이었다.

> 어여로 상사뒤요.
> 천리건곤千里乾坤 태평太平 시時에
> 도덕 높은 우리 성군
> 강구연월康衢煙月 동요童謠 듣던
> 요임금 성덕이라.
> 어여로 상사뒤요.
> 순임금 높은 성덕으로 내신 성기成器[152]
> 역산歷山에 밭을 갈고
> 어여로 상사뒤요.
> 신농씨神農氏 내신 따비[153]
> 천추만대 유전하니
> 어이 아니 높던가.
> 어여로 상사뒤요.
> 하우씨夏禹氏 어진 임금
> 구 년 홍수 다스리고
> 어여라 상사뒤요.
> 은왕殷王 성탕成湯 어진 임금
> 대한大旱 칠 년 당하였네.
> 어여라 상사뒤요.
> 이 농사를 지어 내어
> 우리 성군 공세貢稅 후에
> 남은 곡식 장만하여
> 앙사부모仰事父母 아니 하며
> 하육처자下育妻子 아니 할까.
> 어여라 상사뒤요.
> 백초百草를 심어 사시四時를 짐작하니
> 유신有信한 게 백초로다.
> 어여라 상사뒤요.
> 청운공명青雲功名 좋은 호강이

---

152) 그릇과 농기구.
153) 나무를 구부린 끝에 쇠를 씌운 농기구.

이 업을 당할쏘냐.
어여라 상사뒤요.
남전북답南田北畓 기경起耕하여
함포고복含哺鼓腹 하여 보세.
어널널 상사뒤요.

한참 이리할 제 어사또 주령(지팡이) 짚고 이만하고 서서 농부가를 구경하다가,
"거기는 대풍이로고."
또 한편을 바라보니 이상한 일이 있다. 중실한 노인들이 끼리끼리 모여 서서 등걸밭을 일구는데, 갈명덕 숙여 쓰고 쇠스랑 손에 들고 '백발가'를 부르는데,

    등장等狀[154] 가자 등장 가자.
    하느님 전에 등장 갈 양이면
    무슨 말을 하실는지.
    늙은이는 죽지 말고
    젊은 사람 늙지 말게
    하느님 전에 등장 가세.

    원수로다 원수로다.
    백발이 원수로다.
    오는 백발 막으려고
    우수右手에 도끼 들고
    좌수左手에 가시 들고
    오는 백발 두드리며
    가는 홍안 걸어 당겨
    청사靑絲로 결박하여
    단단히 졸라매되,
    가는 홍안 절로 가고
    백발은 시시로 돌아와
    귀밑에 살 잡히고
    검은 머리 백발 되니

---

154) 사람들이 이름을 잇대어 억울한 사정을 관청에 하소연하는 것.

조여청사朝如靑絲 모성설暮成雪이라[155].

무정한 게 세월이라
소년 행락 깊은들
왕왕이 달라 가니
이 아니 광음光陰인가.

천금준마千金駿馬 잡아타고
장안 대도大道 달리고자
만고강산 좋은 경개
다시 한 번 보고 지고
절대가인 곁에 두고
백만교태 놀고 지고.

화조월석花朝月夕 사시가경四時佳景
눈 어둡고 귀가 먹어
볼 수 없고 들을 수 없어
하릴없는 일이로세.
슬프다 우리 벗님
어디로 가겠는고.

구추단풍九秋丹楓 잎 진 듯이
선아선아[156] 떨어지고
새벽하늘 별 진 듯이
삼오삼오 스러지니
가는 길이 어드멘고.
어여로 가래질이야.
아마도 우리 인생
일장춘몽인가 하노라.

한참 이리할 제 한 농부 썩 나서며,

---

155) 아침에 푸른 실과 같더니 저녁에 흰눈이 되는구나.
156) 선뜻선뜻 또는 차츰차츰.

"담배 먹세, 담배 먹세."

갈멍덕 숙여 쓰고 두덩에 나오더니 곱돌 조대[157] 넌짓 들어 꽁무니 더듬더니 가죽 쌈지 빼어 놓고 담배에 세우(세게) 침을 뱉어 엄지가락이 자빠라지게 비빗비빗 단단히 넣어 짚불을 뒤져 놓고 화로에 푹 절러 담배를 먹는데 농군이라 하는 것이 대가 빡빡하면 쥐새끼 소리가 나겄다. 양 볼때기가 오목오목 콧궁기가 발씸발씸 연기가 홀홀 나게 피워 물고 나서니 어사또 반말하기는 공성이 났제[158].

"저 농부 말 좀 물어보면 좋겠구먼."
"무슨 말?"
"이 골 춘향이가 본관의 수청 들어 뇌물을 많이 받아먹고 민정民政에 작폐作弊한단 말이 옳은지?"
저 농부 열불 내어,
"계가 어데 삽나?"
"아무 데 살든지."
"아무 데 살든지라니. 게는 눈콩알 귀콩알이 없나? 지금 춘향이는 수청 아니 든다 하고 형장 맞고 갇혔으니 창가娼家에 그런 열녀 세상에 드문지라. 옥결 같은 춘향 몸에 자네 같은 동냥치가 누설陋說을 시치다는(시키다가는) 빌어먹도 못 하고 굶어 뒈지리. 올라간 이 도령인지 삼 도령인지 그놈의 자식은 일거一去 후 무소식하니 인사가 그렇고는 벼슬은커니와 내 좆도 못 하제."
"어, 그게 무슨 말인고?"
"왜, 어찌 됩나?"
"되기야 어찌 되랴마는 남의 말로 구습口꺕을 너무 고약히 하는고."
"자네가 철모르는 말을 하매 그렇제."
수작을 파하고 돌아서며,
"허허, 망신이로고. 자, 농부네들 일하오."
"예."
하직하고, 한 모롱이를 돌아드니, 아이 하나 오는데 주령 막대 끌면서 시조 절반, 사설 절반 섞어 하되,

"오늘이 며칠인고. 천 리 길 한양성을 며칠 걸어 올라가랴. 조자룡趙子龍의 월강越江하던 청총마靑驄馬가 있거드면 금일로 가련마는, 불쌍하다, 춘향이는 이 서방을 생각하여 옥중에 갇히어서 명재경각命在頃刻 불쌍하다. 몹쓸 양반 이 서방은 일거 소식 돈절하니 양반의 도리는 그러한가."

---

157) 곱돌로 만든 담뱃대.
158) 이골이 났지.

어사또 그 말 듣고,
"이애, 어데 있니?"
"남원읍에 사오."
"어디를 가니?"
"서울 가오."
"무슨 일로 가니?"
"춘향의 편지 갖고 구관 댁에 가오."
"이애, 그 편지 좀 보자꾸나."
"그 양반 철모르는 양반이네."
"웬 소린고?"
"글쎄, 들어 보오. 남의 편지 보기도 어렵거든 항況 남의 내간內簡을 보잔단 말이오?"
"이애, 들어라. 행인行人이 임발우개봉臨發又開封[159]이란 말이 있느니라. 좀 보면 관계하냐?"
"그 양반 몰골은 흉악하구만 문자 속은 기특하오. 얼풋 보고 주오."
"호로자식이고."
편지 받아 떼어 보니 사연에 하였으되,

　일차 이별 후 성식聲息이 격조하니 도련님 시봉체후侍奉體候 만안萬安하옵신지 원절복모願切伏慕하옵니다.
　천첩 춘향은 장대 뇌상枕臺牢上에 관봉치패官逢致敗하고[160] 명재경각命在頃刻이라, 지어사경至於死境에 혼비황릉지묘魂飛黃陵之廟하여 출몰귀관出沒鬼關하니[161] 첩신妾身이 수유만사雖有萬死나 단지但知 열불이경烈不二更[162]이요, 첩지사생과 노모 형상이 부지해경不知亥境[163]이오니 서방님 심량처지深諒處之[164] 하옵소서.

편지 끝에 하였으되,

---

159) 사람은 떠나려는데 봉함 뜯어 다시 편지 본다. 너무 급히 써 할 말을 다 쓰지 못한 것 같아 다시금 열어 살펴본다는 뜻.
160) 주리를 트는 형장대 위에서 매를 맞아 크게 상처를 입고.
161) 혼이 황릉묘로 날아가서 귀문관을 오가니. 귀문관은 저승의 관문.
162) 비록 만 번 죽는다 할지라도 열녀는 지아비를 둘로 바꾸지 않음을 알 뿐.
163) 어떤 지경에 이를지 모름.
164) 깊이 생각하여 처리함.

거세하시군별첩去歲何時君別妾고
작이동절우동추昨已冬節又桐秋라.
광풍반야우여설狂風半夜雨如雪하니
하위남원옥중수何爲南原獄中囚라.[165]

혈서로 하였는데 평사낙안平沙落雁 기러기 격으로 그저 툭툭 찍은 것이 모두 다 애고로다. 어사 보더니 두 눈에 눈물이 듣거니 맺거니 방울방울이 떨어지니 저 아이 하는 말이,
"남의 편지 보고 왜 우시오?"
"엇다, 이애 남의 편지라도 설운 사연을 보니 자연 눈물이 나는구나."
"여보, 인정 있는 체하고 남의 편지 눈물 묻어 찢어지오. 그 편지 한 장 값이 열닷 냥이오. 편지 값 물어내오."
"여봐라, 이 도령이 나와 죽마고우 친구로서 하향遐鄕에 볼일이 있어 나와 함께 내려오다 완영完營[166]에 들렀으니 내일 남원으로 만나자 언약하였다. 나를 따라 있다가 그 양반을 뵈어라."
그 아이 방색防塞하며[167],
"서울을 저 건너로 아시오?"
하며 달려들어,
"편지 내오."
상지相持할 제, 옷 앞자락을 잡고 힐난하며 살펴보니 명주 전대를 허리에 둘렀는데 제기祭器 접시 같은 것이 들었거늘 물러나며,
"이것 어디서 났소? 찬바람이 나오."
"이놈, 만일 천기누설하여서는 생명을 보전치 못하리라."
당부하고, 남원으로 들어올 제 박석치博石峙를 올라서서 사면을 둘러보니 산도 예 보던 산이요, 물도 예 보던 물이라. 남문 밖 썩 내달아, 광한루야 잘 있더냐, 오작교야 무사하냐. 객사청청유색신客舍靑靑柳色新[168]은 나귀 매고 놀던 데요, 청운낙수靑雲洛水 맑은 물은 내 발 씻던 청계수라. 녹수진경綠樹秦京 너른 길은 왕래하던 옛 길이오.
오작교 다리 밑에 빨래하는 여인들은 계집아이 섞여 앉아,
"야야."

---

165) 지난해 님은 어느 때 첩과 이별하셨던고. 어제 겨울이더니 어느덧 가을이라. 광풍이 부는 밤 오던 비 눈 같더니 어찌하여 남원 옥중 죄수 되는가.
166) 완산 감영監營의 준말.
167) 가로막으며.
168) 객사의 푸르고 푸른 버들 빛은 새롭다.

"왜야?"
"애고애고, 불쌍터라, 춘향이가 불쌍터라."
"모질더라, 모질더라, 우리 골 사또가 모질더라."
"절개 높은 춘향이를 위력 겁탈하려 한들 철석같은 춘향 마음 죽는 것을 헤아릴까."
"무정터라, 무정터라, 이 도령이 무정터라."
저희끼리 공론하며 추적추적 빨래하는 모양은 영양 공주, 난양 공주, 진채봉, 계섬월, 백능파, 적경홍, 심요연, 가춘운[169]도 같다마는 양소유가 없었으니 뉘를 찾아보자 앉았고.
어사또 누에 올라 자세히 살펴보니 석양은 재서在西하고 숙조宿鳥는 투림投林할 제 저 건너 양류목은 우리 춘향 그네 매고 오락가락 놀던 양을 어제 본 듯 반갑도다. 동편을 바라보니 장림심처長林深處 녹림간綠林間에 춘향 집이 저기로다. 저 안에 내동원內東苑은 예 보던 고면故面이요, 석벽에 험한 옥獄은 우리 춘향 우니는 듯 불쌍코 가긍하다.
일락서산日落西山 황혼시에 춘향 문전 당도하니, 행랑은 무너지고 몸채는 꾀[170]를 벗었는데, 예 보던 벽오동은 수풀 속에 우뚝 서서 바람을 못 이기어 추레하게 서 있거늘 단장 밑의 백두루미는 함부로 다니다가 개한테 물렸는지 깃도 빠지고 다리를 징금껄룩 뚜루룩 울음 울고 빗장 전전 누른 개는 기운 없이 졸다가 구면 객을 몰라보고 꽝꽝 짖고 내달으니,
"요 개야 짖지 마라. 주인 같은 손님이다. 너의 주인 어데 가고 네가 나와 반기느냐?"
중문을 바라보니 내 손으로 쓴 글자가 충성 충忠 자 완연터니 가운데 중 자는 어데 가고 마음 심 자만 남아 있고, 와룡장자臥龍壯字[171] 입춘서立春書는 동남풍에 펄렁펄렁 이내 수심 돋워 낸다.
그렁저렁 들어가니 내정內庭은 적막한데 춘향 모 거동 보소. 미음솥에 불 넣으며,
"애고애고, 내 일이야. 모질도다, 모질도다, 이 서방이 모질도다. 위경危境 내 딸 아주 잊어 소식조차 돈절하네. 애고애고, 설운지고. 향단아, 이리 와 불 넣어라."
하고 나오더니, 울안 개울물에 흰머리 감아 빗고 정화수 한 동이를 단하에 받쳐 놓고 복지伏地하여 축원하되,
"천지지신天地之神 일월성신日月星辰은 화위동심化爲動心 하옵소서. 다만 독녀 춘향이를 금쪽같이 길러 내어 외손봉사 바랐더니, 무죄한 매를 맞고 옥중에 갇혔으니 살릴 길이 없삽니다. 천지지신은 감동하사 한양성 이몽룡을 청운에 높이 올려 내 딸 춘향 살려지다."
빌기를 다한 후에,

---

169) 소설 《구운몽》의 주인공들. 양소유의 부인과 첩 들이다.
170) '외'의 사투리. 흙벽을 만들 때 가는 나무나 수숫대를 가로 세로 엮은 것. 여기에 흙을 바르면 벽이 된다.
171) 도사리고 누워 있는 용처럼 힘 있는 글씨.

"향단아, 담배 한 대 붙여 다고."

춘향 모 받아 물고 후유 한숨 눈물질 제, 이때 어사 춘향 모 정성 보고,

"나의 벼슬한 게 선영先瑩 음덕으로 알았더니 우리 장모 덕이로다."

하고,

"그 안에 뉘 있나?"

"뉘시오?"

"나로세."

"나라니 뉘신가?"

어사 들어가며,

"이 서방일세."

"이 서방이라니? 옳지, 이 풍헌172) 아들 이 서방인가?"

"허허, 장모 망령이로세. 나를 몰라, 나를 몰라?"

"자네가 뉘기여?"

"사위는 백년지객百年之客이라 하였으니 어찌 나를 모르는가?"

춘향 모 반가하여,

"애고애고, 이게 웬일인고. 어데 갔다 인제 와? 풍세대작風勢大作터니 바람결에 풍겨 오는가, 봉운기봉峰雲奇峰터니 구름 속에 쌓여 온가, 춘향의 소식 듣고 살리려고 와 계신가? 어서어서 들어가세."

손을 잡고 들어가서 촛불 앞에 앉혀 놓고 자세히 살펴보니 걸인 중에는 상걸인이 되었구나. 춘향 모 기가 막혀,

"이게 웬일이오?"

"양반이 그릇되매 형언할 수 없네. 그때 올라가서 벼슬길 끊어지고 탕진가산하여, 부친께서는 학장學長질 가시고 모친은 친가로 가시고 다 각기 갈리어서, 나는 춘향에게 내려와서 돈 전錢이나 얻어 갈까 하였더니, 와서 보니 양가 이력兩家履歷 말 아닐세."

춘향 모 이 말 듣고 기가 막혀,

"무정한 이 사람아, 일차 이별 후로 소식이 없었으니 그런 인사가 있으며, 후긴지173) 바랐더니 일이 잘되었소. 쏘아 논 살이 되고 엎질러진 물이 되어 수원수구誰怨誰咎를 할까마는 내 딸 춘향 어쩔라나?"

홧김에 달려들어 코를 물어 뗄라 하니,

"내 탓이지, 코 탓인가? 장모가 나를 몰라보네. 하늘이 무심태도 풍운조화와 뇌성전기雷聲電氣는 있느니."

---

172) 풍헌은 면面이나 이里의 일을 맡아보는 사람.
173) 나중 일을 기약함. '후기後期인지'의 준말인 듯.

춘향 모 기가 차서,
"양반이 그릇되매 갈농[174]조차 들었구나."
어사 짐짓 춘향 모의 하는 거동을 보려 하고,
"시장하여 나 죽겠네. 날 밥 한술 주소."
춘향 모 밥 달라는 말을 듣고,
"밥 없네."
어찌 밥 없을까마는 홧김에 하는 말이었다.
이때 향단이 옥에 갔다 나오더니 저희 아씨 야단 소리에 가슴이 우둔우둔, 정신이 월렁월렁, 정처 없이 들어가서 가만히 살펴보니 전의 서방님이 오셨구나. 어찌 반갑던지 우루룩 들어가서,
"향단이 문안이오. 대감님 문안이 어떠하옵시며, 대부인 기체 안녕하옵시며, 서방님께서도 원로에 평안히 행차하시니이까?"
"오냐, 고생이 어떠하냐?"
"소녀 몸은 무탈하옵니다. 아씨 아씨 큰아씨, 마오, 마오, 그리 마오. 멀고 먼 천 리 길에 뉘 보려고 오셨관데 이 괄시가 웬일이오. 아기씨가 아시면 지레 야단이 날 것이니 너무 괄시 마옵소서."
부엌으로 들어가더니 먹던 밥에 풋고추 절이김치 양념 넣고 단간장에 냉수 가득 떠서 모반에 받쳐 드리면서,
"더운 진지 할 동안에 시장하신데 우선 요기하옵소서."
어사또 반기며,
"밥아, 너 본 제 오래로구나."
여러 가지를 한데다가 붓더니 숟가락 댈 것 없이 손으로 뒤져서 한편으로 몰아치더니 마파람에 게 눈 감추듯 하는구나.
춘향 모 하는 말이,
"얼씨구, 밥 빌어먹기는 공성이 났구나."
이때 향단이는 저희 아기씨 신세를 생각하여 크게 울든 못하고 체읍涕泣하여 우는 말이,
"어찌할끄나, 어찌할끄나. 도덕 높은 우리 아기씨를 어찌하여 살리시려오? 어쩔끄나요, 어쩔끄나요."
실성으로 우는 양을 어사또 보시더니 기가 막혀,
"여봐라 향단아, 울지 마라, 울지 마라. 너의 아가씨가 설마 살지, 죽을쏘냐? 행실이 지극하면 사는 날이 있느니라."

---

174) 간농奸弄에서 온 말. 간사스럽게 농을 부리는 것. 농간.

춘향 모 듣더니,
"애고, 양반이라고 오기는 있어서. 대체 자네가 왜 저 모양인가?"
향단이 하는 말이,
"우리 큰아씨 하는 말을 조금도 괘념 마옵소서. 나 많이 노망한 중에 이 일을 당해 놓으니 홧김에 하는 말을 일분인들 노하리까. 더운 진지 잡수시오."
어사또 밥상 받고 생각하니 분기탱천하여 마음이 울적, 오장이 월렁월렁 석반夕飯이 맛이 없어,
"향단아, 상 물려라."
담뱃대 툭툭 털며,
"여보 장모, 춘향이나 좀 보아야제."
"그러지요. 서방님이 춘향을 아니 보아서야 인정이라 하오리까."
향단이 여쭈오되,
"지금은 문을 닫았으니 파루罷漏 치거든 가사이다."
이때 마침 파루를 뎅뎅 치는구나.
향단이는 미음상 이고 등롱 들고, 어사또는 뒤를 따라 옥 문간 당도하니 인적이 고요하고 사정이도 간곳없네.
이때 춘향이 비몽사몽간에 서방님이 오셨는데 머리에는 금관이요 몸에는 홍삼紅衫이라. 상사일념相思一念에 목을 안고 만단정회萬端情懷하는 차라, "춘향아." 부른들 대답이 있을쏘냐.
어사또 하는 말이,
"크게 한번 불러 보오."
"모르는 말씀이오. 예서 동헌이 마주치는데 소리가 크게 나면 사또 염문廉問할 것이니 잠깐 지체하옵소서."
"무에 어때, 염문이 무엇인고. 내가 부를 게 가만있소. 춘향아."
부르는 소리에 깜짝 놀라 일어나며,
"허허, 이 목소리 잠결인가 꿈결인가. 그 목소리 괴이하다."
어사또 기가 막혀,
"내가 왔다고 말을 하소."
"왔단 말을 하거드면 기절담락氣絶膽落할 것이니 가만히 계옵소서."
춘향이 저의 모친 음성 듣고 깜짝 놀라,
"어마니, 어찌 오셨소? 몹쓸 딸자식을 생각하와 천방지방 다니다가 낙상하기 쉽소. 이훌랑은 오실라 마옵소서."
"날랑은 염려 말고 정신을 차리어라. 왔다."
"오다니 뉘가 와요?"
"그저 왔다."

"갑갑하여 나 죽겠소. 일러 주오. 꿈 가운데 님을 만나 만단정회하였더니 혹시 서방님께서 기별 왔소? 언제 오신단 소식 왔소? 벼슬 띠고 내려온단 노문路文[175] 왔소? 애고 답답하여라."

"너의 서방인지 남방인지 걸인 하나 내려왔다."

"허허, 이게 웬 말인가. 서방님이 오시다니, 몽중에 보던 님을 생시에 본단 말가?"

문틈으로 손을 잡고 말 못 하고 기색氣塞[176]하며,

"애고, 이게 뉘기시오. 아마도 꿈이로다. 상사불견想思不見 기룬 님을 이리 쉬이 만날쏜가. 이제 죽어 한이 없네. 어찌 그리 무정한가. 박명하다 나의 모녀. 서방님 이별 후에 자나 누우나 님 기루어 일구월심 한이러니, 내 신세 이리 되어 매에 감겨 죽게 되니 날 살리러 오시었소?"

한참 이리 반기다가 님의 형상 자세 보니 어찌 아니 한심하랴.

"여보 서방님, 내 몸 하나 죽는 것은 설운 마음 없소마는 서방님 이 지경이 웬일이오?"

"오냐 춘향아, 설워 마라. 인명이 재천인데 설만들 죽을쏘냐."

춘향이 저의 모친 불러,

"한양성 서방님을 칠년대한 가문 날 갈민대우渴民待雨 기다린들 나와 같이 자진自盡턴가. 심은 남기 꺾어지고 공든 탑이 무너졌네. 가련하다, 이내 신세 하릴없이 되었구나. 어머님 나 죽은 후에라도 원이나 없게 하여 주옵소서. 나 입던 비단 장옷 봉장鳳欌 안에 들었으니 그 옷 내어 팔아다가, 한산세저韓山細苧 바꾸어서 물색 곱게 도포 짓고, 백방사주白紡絲紬 긴 치마를 되는대로 팔아다가 관, 망건, 신발 사 드리고, 절병[177], 천은天銀 비녀, 밀화장도蜜花粧刀, 옥지환이 함 속에 들었으니 그것도 팔아다가 한삼 고의 불초찮게 하여 주오. 금명간 죽을 년이 세간 두어 무엇 할까. 용장, 봉장, 뼈다지를 되는대로 팔아다가 별찬別饌 진지 대접하오. 나 죽은 후에라도 나 없다 마시고 날 본 듯이 섬기소서.

서방님, 내 말씀 들으시오. 내일이 본관 사또 생신이라 취중에 주망酒妄 나면 나를 올려 칠 것이니, 형문刑問 맞은 다리 장독杖毒이 났으니 수족인들 놀릴쏜가. 만수운환萬愁雲鬟 헝클어진 머리 이렁저렁 걷어 얹고 이리 비틀 저리 비틀 들어가서 장폐杖斃[178]하여 죽거들랑, 삯군인 체 달려들어 둘러업고 우리 둘이 처음 만나 놀던 부용당의 적막하고 요적한 데 뉘어 놓고 서방님 손수 염습斂襲하되, 나의 혼백 위로하여 입은 옷 벗기지 말고 양지 끝에 묻었다가, 서방님 귀히 되어 청운에 오르거든 일시도 둘라 말고 육진장포六鎭長布 개렴改斂[179]하여 조촐한 상여 위에 덩그렇게 실은 후에 북망산천 찾아갈 제,

---

175) 벼슬아치가 도착할 날짜를 미리 앞길에 알리는 공문.
176) 숨이 막히는 것.
177) 대나무 마디 모양으로 만든 머리 꾸미개.
178) 형장을 맞아 죽는 것.

앞 남산 뒤 남산 다 버리고 한양으로 올려다가 선산先山 발치에 묻어 주고, 비문에 새기기를 '수절원사守節冤死 춘향지묘春香之墓'라 여덟 자만 새겨 주오. 망부석이 아니 될까. 서산에 지는 해는 내일 다시 오련마는 불쌍한 춘향이는 한 번 가면 어느 때 다시 올까. 신원伸冤이나 하여 주오. 애고애고, 내 신세야.
　불쌍한 나의 모친 나를 잃고 가산을 탕진하면 하릴없이 걸인 되어 이 집 저 집 걸식다가 언덕 밑에 조속조속 졸면서 자진하여 죽거드면 지리산 갈까마귀 두 날개를 떡 벌리고 두덩실 날아들어 까옥까옥 두 눈을 다 파먹은들 어느 자식 있어 '후여' 하고 날려 주리."
애고애고 설이 울 제, 어사또,
"울지 마라. 하늘이 무너져도 솟아날 궁기가 있느니라. 네가 나를 어찌 알고 이렇듯이 설워하냐."
작별하고 춘향 집으로 돌아왔제.
춘향이는 어둠침침 야삼경에 서방님을 번개같이 얼른 보고 옥방에 홀로 앉아 탄식하는 말이,
"명천明天은 사람을 낼 제 별로 후박厚薄이 없건마는 나의 신세 무슨 죄로 이팔청춘에 님 보내고 모진 목숨 살아 이 형문 이 형장 무슨 일고. 옥중 고생 삼사 삭에 밤낮 없이 님 오시기만 바랐더니, 이제는 님의 얼굴 보았으니 광채 없이 되었구나. 죽어 황천에 돌아간들 제왕제諸王 전前에 무슨 말을 자랑하리."
애고애고 설이 울 제 자진하여 반생반사反生反死하는구나.
어사또 춘향 집에 나와서 그날 밤을 새려 하고 문안 문밖 염문할새, 길청吉廳에 가 들으니 이방 승발承發180) 불러 하는 말이,
"여보소, 들으니 수의또〔繡衣道〕가 새문 밖 이 씨라더니 아까 삼경에 등롱불 키어 들고 춘향 모 앞세우고 폐의파관弊衣破冠한 손님이 아마도 수상하니, 내일 본관 잔치 끝에 일습181)을 구별하여 생탈 없이 십분 조심하소."
어사 그 말 듣고,
"그놈들 알기는 아는데."
하고, 또 장청將廳에 가 들으니 행수군관 거동 보소.
"여러 군관님네, 아까 옥거리 바장이는182) 걸인 실로 괴이하데. 아마도 분명 어산 듯하니 용모파기容貌疤記 내어 놓고 자세히 보소."
어사또 듣고,

---

179) 무덤을 옮겨 다시 장사 지낼 때 염을 다시 하는 것.
180) 지방 관청에서 구실아치 밑에서 잡일을 보는 일꾼.
181) 모든 것.
182) 어정어정 서성거리는.

"그놈들, 개개여신個個如神이로다."
하고, 현사縣司[183]에 가 들으니 호장 역시 그리한다.

육방 염문 다 한 후에, 춘향 집 돌아와서 그 밤을 다 샌 연후에, 이튿날 조사朝仕[184] 끝에 근읍 수령이 모여든다. 운봉 영장雲峰營將, 구례, 곡성, 순창, 옥과, 진안, 장수 원님이 차례로 모여든다. 좌편에 행수군관, 우편에 청령사령廳令使令, 한가운데 본관本官은 주인이 되어 하인 불러 분부하되, 관청색官廳色[185] 불러 다담茶啖[186]을 올리라, 육고자肉庫子[187] 불러 큰 소를 잡고, 예방禮房 불러 고인鼓人[188]을 대령하고, 승발 불러 차일을 대령하라, 사령 불러 잡인을 금하라, 이렇타 요란할 제 기치군물旗幟軍物이며 육각풍류六角風流 반공에 떠 있고, 녹의홍상 기생들은 백수白手 나삼羅衫 높이 들어 춤을 추고, 지화자 둥덩실 하는 소리 어사또 마음이 심란하구나.

"여봐라 사령들아, 너의 원전員前에 여쭈어라. 먼 데 있는 걸인이 좋은 잔치에 당하였으니 주효酒肴 좀 얻어먹자고 여쭈어라."

저 사령 거동 보소.

"어디 양반이관데? 우리 안전案前님 걸인 혼금閽禁하니 그런 말은 내도 마오."

등 밀쳐 내니, 어찌 아니 명관인가.

운봉雲峰이 그 거동을 보고 본관에게 청하는 말이,

"저 걸인의 의관은 남루하나 양반의 후예인 듯하니 말석에 앉히고 술잔이나 먹여 보냄이 어떠하뇨?"

본관 하는 말이,

"운봉 소견대로 하오마는……."

하니, '마는' 소리 훗입맛이 사납것다.

어사 속으로,

'오냐, 도적질은 내가 하마. 오라는 네가 져라.'

운봉이 분부하여,

"저 양반 듭시래라."

어사또 들어가 단좌端坐하여 좌우를 살펴보니, 당상의 모든 수령 다담을 앞에 놓고 진양조가 양양할 제, 어사또 상을 보니 어찌 아니 통분하랴. 모 떨어진 개상관[189]에 닥채저분[190],

---

183) 호장戶長의 일을 보는 곳.
184) 관아에 출근하여 으뜸 벼슬아치를 만나 보던 일.
185) 관장의 음식물을 맡은 일꾼.
186) 손님을 접대하기 위한 다과.
187) 지방 관청에 소고기를 바치던 관노.
188) 풍악을 맡은 사람.

콩나물, 깍두기, 막걸리 한 사발 놓았구나. 상을 발길로 탁 차 던지며 운봉의 갈비를 직신,
"갈비 한 대 먹고 지고."
"다라도 잡수시오."
하고, 운봉이 하는 말이,
"이러한 잔치에 풍류로만 놀아서는 맛이 적사오니 차운次韻 한 수씩 하여 보면 어떠하오?"
"그 말이 옳다."
하니, 운봉이 운을 낼 제 높을 고高 자, 기름 고膏 자 두 자를 내어 놓고 차례로 운을 달 제, 어사또 하는 말이,
"걸인도 어려서 《추구抽句》[191] 권이나 읽었더니, 좋은 잔치 당하여서 주효를 포식하고 그저 가기 무렴無廉하니 차운 한 수 하사이다."
운봉이 반겨 듣고 필연을 내어 주니, 좌중이 다 못 하여 글 두 구를 지었으되, 민정民情을 생각하고 본관 정체를 생각하여 지었것다.

　　금준미주金樽美酒는 천인혈千人血이요,
　　옥반가효玉盤佳肴는 만성고萬姓膏라.
　　촉루낙시燭淚落時는 민루낙民淚落이요,
　　가성고처歌聲高處는 원성고怨聲高라.

이 글 뜻은,

　　금동이의 아름다운 술은 일만 백성의 피요,
　　옥소반의 아름다운 안주는 일만 백성의 기름이라.
　　촛불 눈물 떨어질 때 백성 눈물 떨어지고
　　노랫소리 높은 곳에 원망 소리 높았더라.

이렇듯이 지었으되, 본관은 몰라보고, 운봉이 글을 보며 내념內念에,
'아뿔싸, 일이 났다.'
이때 어사또 하직하고 간 연후에 공형公兄 불러 분부하되,
"야야, 일이 났다."

---

189) 개다리소반.
190) 닥나무 연한 가지로 만든 젓가락.
191) 유명한 시구들을 뽑아 묶은 책.

공방 불러 보전(鋪陳) 단속, 병방 불러 역마 단속, 관청색 불러 다담 단속, 옥 형리 불러 죄인 단속, 집사 불러 형구刑具 단속, 형방 불러 문부文簿 단속, 사령 불러 합번合番[192] 단속, 한참 이리 요란할 제 물색없는 저 본관이,

"여보, 운봉은 어디를 다니시오?"

"소피하고 들어오."

본관이 분부하되,

"춘향을 급히 올리라."

주광酒狂이 난다.

이때 어사또 군호軍號할 제 서리 보고 눈을 주니 서리, 중방 거동 보소. 역졸 불러 단속할 제 이리 가며 수군, 저리 가며 수군수군. 서리 역졸 거동 보소. 외올망건, 공단 싸개, 새 평립(패랭이) 눌러 쓰고, 석 자 감발 새 짚신에 한삼 고의 산뜻 입고, 육모방치 녹피 끈을 손목에 걸어 쥐고, 예서 번뜻 제서 번뜻, 남원읍이 우군우군. 청파 역졸 거동 보소. 달 같은 마패를 햇볕같이 번뜻 들어,

"암행어사 출두야!"

외는 소리 강산이 무너지고 천지가 뒤눕는 듯 초목금순들 아니 떨랴.

남문에서,

"출두야!"

북문에서,

"출두야!"

동서문 출두 소리 청천에 진동하고,

"공형 들라!"

외는 소리 육방이 넋을 잃어,

"공형이오."

등채로 후닥딱.

"애고 중다(죽는다)."

"공방, 공방!"

공방이 보전(鋪陳) 들고 들어오며,

"안 하려는 공방을 하라더니 저 불 속에 어찌 들랴."

등채로 후닥딱.

"애고, 박 터졌네."

좌수, 별감 넋을 잃고 이방, 호장 실혼失魂하고 삼색나졸 분주하네. 모든 수령 도망할 제 거동 보소. 인궤印櫃 잃고 과줄 들고, 병부兵符 잃고 송편 들고, 탕건 잃고 용수[193] 쓰고, 갓

---

192) 중대한 일이 있을 때에 관원이 모여 숙직하는 것.

잃고 소반 쓰고, 칼집 쥐고 오줌 누기. 부서지니 거문고요, 깨지나니 북 장구라.
 본관이 똥을 싸고 멍석 궁기에 새앙쥐 눈 뜨듯 하고 내아內衙로 들어가서,
 "어, 추워라. 문 들어온다, 바람 닫아라. 물 마른다, 목 들여라."
 관청색은 상을 잃고 문짝 이고 내달으니, 서리 역졸 달려들어 휘닥딱.
 "애고, 나 죽네."
 이때 수의사또 분부하되,
 "이 골은 대감이 좌정하시던 골이라 훤화喧譁[194]를 금하고 객사로 사처徙處[195]하라."
 좌정 후에,
 "본관은 봉고파직封庫罷職하라!"
분부하니,
 "본관은 봉고파직이오."
 사대문에 방 붙이고, 옥 형리 불러 분부하되,
 "네 골 옥수獄囚를 다 올리라!"
호령하니 죄인을 올리거늘 다 각각 문죄問罪 후에 무죄자 방송放送할새,
 "저 계집은 무엇인다?"
 형리 여쭈오되,
 "기생 월매 딸이온데, 관정官庭에 포악暴惡한 죄로 옥중에 있삽내다."
 "무슨 죈다?"
 형리 아뢰되,
 "본관 사또 수청으로 불렀더니, 수절이 정절이라 수청 아니 들려 하고 관정에 포악한 춘향이로소이다."
 어사또 분부하되,
 "너만 년이 수절한다고 관정 포악하였으니 살기를 바랄쏘냐? 죽어 마땅하되 내 수청도 거역할까?"
 춘향이 기가 막혀,
 "내려오는 관장마다 개개이 명관이로구나. 수의사또 듣조시오. 층암절벽 높은 바위 바람 분들 무너지며, 청송녹죽靑松綠竹 푸른 남기 눈이 온들 변하리까. 그런 분부 마옵시고 어서 바삐 죽여 주오."
하며,
 "향단아, 서방님 어데 계신가 보아라. 어젯밤에 옥 문간에 오셨을 제 천만당부하였더니

---

193) 술을 거르는 데 쓰는, 싸리로 만든 긴 통.
194) 시끄럽게 떠드는 것.
195) 처소를 옮김.

어디를 가셨는지 나 죽는 줄 모르는가?"
어사또 분부하되,
"얼굴 들어 나를 보라."
하시니, 춘향이 고개를 들어 대상臺上을 살펴보니 걸객乞客으로 왔던 낭군 어사또로 뚜렷이 앉았구나. 반 웃음 반 울음에,
"얼씨구나 좋을씨고, 어사 낭군 좋을씨고. 남원 읍내 추절秋節 들어 떨어지게 되었더니 객사에 봄이 들어 이화춘풍李花春風 날 살린다. 꿈이냐 생시냐, 꿈을 깰까 염려로다."
한참 이리 즐길 적에 춘향 모 들어와서 가없이 즐거하는 말을 어찌 다 설화說話하랴. 춘향의 높은 절개 광채 있게 되었으니 어찌 아니 좋을쏜가.
어사또 남원 공사公事 닦은 후에 춘향 모녀와 향단이를 서울로 치행治行할 제, 위의 찬란하니 세상 사람들이 뉘가 아니 칭찬하랴.
이때 춘향이 남원을 하직할새, 영귀榮貴하게 되었건만 고향을 이별하니 일희일비가 아니 되랴.
"놀고 자던 부용당아, 너 부디 잘 있거라. 광한루, 오작교며 영주각도 잘 있거라. 춘초春草는 연년록年年綠하되 왕손王孫은 귀불귀歸不歸라[196], 날로 두고 이름이라. 다 각기 이별할 제, 만세무량 하옵소서. 다시 보기 망연茫然이라."
이때 어사또는 좌우도左右道 순읍巡邑하여 민정을 살핀 후에 서울로 올라가 어전에 숙배하니, 삼당상三堂上 입시하사 문부文簿를 사정査定 후에 상이 대찬하시고 즉시 이조 참의, 대사성을 봉하시고, 춘향으로 정렬부인貞烈夫人을 봉하시니, 사은숙배하고 물러 나와 부모 전에 뵈온데 성은을 축사하시더라.
이때 이판吏判, 호관戶判, 좌우 영상領相 다 지내고 퇴사퇴사退仕 후에 정렬부인으로 더불어 백 년 동락할새, 정렬부인에게 삼남 이녀를 두었으니, 개개이 총명하여 그 부친을 압두壓頭하고 계계승승하여 직거일품職居一品[197]으로 만세유전萬世流傳하더라.

---

196) 봄풀은 해마다 푸르건만 님은 한 번 가신 뒤 오시지 않네.
197) 일품의 벼슬 직품.

〈열녀춘향수절가〉에 관하여

김하명

〈춘향전〉은 우리 인민이 예부터 사랑해 오는 우수한 고전 문학 작품이다. 판소리로 전해 오다 소설로 형성 발전되었으며, 인민들의 사랑을 받으며 시대의 발전과 함께 창극, 가극, 연극, 영화 같은 여러 예술 형태로 옮겨졌다. 사상 예술성이 높아 일찍부터 영어, 프랑스어, 중국어, 러시아어, 일본어 등 세계 여러 나라 말로 번역 출판되었으며, 오늘도 끊임없이 새로운 〈춘향전〉이 창작되고 있다.

〈춘향전〉은 구전 설화에 바탕을 둔 우리 나라 소설 작품들이 대부분 그렇듯이 누가 언제 지었는지 알려져 있지 않다. 송만재宋晚載가 1754년에 쓴 시 '관우희觀優戱'에서 〈춘향전〉을 비롯한 판소리 열두 마당에 대하여 노래했고, 만화당晚華堂 유진한柳振漢이 1753년에 호남 지방을 두루 돌아다닐 때 남원에 들러 광대들이 〈춘향전〉을 공연하는 것을 보고 돌아와서 이듬해에 7언 200구로 된 〈춘향가〉를 지은 것으로 보아 벌써 18세기 전반기에 판소리로 완성된 〈춘향전〉이 인민들 속에 널리 보급되어 있었다는 것을 알 수 있다.

· 김하명은 1923년 평안도 영변에서 태어나 1994년까지 산 것으로 알려져 있다. 서울 대학교를 다녔고, 월북한 뒤 1948년에 김일성 종합 대학을 졸업했다. 문학 박사이자 교수로, 북의 고전 연구와 문예 이론 정립에 큰 역할을 했으며, 사회과학원 주체문학연구소장 들을 지냈다.
  논문으로 '문학 유산 연구에 대한 의견', '조선 문학에서의 사실주의의 형성에 관하여', 책으로《연암 박지원》,《조선 문학사(15~19세기)》를 비롯 성과가 아주 많다.

〈춘향전〉은 그때 이미 여러 판소리 작품들 가운데 가장 인기 있는 작품이었다. 이에 관해서는 자하紫霞 신위申緯가 관극시에서 명창 고수관, 송흥록, 염계달, 모흥갑, 김용운 들이 판소리를 하는 장면을 묘사하면서, 특히 〈춘향전〉의 인기에 대하여 "이 어사는 어떤 큰 인물이기에 지금껏 극의 풍류 독차지하누." 한 데서 잘 알 수 있다.

> 솟구치는 비분에 떠는 김용운의 창
> 바야흐로 이별가에 이르렀구나.
> 춘향의 애끊는 모습인 양 슬픔에 젖고
> 부채 그늘 옷 무늬 자유롭지 못해라.
> 이 어사는 어떤 큰 인물이기에
> 지금껏 극의 풍류 독차지하누.
> 무르익은 봄날 소리판은 비단옷에 덮이고
> 두리둥둥 북소리에 광대는 판을 도네.
> 바느질과 수놓기에 지친 단장한 아낙네들
> 담장 위에 머리만 일자로 늘어섰네.

시는 봉건 사회의 가부장 제도 아래서 바깥출입조차 자유롭지 못했던 부녀자들도 앞마당에서 벌어지고 있는 광대들의 판소리 공연을 담장 위로 머리만 내놓고 구경하고 있는 모습을 생생하게 그려 내면서 당시 인민들 속에서 〈춘향전〉이 얼마나 인기 있었는지를 강조하고 있다.

당시 〈춘향전〉이 어느 판소리나 소설 작품보다도 인기가 많았다는 것은 이본이 매우 많다는 것과, 이 작품에 대한 문헌 기록이 많이 전하고 있다는 사실로도 잘 알 수 있다.

순조 때 사람인 조재삼趙在三의 《송남잡지松南雜識》에서는 〈춘향전〉이 만들어진 경위를 다음과 같이 전하고 있다.

"옛 악부에는 이러한 판소리 조가 없었다. 부채를 치며 길게 뽑으므로 세상에서 타영打詠이라고 한다. 우리 나라 창우倡優는 보통 창부倡夫라 하거나 광대라고도 하며, '춘양 타영春陽打詠'을 첫째로 삼는데, 호남 지방의 민간 설화에 다음과 같이 전한다.

남원 부사의 아들 이 도령이 어린 기생 춘양을 사랑하였는데 나중에 춘양이 이 도령을 위하여 수절하니 새 사또 탁종립이 춘양을 죽였다. 호사가가 이를 가엾이 여겨 그 사적으로 타영을 만들어 춘양의 원혼을 위로하고 절개를 표창하였다고 한다."

이 기록은 관계자들의 이름을 낱낱이 적으면서 소재의 사실성을 믿음직하게 서술하고 있는 것이 특징이다.

이와 달리 철종 때 사람 이삼현李參鉉은 《이관잡지二官雜誌》에 이렇게 적었다. "창부의 춘향가는 근거한 바가 있는데, 어떤 사람은 말하기를 선조 때 벽오 이시발李時發이 겪은 이야기라고 한다. …… 판서 이규방은 그의 후손인데 자기 집 가계를 기록한 가승家乘에도 그런 이야기가 있다고 한다."

또한 18세기 사람인 이희준李羲準은 《계서야담溪西野談》에서, 남원 사람인 옥계玉溪 노진盧禛이 선천 부사로 있는 당숙에게 갔다가 퇴기의 딸인 어린 기생과 인연을 맺고 헤어졌는데, 나중에 노진이 관서 어사가 되어 그 여자를 만나 해로하였다는 이야기를 가지고 어느 문인이 작품으로 만들었다고 한다.

이 밖에도 일부 연구가들은 《계서잡록溪西雜錄》에 전하는 어사 박문수朴文秀 이야기가 〈춘향전〉의 소재라고 주장하고 있으나 그 인물 관계는 많이 다르다.

이런 사실들로 보아 〈춘향전〉은 처음에 설화적 소재를 가지고 길지 않은 작품으로 창작되었다가 그 뒤 널리 보급되는 과정에서 새로운 생활 자료들이 덧붙으면서 예술로 더욱 완성된 것으로 보인다.

〈춘향전〉은 당시 그 어느 작품보다도 이본이 많은데, 목각 판본만으로도 전주 토판(완판본完板本)으로 〈열녀춘향수절가〉와 〈별춘향전〉이 있고, 경판본京板本과 안성판본安城板本이 따로 있다. 이 밖에 근년에 와서 알려진 〈춘향전 권지단〉도 목각 판본이다.

〈춘향전〉은 목각 판본뿐 아니라 붓으로 쓰인 사본들도 많이 전하는데, 그중에도 사본으로 전해 오다가 활판으로 인쇄된 〈고본 춘향전〉이 잘 알려져 있다. 그리고 여러 도서관들에 보존되어 있는 춘향전들인 〈이도령 춘양전〉, 〈춘양전 단〉 들도 인물 관계나 이야기 줄거리, 문체에서 저마다 고유한 특성을 보여 주고 있다.

이렇게 이본이 많은 것은 당시 봉건 사회의 조건에서 〈춘향전〉이 광대들에 의하여 판소리로 불리거나 마을 사랑방 같은 데서 낭독자 한 사람이 여러 사람에게 소리 내어 읽어 주는 방법으로 보급되었기 때문이다. 그것은 한편으로 출연하는 광대나 낭독자의 이상과 재능에 따라 노래 부르고 읽는 과정에서 끊임없이 수정 보충되었을 뿐 아니라, 지방마다 제가끔 다른 풍속이나 감상자들의 사회 계급적 요구를 반영하면서 이러저러하게 윤색이 되기도 하였던 것이다.

이 작품들을 내용과 문체로 견주어 보면, 전주토판 〈열녀춘향수절가〉와 〈별춘향전〉은 판소리를 가지고 만든 것이고, 경판본이나 안성판본, 〈춘향전 권지단〉은 소설로 창작된 작품들이다.

〈열녀춘향수절가〉는 제목이 말해 주듯이 광대의 소리 대본을 바탕으로 하여 사사조의 운문체로 쓰여 있고, 장면 전환에서도 중세 소설에서 흔히 보는 '각설'이라는 말이 전혀 없이 '이때'라는 말로 되어 있다. 그러나 〈열녀춘향수절가〉가 판소리 대본 그대로 적은 것이라고 볼 수는 없다. 몇몇 연구자들이 밝힌 것처럼 당시 광대의 소리 대본에서는 흔히 작품을 끝맺을 때 '그 뒤야 뉘가 알리오. 너절너절.'이라고 했는데, 〈열녀춘향수절가〉에는 이러한 마감 표식이 없다. 이런 몇 가지 특성으로 볼 때 〈열녀춘향수절가〉는 출판업자가 판소리 대본을 기본으로 하면서도 사람들 속에서 잘 읽히도록 문장 표현을 어느 정도 다듬어서 찍어 내었으리라 생각한다.

경판 〈춘향전〉은 〈열녀춘향수절가〉와는 달리 사사조의 운문체가 아니라 소설식 산문체이며, 십장가, 사랑가, 천자풀이, 기생 점고 같은 소리 대목들이 없다. 그리하여 경판본은 사건의 줄거리가 중심이 되면서, 전주토판에 견주어 부피가 훨씬 줄어들었다.

경판본 〈춘향전〉은 〈열녀춘향수절가〉와 줄거리가 기본으로 같으면서도 내용에서 다른 점들이 있다. 〈열녀춘향수절가〉는 시대 배경이 '숙종 대왕 즉위 초'로 되어 있다면, 경판본 〈춘향전〉에서는 '아조 인조 때'로 되어 있으며, 전주토판에서는 춘향이 퇴기 월매의 몸에서 난 성 참판의 딸로서 여염 처녀로 처신하지만, 경판본에서는 기생 월매의 딸일 뿐 아니라 춘향도 기생으로 그려져 있다.

이렇게 처지가 달라서 춘향이 이몽룡을 대하는 세부 형상들도 다르다. 예를 들어, 경판본에서 기생인 춘향이 혼자 광한루에 나와서 그네를 뛰다가 이 도령의 부름을 받고 따라가서는 그에게서 변치 않겠다는 다짐을 적은 글 '불망기不忘記'를 제 손으로 받고 그 자리에서 백년가약을 맺는다. 이렇게 춘향을 기생으로 설정하여 작품의 주제와 갈등 해명에서 사회적 성격이 훨씬 약해졌다.

경판본 말고도 목각판 〈춘향전 권지단〉, 사본인 〈이도령 춘양전〉, 〈춘양전〉을 비롯한 여러 이본이 춘향을 기생으로 설정하고 있다.

이 밖에 19세기 판소리 혁신 운동의 선구자인 신재효申在孝의 춘향가 삼창(남창男唱, 여창女唱, 동창童唱)도 특색 있는 판소리 대본으로서 사본으로 전하며, 윤달선尹達善이 극의 묘사 방식을 따라 악부시 형식으로 쓴 〈광한루악부〉가 있고, 〈수산광한루기水山廣寒樓記〉, 〈한문 춘향전〉 같은 한문본도 있다. 그리고 19세기 말에서 20세기 초에 〈춘향전〉을 신소설 문체로 개작한 〈옥중화獄中花〉(이해조 창작), 〈특별무쌍춘향전〉, 〈광한루〉, 〈옥중절대가인〉, 〈오작교〉 같은 활판본이 전하고 있다. 이렇게 많은 이본들 중에서 전주토판 〈열녀춘향수절가〉가 가장 오래된 것으로 인정받고 있으며 사상 예술적으로도 뛰어난 것으로 알려져 있다. 〈조선고전문학선집〉에 이 작품을 수록하는 까닭이 바로 여기에 있다.

그리고 윤색문은 〈열녀춘향수절가〉에 기초하면서도 성격 형상과 사건 전개에서 생활 논리와 우리 시대 독자들의 미감에 맞게 더욱 다듬어져 재창조가 이루어졌다. 이것은 뛰어난 민족 고전을 인민대중이 즐길 수 있도록 할 뿐만 아니라 여러 이본들이 이룬 성과들을 집대성한다는 점에서도 의의를 가진다.

〈춘향전〉은 제재의 현실성에서, 묘사된 사회생활의 넓이와 갈등의 심각성에서, 등장인물들의 다양한 성격과 묘사의 진실성에서 이 시기 가장 뛰어난 사실주의 작품이다. 이 작품은 붕괴기에 들어선 봉건 조선의 사회생활을 여러 면에서 진실하게 반영하고 있다. 당시 집권층 양반들의 생활과 함께 폭넓은 사회 계층, 도시와 농촌의 각 계층 인민들의 생활이 그려져 있으며, 우리 나라의 아름다운 산수 자연에 대한 자랑찬 찬가를 울리고 있다.

또 봉건적인 구속을 반대하는 청춘 남녀의 새로운 사랑 윤리를 제시하고, 양반 관료배들의 포악성, 봉건 통치 제도의 반인민성을 폭로하면서 아울러 양반 관료들을 반대하는 인민들의 기분과 동향도 반영하고 있다.

이렇게 〈춘향전〉은 창작된 첫 시기부터 독자, 관객들의 커다란 반향을 불러일으켰으며 많은 이본들이 생겨났는데, 그것은 작품의 주제에 대한 제가끔 다른 해석과 관련되는 것이기도 하다. 《교방예보教坊詣譜》라는 책에서는 〈춘향전〉에 대하여 "이랑李郎을 위한 수절"이라고 하면서 "이에서 정렬을 본받으라."고 하였으며, 윤달선의 〈광한루악부〉 서문에서 옥전산인玉田山人이란 이는, "나라의 풍속이 색을 좋아하면서 음탕하지 않은 것[國風之好色不淫]"으로 평가하였다. 그 뒤 부르주아 문예 학자들도 대체로 이러한 해석의 테두리를 벗어나지 못하고 작품의 심오한 주제 사상을 옳게 밝히지 못하였으며, 문학사 관련 책들에서도 흔히 '염정소설艷情小說', '애정소설'이라는 항목에서 대강의 줄거리를 소개하는 데 그치고 있다.

그러나 〈춘향전〉이 그렇게 폭넓은 인민대중의 사랑을 받았으며 또 받고 있는 것은 그것이 단순히 춘향과 이몽룡의 사랑을 그렸기 때문만도 아니며, 이몽룡을 향한 춘향의 수절에서 표현된 정렬의 모범 때문만도 아니다. 물론 두 주인공의 사랑은 주요한 의의를 가지며 그것은 춘향의 순결한 정렬과 관련되어 있는 것이 사실이다. 하지만 이 작품의 주제 사상을 이에 국한시키는 것은 〈춘향전〉이 갖는 거대한 인식 교양적 의의를 감소시키고 또 그것을 여러 예술 형태로 옮기는 데서 창작 방향을 바로잡을 수 없게 한다.

〈춘향전〉의 작자들은 전해 내려오는 이런저런 설화에서 창작 충동을 받고 제재를 취했을 수 있으나 그 설화의 이야기 줄거리에 얽매이지 않았으며, 그것을 단순히 개인의 애정 문제로 한정하거나 그 어떤 벼슬아치의 장한 일로 찬양하지 않았다. 창조자들은 남녀 주인공의 애정 관계를 폭넓은 사회생활을 배경으로 각 계각층 사람들의 호상 관계 속에서 그려 내었으며, 날카로운 필치로 봉건 사회의 모순과 투쟁을 생생하게 재현하였다. 작품에서는 죽어 가는 조선 봉건 사회의 추악한 죄상을 시대의 선진 사상의 높이에서 단죄하고 있으며 자라나고 있는 새로운 사회 세력의 바람과 요구를 제시하고 있다.

 작품은 남원 부사 이 한림의 아들 이몽룡이 광한루로 놀러 나갔다가 때마침 단오 명절에 퇴기 월매의 딸 성춘향이 그네 뛰는 모습을 보고서 방자를 시켜 불러다 만나 보고 밤에 춘향이 집을 찾아가 백년가약을 맺는 것으로 시작한다. 당시 봉건 사회에서는 신분 차이로 용납될 수 없는 이들 두 사람의 애정 관계가 이루어짐으로써 사건은 시초부터 심각한 사회 갈등의 기초 위에서 발단하는 것이다. 이 한림이 내직으로 올라가게 되어 몽룡과 춘향이 어쩔 수 없이 이별하는 데서 갈등은 깊어지고 사건은 발전하며, 새로 온 신관 사또 변학도가 춘향의 색을 탐하여 수청을 강요하고 이를 춘향이 목숨 내놓고 거역하는 데서 절정을 이룬다. 작품은 춘향이 죽도록 매 맞고 칼을 쓰고 옥에 갇혔다가 암행어사가 되어 돌아온 이몽룡에게 구출되고 마침내 소원을 이루는 것으로 끝난다.

 이와 같은 성춘향과 이몽룡은 새로운 시대적 요구의 체현자로 등장하며, 그들의 지향과 바람의 실현을 가로막는 낡은 봉건 도덕, 그리고 변학도 부류의 악질 관료배들과 날카롭게 대치하는 것이 기본 갈등을 이루고 있다. 동시에 이몽룡과 성춘향 사이의 신분 차이를 바탕으로 한 갈등이 얽혀 있으며, 사건의 발전과 함께 인물들의 사상과 성격을 전면 심화하고 드러내는 데 효과적으로 이바지하고 있다. 작자는 당대 봉건 사회의 통치 계급과 착취당하는 인민대중 사이의 모순과 투쟁을 보여 주면서 춘향과 몽룡의 이상과 행위를 지지하고 있으며, 변학도 같은 봉건 통치배들을 인민의 원수로 낙인찍고 준열히 단죄하고 있다.

 이처럼 당대 사회의 생동한 현실 자료에 기초하여 시대의 지향을 반영하는 데 고전 소설 〈춘향전〉의 첫째가는 특성이 있다. 〈이생과 최랑의 사랑〉을 비롯한 김시습의 단편집 《금오신화》에 실려 있는 작품들, 임제林悌의 〈서옥설鼠獄說〉, 〈화사花史〉, 〈원생몽유록元生夢遊錄〉, 〈수성지愁城誌〉, 허균의 〈홍길동전〉, 김만중의 〈사씨남정기〉, 〈구운몽〉 같은 17세기 이전의 소설 작품들은 말할 것도 없고, 〈장화홍련전〉이라든가 〈흥부전〉, 〈심청전〉 같은 18세기 이후에 창작된 것으로 알려진 작품들에도 하느님이나 신의 계시가 사건 전개의 중요한 계기이고 비현실적인 환상 세계의 묘사가 적지 않지만 〈춘향전〉에서는 그런 것을 찾아볼 수 없다. 〈춘향전〉에도 춘향이 옥에 갇혀 꿈을 꾼 이야기, 월매가 정화수를 떠다 놓고 옥에 갇힌 딸을 살려 달라고 천지신명에 비는 장면 들이 있으나 그것은 당시 사회에서는 있을 수 있는 일들이다.

〈춘향전〉의 주요한 성과로 또 꼽을 수 있는 것은 인물들의 성격이 꽤 사실주의적이고 개성이 돋보인다는 것이다.

춘향은 양반 핏줄을 타고났으나 어머니가 기생 물림이라는 데서 세상 사람들에게서 까닭 없이 천대를 받았다. 남달리 총명하고 재질이 뛰어난 춘향이는 어려서부터 이러한 불합리한 봉건 사회 질서에 반항심을 갖게 되며, 어머니는 기생이지만 "도도하여 기생 구실" 마다하고 갖가지 꽃과 나뭇잎에 글자도 생각하고 여공女功 재질이며 문장을 두루 갖추어 여염 처자와 마찬가지로 처신하였다. 춘향은 이몽룡과 처음 만날 때부터 '여염 처자' 로서 어엿한 태도로 대하며 백년가약을 맺은 뒤에는 모진 협박과 공갈 앞에서도 용감하게 사랑을 지킨다.

당시 한 고을의 우두머리인 부사의 명령을 거역한다는 것은 곧 매와 죽음을 뜻하였다. 변학도의 심복인 회계 나리의 말처럼 조선 봉건 사회에서 춘향 같은 신분의 여성은 "구관은 전송하고 신관 사또 연접延接함이 법전法典에 당연하고 사례에도 당당" 한 것이라고 생각하였고, 천한 기생들에게는 충렬 두 자가 오히려 이상한 것으로 보는 것이 보통이었다. 그러나 17세기 후반기부터 사회적으로 진출하기 시작한 서민 계층의 지향과 바람을 반영하면서 선진 사상가들은 신분 제도의 철폐를 현실 문제로 제기하였다. 춘향의 형상에는 이러한 시대의 요구가 반영되어 있다.

작품에서는 춘향이 신관 사또의 악랄하고 무도한 요구를 목숨을 걸고 거부하는 것을 다만 이 도령에 대한 봉건 윤리의 의무감에서가 아니라 변학도의 포악한 행동에 대한 계급적 증오와 결부시키면서 자각적인 것으로 그리고 있다. 춘향은 변학도가 "조롱 관장하고 거역 관장"하였다는 무고한 죄목으로 엄형 정배하겠다고 을러대었을 때에 "유부有夫 겁탈하는 것은 죄 아니고 무엇이오?" 하고 맞섰고, 그 모진 매를 맞으면서도 "사민공사四民公事 살피지 않고 위력공사威力公事 힘을 쓰"는 변학도의 비행을 폭로 단죄하며 항의의 목소리를 높이고 있다.

특히 춘향이 성격 형상의 진실함은 민족적 색채를 뚜렷이 체현하는 것이라 더욱 믿음직하다. 작품에서는 춘향이 여성으로서 정절과 신의를 깨끗이 지니려는 굳은 의지와 세속에 물들지 않은 순결함을 강조하고 있는데, 가령 삶과 죽음의 갈림길에서 한 가닥 희망으로 기다리던 이몽룡이 거지꼴을 하고 눈앞에 나타났을 때에 잠깐 당황하나 곧 마음을 다잡아 한마디 원망도 하지 않을 뿐 아니라, 오히려 어머니에게 몽룡의 몸차림까지 세세히 부탁하는 데서 볼 수 있다. 우리는 춘향의 총명함과 깨끗한 순정, 그 억센 의지에서 외유내강한 조선 여성의 아름다운 풍모를 보게 되는데, 바로 여기에 춘향이 인민들의 영원한 사랑을 받는 까닭이 있다.

이몽룡은 조선 봉건 사회 말기 시대사조에 눈뜨기 시작한 진보 양반으로 그려졌다. 소년 적부터 봉건 양반 가정의 옹색하고 완고한 예의범절에 갑갑함을 느끼고 그 울타리를 뛰쳐나와 인민들에게 다가간다. 부모 눈을 속이고 양반 계급의 도덕을 어기면서 몽룡은 신분으로는 허용되지 않는 춘향과 백년가약을 맺으며 끝내 자기 약속을 이룬다. 작품에서는 사건의 발전과 함께 이몽룡의 사상 의식도 차츰 깨어나는 것으로 그리고 있다.

이몽룡은 처음에 총명하고 용기가 있어 보이나 세상 물정 모르는 양반집 도령으로서 사물의 판단에는 춘향을 따르지 못하며, 춘향과 관계에서도 결정을 내려야 하는 순간에 가서는 동요하기도 한다. 아버지가 서울로 올라가게 되어 남원을 떠나야 했을 적에 춘향을 두고 갈 수도, 데리고 갈 수도 없어 어쩔 줄 모르고 체면도 없이 크게 소리 내어 울며, "화방작첩花房作妾하여 데려간단 말이 전정前程에도 괴이하고 조정에 들어 벼슬도 못 한다."고 어머니의 꾸중을 듣자 "불가불 이별이 될밖에 수 없다."고 생각한다. 이런 물렁물렁한 태도는 대번에 춘향과 월매의 항의에 부딪혀 제 소견을 거두어들인다. 그리고 생각해 낸 것이 작은 가마에 모시고 가는 조상의 신주를 꺼내어 제 창옷 소매 안에 넣고 그 자리에 춘향을 태워 가겠다고 한다. 얼핏 보기에 철부지 도련님의 소행 같지만 실제로 있지도 않은 신을 숭상하는 사회의식을 무시하는 이몽룡의 파격 의식을 여실히 엿볼 수 있다.

이몽룡은 그 뒤 공부도 하고 인민들과 만나는 과정을 통하여 차츰 세상일을 알게 되고 성격도 굳세지며 인민들을 동정하는 데까지 이르게 된다. 작품에서는 이몽룡의 성격 발전 과정을 인민들과 관계에서 옳게 그리고 있다. 이몽룡은 암행어사로서 다 떨어진 옷을 입고 길손 차림으로 인민들 속에 들어가 그네들의 목소리를 듣는다. 곳곳에서 인민들이 변학도의 비행을 증오하고 춘향을 동정하며 지지하는 것을 보면서 현실에 눈떠 인민들의 견해에 공감하여 드디어 변학도의 호화로운 생일잔치에 나타나서 "민정民情을 생각하고 본관 정체를 생각하여" 글 두 구를 짓는다.

　　금동이의 아름다운 술은 일만 백성의 피요
　　옥소반의 아름다운 안주는 일만 백성의 기름이라.
　　촛불 눈물 떨어질 때 백성 눈물 떨어지고
　　노랫소리 높은 곳에 원망 소리 높았더라.

이 시는 당시 조선 봉건 사회의 기본 모순을 집중적으로 발가 내고 봉건 관료배들을 준열히 단죄하고 있으며 이 작품의 결론을 지어 주고 있다.

이몽룡은 드디어 변학도를 봉고파직하고 춘향을 옥에서 구출함으로써 저들의 소원을 풀고 인민들의 기대에 수응한다.

이몽룡의 형상은 이렇듯 긍정적인 자질을 적지 않게 지니고 있으나 봉건 관료 제도에 대한 구체적인 개혁안을 가진 시대의 선각자는 아니다. 이것은 바로 〈춘향전〉 자체의 제한성이기도 하다.

〈춘향전〉에서 방자의 형상은 18, 19세기 조선에서 계급 관계의 변천을 반영한 것으로 주제를 밝히는 데 중요한 구실을 하고 있다. 방자는 비천한 신분이지만 활달하고 낙천적이며 세상 물정에 밝고 재치가 많은 젊은이로서 이몽룡을 인민들 속으로 안내하며 몽룡의 성격 발전에 큰 영향을 준다. 상전인 이몽룡에게 공손치 못한 태도, 방약무인한 기지와 익살에는 당시 서민들이 양반들에게 갖고 있던 기분을 반영한다. 다시 말해 18, 19세기 봉건 사회에서 신분 관계가 차츰 허물어져 갔으며 양반들은 지난날의 위신을 유지할 수 없었던 것이다.

작품에서는 춘향과 이몽룡의 사랑, 그네들의 운명을 그리면서 그것을 폭넓은 계층과의 관계 속에서 보여 줌으로써 사회적 의의를 강조하고 있다. 논밭에서 일하는 농부들과 남원 한량들, 빨래하는 여인들, 심지어는 집장사령까지 춘향을 동정하며 한마음으로 변학도의 만행을 증오하는데, 이들의 말과 행동에는 당시 봉건 관료 통치배들에 대한 인민들의 태도가 반영되어 있다. 이렇듯 폭넓은 각 계각층 인물들이 작품의 적극적인 배경으로 되고 전형적 환경을 이루고 있는 것은 작품의 사실주의 성격을 강화하는 데서 중요한 의의를 가진다.

변학도는 조선 봉건 사회 악질 관료의 성격 특질을 체현한 전형이다. 그는 "문필도 유여有餘하고 인물 풍채 활달하고 풍류風流 속에 달통"하였으되 치민治民은 전혀 생각에 없고 벼슬자리란 치부의 수단, 방탕한 생활의 담보물로 보고 있다. 이 사람은 직권을 남용하여 온갖 악행을 다 하면서도 오히려 그것이 당연하다고 생각하는 철면피이다. 우선 변학도가 남원 부사로 임명되자 그 고을 '관노官奴가 삼남 제일'이라는 것과 '춘향이란 미인이 산다.'는 사실에만 마음이 끌렸고, 부임하자 기생 점고부터 하는 데서 그러한 성격이 잘 드러나 있다. 작품에서는 변학도의 성격을 사실적으로 묘사하면서 이러한 자들은 인민들과 적대 관계를 맺어 사멸해 갈 수밖에 없다는 것을 설득력 있게 보여 주었다.

〈춘향전〉은 인물들의 형상 창조에서 당시로서는 참으로 놀라운 사실주의 전형화의 솜씨를 보여 주고 있다. 모든 등장인물들은 안으로 긴밀히 이어진 통일된 화폭 속에서 생활과 성격의 논리에 맞게 행동하고 있으며 제가끔 일정한 계급성을 뚜렷이 드러내고 있으면서 아주 개성이 있다. 창작자는 말 하나하나에서 구상을 실현하면서 그 성격을 생생하게 부각하고 있다.

춘향의 말을 두고 보더라도 대화자의 계층과 성별에 따라 달라지며 섬세한 심리까지도 실감 있게 전달하고 있다. 작품의 앞머리에서 방자와 이몽룡과 하는 말이 다르고 나중에 변학도 앞에서 하는 말이 또한 다르다.

방자가 이몽룡의 분부 듣고 달려가서 "여봐라, 이애 춘향아." 하고 불렀을 때 깜짝 놀란 춘향은 "무슨 소리를 그따위로 질러 사람의 정신을 놀래느냐?" 하고 나무라며, 이 도령이 부른다는 말을 듣자 화를 내며 도고하게 쏘아붙인다.

"네가 미친 자식이다. 도련님이 어찌 나를 알아서 부른단 말이냐? 이 자식 네가 내 말을 종지리새 열씨 까듯 하였나 보다."

이런 말투에서는 절름발이 양반의 처지에서 여염 처자와 같이 행세하려는 춘향의 녹록지 않은 성품이 드러난다. 그런데 이 도령과 만나서 하는 대답은 아주 의젓하고 말숱이 적으면서 처녀다운 수줍음과 높은 교양을 은근히 풍기고 있다. 춘향은 성, 나이, 부모의 생사 따위에 대해서는 짧으나 아주 명백하게 대답한다. 그러나 "네 집이 어드메냐?"는 물음에는 "방자 불러 물으소서." 하고 대답하고, 저녁에 찾아갈 테니 괄시나 하지 말라는 청에는 "나는 몰라요." 하고 광한루에서 내려 집으로 건너간다.

그런데 변학도 앞에서 하는 말은 "사또 분부 황송하나 일부종사 바라오니 분부 시행 못 하겠소.", "충불사이군忠不事二君이요 열불경이부절烈不更二夫節을 본받고자 하옵는데, 수차 분부 이러하니 생불여사生不如死이옵고 열불경이부烈不更二夫오니 처분대로 하옵소서." 따위로 훨씬 더 성숙한 풍모를 보여 준다. 춘향은 구구스레 애원하거나 상대방의 동정을 바라는 것이 아니라 당당히 제 권리를 주장하고 있다.

〈춘향전〉의 인물들은 같은 시기 작품들인 〈심청전〉이나 〈흥부전〉의 인물들에 견주어 성격이 훨씬 더 여러 각도에서 깊이 있게 묘사되어 있다. 심청이나 흥부의 성격을 두고 말하면, 심청은 효녀다운 덕성이, 흥부는 어진 성품이 일면으로 강조된 점이 없지 않으나, 춘향이나 몽룡은 이러저러한 사람들과의 관계에서 더욱 다양한 반응과 태도를 보여 주고 있다. 이에 대해서는 이몽룡과 이별하는 전후 장면에서 춘향의 굴곡에 찬 심리 변화 과정을 얼마나 생동하게 재현하고 있는가를 지적하는 것으로 쉽게 이해할 수 있을 것이다.

작품에서는 일상생활에서 벌어지는 모순과 충돌 속에서 인물들을 맞세워 놓으며 상대방에 대한 견해와 태도를 통하여 그들의 사상과 성품을 밝혀내고 있다.

향단과 월매는 나이에서만이 아니라 성격도 꽤나 대조적인데, 그것은 거지꼴을 하고 내려온 이 도령을 대하는 태도에서 뚜렷이 드러나고 있다. 월매는 기가 막혀 속에 있는 대로 퍼부으며 홧김에 달려들기까지 하는 데다 말끝마다 비웃고 멸시한다. 이에 견주어 향단은 춘향의 앞날을 생각하여 크게 실망은 하면서도 월매의 채신머리없는 행동을 달래며 이몽룡을 위로하기까지 한다.

"우리 큰아씨 하는 말을 조금도 괘념 마옵소서. 나 많아 노망한 중에 이 일을 당해 놓으니 홧김에 하는 말을 일분인들 노하리까. 더운 진지 잡수시오."

향단의 이렇듯 의젓한 태도 속에 그의 인민적 품성이 표현되고 있다.

〈춘향전〉의 인물 형상의 전형화는 진실한 세부 묘사에 의하여 믿음직하게 담보되고 있다. 〈춘향전〉에서는 인물들의 초상이나 자연 풍경을 묘사하는 데서 대상의 성격에 따라 농담의 차이는 있으나 이 시기 어느 작품보다도 자세하며, 그것이 민족적인 생활과 성격의 특성을 구현하면서 서정성을 강화하고 있는 것이 특성이다. 이몽룡이 방자의 안내를 받아 광한루로 놀러 나가는 장면에서 그의 몸차림이라든가, 거지꼴을 하고 춘향의 집을 찾았을 때 퇴락한 그 집 정경 묘사가 그러한 단적인 예이다.

〈춘향전〉에서의 세부 묘사는 당시 입말을 풍부하게 구사함으로써 앞 시기 소설들보다 훨씬 더 생활에 가깝다는 점을 강조할 필요가 있다. 농부들이 밭에서 일하다가 나와서 쉬는 장면을 예로 들 수 있다.

〈춘향전〉의 예술적 성과로 또 하나 꼽을 수 있는 것은 정제된 구성이다. 등장인물들이 퍽 많은 편이지만 모두 춘향과 몽룡의 애정 관계를 기본 사건으로 그 발전 과정에 복잡한 모순과 결합하여 서로 유기적인 연계를 맺으며, 그들의 운명을 규정한 다른 사건들을 묶어세워 통일된 화폭으로 그려 내고 있는데, 그 줄거리 발전의 계기들이 매우 정연하다. 앞에서 본 것처럼 〈춘향전〉은 배경 전개, 사건의 발단과 발전, 정점, 결말이 명확한 작품인데, 이것은 도식에 따라 사건을 꾸며 냈기 때문이 아니라 개개 사건들의 내적 발전 법칙에 충직하게 그것들의 유기적인 연계를 실현하며, 생활을 그 발전 논리에 맞게 진실하게 재현하기 위한 예술적 탐구의 결실이다.

〈춘향전〉에는 사실주의 소설로서 약점도 적지 않다. 먼저 전후 관계에서 타당하지 못한 사건 진행이나 정황 설정이 보인다. 작품 앞머리에서 이몽룡이 방자의 안내로 광한루에 소풍하러 나가는 계절을 '놀기 좋은 삼춘'으로 설정해 놓고는, 같은 날 춘향이 그네 뛰러 나가는 계기를 주기 위해서는 "이때는 삼월이라 일렀으되 오월 단오일이렷다. 천중지가절天中之佳節이라."고 하여 오월 단옷날로 바꾸어 놓고 있는 것이 그러한 예이다.

〈열녀춘향수절가〉에는 이와 같이 앞에서 이야기한 것을 뒤에 가서 다른 내용으로 바꾸거나 부정한 것이 몇 군데 있다. 가령 이몽룡이 춘향을 만나러 갈 생각으로 초조하게 시간을 기다리면서 방자와 말씨름하다가 그 소리가 아버지 귀에 들어 연고를 알아 들이라는 영이 내렸을 때에 이몽룡이, "딱한 일이로다. 남의 집 늙은이는 이롱증耳聾症도 있느니라마는 귀 너무 밝은 것도 예삿일 아니로다." 하고 말을 시켜 놓고는, "그러한다 하지마는 그럴 리가 왜 있을꼬." 하고 부정하는 것이 또한 그러한 예이다. 이렇게 앞뒤가 맞지 않는 서술은 이 작품이 주로 무대에서 공연된 것과 관련 있다. 작자가 그것이 논리적으로 모순이라는 것을 알지 못했기 때문이 아니다.

앞의 경우에는 관중들의 지식과 기분을 고려하면서 주인공들이 움직이는 계기로 제시하는 데 가장 알맞은 계절로 알려진 삼월과 오월 단옷날을 설정한 것이다. 뒤의 경우에는 양반층 관중의 기분을 고려한 연막이라고 볼 수 있다. 이몽룡의 처지와 성격으로 보나 정황으로 보나 그러한 말을 할 수 있는 것이 사실이지만 '양반집 도련님'이 그런 불효막심한 말을 한다는 것이 그 계층의 체면에 관계되는 것이기 때문에 그런 식의 말로 눙쳐 버리고 마는 것이라고 보인다. 그러므로 작가 의식 면에서 본다면 그러한 서술이 사실주의 정신에 등돌린 것이라고까지는 할 수 없으나 어쨌든 작품의 품격에 손상을 준다.

또 묘사 대상의 본질과는 관계없는 상투적인 한문 구를 많이 쓰고 있는 것이라든가, 인물들의 초상을 묘사할 때 어느 한 측면을 필요 없이 강조함으로써 그의 개성적인 면모와 미묘한 심리적 음영의 전달에 어느 정도 손상을 주고 있다. 그리고 구성에서 서두를, "숙종 대왕 즉위 초에 성덕이 넓으시사 성자성손聖子聖孫

은 계계승승繼繼承承하사 금구옥촉金甌玉燭은 요순시절……." 하면서 마치 당시 봉건 사회를 태평 시대이기나 한 것처럼 시작하고 있는 것이라든가, 끝머리에서 "이때 이판吏判, 호판戶判, 좌우 영상領相 다 지내고 퇴사退仕 후에 정렬부인으로 더불어 백 년 동락할새……." 하고 상투적인 후일담을 덧붙인 것도 작품의 주제를 밝히는 데 도움이 되지 않는 군더더기이다.

그러나 이러한 제한성은 앞 시기의 소설 문학이 가지고 있던 제한성을 극복하지 못한 잔재로서, 〈춘향전〉을 평가하는 주된 특징은 아니다.

〈춘향전〉은 우리 나라 현실과 인민 생활에 바탕을 둔 의의 있는 주제, 인물들의 생동한 전형화, 신실한 세부 묘사, 대화에서 말과 글의 일치라는 크나큰 전진으로, 종래 소설의 주요한 약점이었던 개념적인 서술을 뚜렷이 극복하고 사실주의 소설 발전의 길에서 새로운 이정표로 되었다.

글쓴이 옛사람

고쳐 쓴 이 조령출趙靈出
1913년 충남 아산에서 나서 1993년까지 살았다. 조명암趙鳴巖으로도 알려져 있다. 시인, 극작가, 평론가이면서 가요 작가인데, '꿈꾸는 백마강', '알뜰한 당신' 같은 노래가 널리 알려져 있다. 1948년 월북한 뒤 '금강산 팔선녀', '춘향전' 같은 가극과 영화 문학 '리순신 장군'을 비롯 작품을 많이 썼다. 국립민족예술극장 총장, 교육문화성 부상, 조선문학예술총동맹 부위원장 들을 지냈다.

겨레고전문학선집 24

열녀춘향수절가

2007년 6월 30일 1판 1쇄 펴냄 | 2015년 12월 17일 1판 3쇄 펴냄 | **글쓴이** 옛사람 | **고쳐 쓴 이** 조령출 | **편집** 김성재, 남우희, 전미경, 하선영 | **디자인** 비마인bemine | **영업 홍보** 백봉현, 안명선, 양병희, 이옥한, 정영지, 조서연, 조병범, 최민용 | **영업지원** 임혜정, 전범준, 한선희 | **제작** 심준엽 | **인쇄** 미르인쇄 | **제본** (주)상지사 | **펴낸이** 윤구병 | **펴낸곳** (주)도서출판 보리 | **출판 등록** 1991년 8월 6일 제 9-279호 | **주소** 경기도 파주시 직지길 492 우편 번호 10881 | **전화** 영업 (031) 955-3535 홍보 (031) 955-3673 편집 (031) 955-3678 | **전송** (031) 955-3690 | **홈페이지** www.boribook.com | **전자 우편** classics@boribook.com

ⓒ 보리, 2007 | 이 책의 내용을 쓰고자 할 때는, 보리 출판사의 허락을 받아야 합니다. | 잘못된 책은 바꾸어 드립니다. | 값 18,000원

ISBN 978-89-8428-445-6 04810
       978-89-8428-185-1 04810(세트)

이 책의 국립중앙도서관 출판시도서목록(CIP)은 e-CIP 홈페이지 (http://www.nl.go.kr/cip.php)에서 볼 수 있습니다. (CIP 제어 번호: CIP2007001725)